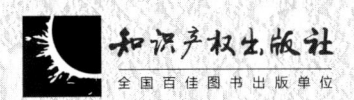

董事责任保险制度研究

修订版

王伟 著

Directors' and Officers'
Liability Insurance

知识产权出版社
全国百佳图书出版单位

图书在版编目（CIP）数据

董事责任保险制度研究/王伟著. —修订本. —北京：知识产权出版社，2016.10（2017.4 重印）

ISBN 978-7-5130-4528-5

Ⅰ.①董… Ⅱ.①王… Ⅲ.①董事—责任保险—研究—中国 Ⅳ.①D922.291.914 ②D922.284.4

中国版本图书馆 CIP 数据核字（2016）第 250310 号

责任编辑：崔开丽		责任校对：谷 洋	
装帧设计：SUN 工作室　韩建文		责任出版：刘译文	

董事责任保险制度研究（修订版）

王　伟　著

出版发行：知识产权出版社有限责任公司	网　　址：http://www.ipph.cn
社　　址：北京市海淀区西外太平庄 55 号	邮　　编：100081
责编电话：010-82000860 转 8377	责编邮箱：cui_kaili@sina.com
发行电话：010-82000860 转 8101/8102	发行传真：010-82000893/82005070/82000270
印　　刷：北京嘉恒彩色印刷有限责任公司	经　　销：各大网上书店、新华书店及相关专业书店
开　　本：787mm×1092mm　1/16	印　　张：21
版　　次：2016 年 10 月第 1 版	印　　次：2017 年 4 月第 2 次印刷
字　　数：310 千字	定　　价：50.00 元
ISBN 978-7-5130-4528-5	

出版权专有　侵权必究

如有印装质量问题，本社负责调换。

目 录

导 论 ………………………………………………………………（1）

第一章　董事责任保险的理论阐释 ………………………（13）

第一节　董事责任保险的语境探析 …………………………（14）

第二节　董事责任保险制度的国际比较 ……………………（24）

第三节　董事责任保险的立论基础——现代责任
　　　　保险的法理逻辑 ……………………………………（40）

第四节　董事责任保险的法律属性 …………………………（50）

第五节　我国董事责任保险制度的现实需求 ………………（65）

第二章　董事的民事赔偿责任 ……………………………（77）

第一节　公司的本质和董事义务、责任的法理 ……………（78）

第二节　董事的基本义务及其对公司的责任 ………………（88）

第三节　董事对股东的责任 …………………………………（95）

第四节　董事对债权人的责任 ………………………………（109）

第五节　董事在环境法上的责任 ……………………………（116）

第六节　中国的现实：企业经营管理者的民事责任风险 …（122）

第三章　董事责任保险合同主体 …………………………（129）

第一节　投保人、被保险人及保险利益分析 ………………（129）

第二节　被保险人的类型及范围 ……………………………（136）

1

第四章　保险责任认定的一般条款 ………………………………（156）

第一节　承保基础 …………………………………………………（156）

第二节　不当行为 …………………………………………………（162）

第三节　索赔和损失 ………………………………………………（175）

第四节　除外责任 …………………………………………………（195）

第五章　董事责任保险合同的特殊规则 …………………………（207）

第一节　赔偿责任和费用的分摊 …………………………………（207）

第二节　公司破产对董事责任保险的影响 ………………………（227）

第六章　公司补偿制度 ………………………………………………（237）

第一节　概述 ………………………………………………………（237）

第二节　法定补偿 …………………………………………………（243）

第三节　赋权型公司补偿的立法模式 ……………………………（247）

第四节　赋权型公司补偿的构成要件 ……………………………（252）

第五节　补偿资金的外部保障途径 ………………………………（262）

第六节　建立我国公司补偿制度的建议 …………………………（264）

第七章　董事责任保险危机及替代性措施 ………………………（272）

第一节　董事责任保险危机——背景及根源 ……………………（273）

第二节　限制责任立法的发展 ……………………………………（284）

第三节　自我保险的制度安排 ……………………………………（292）

第四节　限制责任立法对我国的启示与借鉴 ……………………（295）

第八章　结论与展望 …………………………………………………（298）

第一节　构建我国董事责任保险的总体思路 ……………………（298）

第二节　董事责任保险的制度移植与本土化改造 ………………（308）

参考文献 ………………………………………………………………（312）

修订版后记 ……………………………………………………………（320）

导 论

一、本书的源起

2006年，笔者以博士论文为基础，出版了《董事责任保险制度研究》一书，这是我国第一本关于董事责任保险制度的专著。其实，笔者对董事责任保险制度的关注由来已久。1991~2000年，笔者在昆明市中级人民法院从事民商事和经济审判等工作。1996~2003年，笔者在中国人民大学攻读经济法学硕士和博士学位，分别师从王欣新教授、刘文华教授。其间，一直关注公司治理及董事制度。笔者对董事责任保险制度的认识和研究，始于1999年。当时，笔者被最高人民法院选派参加"中国—加拿大高级法官培训项目"，赴加拿大学习，并在加拿大蒙特利尔大学攻读法学硕士学位。笔者的导师 Pierre Paul Cote 也是公司法专家，他建议笔者关注在英美国家较为盛行、长久不衰的董事责任保险制度，由此也引导笔者开始了对董事责任保险制度的研究。在蒙特利尔大学一年的时间里，笔者收集了大量董事责任保险方面的英文资料，包括专著、论文、判例等。

回国之后，笔者2000年在中国人民大学的硕士论文，就以董事风险转移机制为题开展了初步研究。在攻读博士学位期间，笔者进一步专注于董事责任风险及董事责任保险制度的研究，并于2003年以《董事责任保险制度研究》为题，完成了博士论文的写作，并顺利通过了论文答辩。此后，我作为中国人民财产保险股份有限公司的首届博士后，将研究领域扩展到职业责任保险制度，并于2005年通过了博士后报告的答辩。2015年，笔者以博士后报告为基础出版的《职业责任保险制度比较研究》一书。此书为当时国内第一本关于职业责任保险的专著。

近年来，学术界和实务界关注董事责任保险制度的专家学者越来越多。在笔者出版《董事责任保险制度研究》后，陆续有多部著作问世，包括：李华著《董事责任保险制度研究》（2008年）、孙宏涛著《董事责任保险合同研究》（2011年）、马宁著《董事责任保险研究》（2012年）。同时，社会也对这项制度给予了高度关注。从事公司法和保险法研究的多位老师、专家和同仁多次建议笔者对《董事责任保险制度》一书进行修订。大家的热情鼓励，最终促使笔者将本书的修订工作列入工作计划。通过这次修订，笔者力图反映近年来对董事责任保险制度的进一步思考以及中国董事责任保险制度的实践。

对这本书进行修订，是笔者基于对现实判断而作出的决定。笔者认为，当前我们正在通过公司资本、商事登记、行政审批三方面的改革，建立平等自由的企业制度。2013年12月，党的十八届三中全会审议通过的《中共中央关于全面深化改革若干重大问题的决定》提出了一个重大理论观点：要发挥市场在资源配置中的决定性作用。在全面深化改革开放的时代背景之下，我国开始了一场轰轰烈烈、举世瞩目的商事制度改革。这场改革的本质就是政府与市场关系的深刻变迁，其基本路径就是放松市场准入，强化事中、事后监管和社会监督。从形式上看，当前的商事制度改革，使得社会市场主体得以根据竞争规律和价值规律自主决定市场进入，参与市场竞争。按照李克强总理所说，就是要创造大众创业、万众创新的格局。这就使人人都可以参与到市场交换和市场竞争中来，由此激发和释放社会活力。就政府而言，放松市场准入管制意味着政府不再对市场准入进行太多的行政审查和控制，也不再通过高强度的行政管制为企业的信用状况进行背书。客观上讲，市场准入的放松在给市场主体留下更多自由空间的同时，也给市场主体为所欲为、损人利己创造了更多的条件。在这种情况之下，构建以契约自由、自我责任和社会信任为基础的私法秩序，就显得比以往任何一个时期更为重要。政府作为社会公共利益的代表，主要是在市场失灵的情况下，为维护社会整体利益，而对市场主体有害于经济社会的行为进行监管。在这样一种体制之下，来自于社会的监督更加重要。在我国正在构建的新型市场监管体制中，社会共治就成为市场监管中重要的社会基础。我国的新型市场监管体制，是以信息为基础，以信息公示为手段，以信用监管为核心的信用监管机制。置于商事制度改革的背景下，我们现在的社会控制体系，将摆脱过去那种单一依靠政府的命令和强制为基础的控制手段，而呈现出企业自治、行业自律、社会监督、政府监管"四位一体"的多元主体控制机制。而与此同时，政府的控制手段也越来越多样化，除了传统的命令和强制之外，更有合同机制、指导机制、激励性监管机制等。因此，商事制度改革背景下的社会控制体系，呈现控制主体多元化、控制手段多元化的趋势。

就本书的研究主题而言，董事和高级职员的经营管理风险及其转移是一条主线，而相应的社会控制体系的变迁则是研究这一主题的经济社会乃至于法治背景。作为现代社会的第三极，公司同样也处在相应的社会控制体系之中。从当前所构建的新型市场监管体制来看，无论是公司本身，还是股东、董事、高级职员等，都将处在比以往更加严密的社会控制体系之中。因此，董事和高级职员的责任约束机制将显得比以往更加强大、更加有效，而董事和高级职员的风险也将比以往更高。在2003年，笔者撰写董事责任保险的博士论文时，董事责任弱化的问题还比较突出。当时更加强调强化对董事和高级职员的法律责任约束，风险转移风险机制并未受到重视，由此，董事责任保险的观念、制度和社会基础并不深厚。然而，随着各项法律机制的完善，董事和高级职员面临着比以往更加强大的法律责任约束。当前的商事制度改革所逐渐打造出来的强大的社会控制体系，将对董事和高级职员形成更加强大的法律约束。因此，在新的时代背景之下，董事责任保险机制作为一项专门的风险机制，在为董事和高级职员提供风险保障方面，将发挥更加积极而重要的作用。

基于前述考虑，笔者决定对《董事责任保险制度研究》一书进行全面修订，从而反映董事责任保险的最新实践以及笔者个人对董事责任保险的思考。

二、研究价值与意义

(一) 董事责任保险：在争论中发展起来的制度

作为一项舶来品，董事责任保险源于英美法国家，并在这些国家得到了很大的发展。相比较董事责任保险在英美法国家的蓬勃发展势头，大陆法国家在董事责任保险方面的发展则要逊色得多。2002年1月，中国证监会和原国家经贸委制定的《上市公司治理准则》及最高人民法院《关于受理证券市场因虚假陈述引发的民事侵权纠纷案件有关问题的通知》发布。《上市公司治理准则》第39条规定："经股东大会批准，上市公司可以为董事购买责任保险。但董事因违反法律法规和公司章程规定而导致的责任除外。"当月，平安保险公司率先推出了董事责任保险，并与深圳万科企业股份有限公司签下了第一份保单。此后，中国人保、美国美亚、华泰财产等多家财产保险和意外险公司也推出了该产品。在我国董事责任保险发展的早期，社会对该险种的认识争议也较大。

观点1：赞成论

这类观点认为，董事责任保险制度有利于转嫁董事和高级职员经营管理风险，为公司的董事和高级职员的正常经营活动提供较大的经济保障。同时，公司应赔偿的费用和高额的诉讼费用也能在保险公司获得赔偿，降低公司的风险。而且，随着管理认识的提高、监管力度的加强和相关法律的逐渐完善，中国公司面临股东、客户、雇员及竞争对手索赔的情况将会越来越多，董事及高级职员责任保险将发挥出更多的作用。

在董事责任保险发展早期，提到董事责任保险的前景，上市公司的声音和保险公司的声音难得的一致：乐观！需要！100%的公司表示看好并需要这个保险。谈到理由，大家都拿出了《上市公司治理准则》，根据该规定，上市公司董事和高级管理人员给公司及股东造成损失的，要承担民事赔偿责任。这道金符一下，就好像给董事们上了一个紧箍圈，想想，谁不怕被念咒呢？搁在谁那儿，谁头疼。

当然，有的观点过度夸大了董事责任保险的作用，乐观地认为董事责任保险保护范围无所不包。有报道这样写道："亿安科技股票一年前每股只有5.60元，不到一年的时间就被拉到了126元，证监委一查，发现是亿安公司和4家投资公司联手坐庄在操纵股票，给很多中小股民造成了巨大的损失。这个事情发生以后，证监委对亿安公司与其他4家坐庄的公司进行了经济处罚，而且处罚额度高达1个多亿，结果罚单下去以后，得不到落实。因为亿安公司的主要责任人已逃离，当时坐庄的4家投资公司已经人去楼空。在这种情况下，如果当时他们的责任人或者是董事买了责任险，那股东就可以追溯到保险公司来承担相应的赔保责任。"近几年来，随着我国证券民事赔偿制度的完善，上市公司及其高管人员的法律责任风险不断加大，上市公司对投保董事责任保险兴趣也越来越大。

观点2：反对论

这类观点认为，在我国资本市场还不成熟、上市公司治理结构不够完善的情况下，应当强化董事和高级职员的经营责任，董事责任保险可能会减损民事赔偿责任的效果。也有论者认为，董事责任保险对董事和高级职员提供保护，会增加经营管理者的道德风险，损害公司股东和广大投资者的利益。

有人认为，董事责任保险可能成为上市公司董事推卸责任、转移风险的一种工具。有报道称，当"公司董事及高级职员责任保险"开始在杭州市场销售时，杭州上市公司的高层人员抢购保单，因为保险对象不仅包括公司董事、其他单位外派的独立董事、公司高级职员，而且还扩展到了承保公司外部董事和高级职员。杭州的股民们对这一险种无法想通，他们的问题是，保险公司可以为企业的决策失误"买单"了，可谁为投资者的利益买单？普通投资者的困惑和疑虑与董事、高级职员的积极热情形成了鲜明的对比。

概括起来，人们所担心的问题主要有两点：一是董事责任保险由上市公司投保，并在保险责任事故发生时由保险公司承担赔偿责任，这势必弱化对董事和高级职员的责任约束；二是董事责任险能够化解的风险有限，对大部分诉讼赔偿案来说只是杯水车薪。

总体来看，这些观点要么过分强调对董事和高级职员的保护作用而否定了对受害人利益的保护功能，要么过分强调董事责任保险可能引发的负面影响而否定这项制度的正向激励功能。因此，在我国董事责任保险发展的早期，社会对董事责任保险制度的认识大都停留于制度的表面，并没有真正认识到董事责任保险的制度基础，甚至对某些关键性的问题还存在着困惑和误区。这说明，在我国董事责任保险发展早期，由于责任保险制度尚不普及以及责任保险理论的薄弱，人们对包括董事责任保险在内的责任保险制度的社会基础、制度机理等尚无全面、正确的认识。然而，经过十余年的发展，随着我国责任保险理论研究不断深入以及实践的不断丰富，推动了董事责任保险理论和实践的发展。因此，董事责任保险制度可以说是在争论中不断前进的一项与时俱进的制度。

（二）本书的研究意义及价值

董事责任保险带有强烈的英美法的基因，而中国作为一个大陆法国家，经济社会发展及法治等方面都带有强烈的中国特色。在中国的背景下研究董事责任保险，既要熟悉董事责任保险产生和发展的经济社会及制度背景，更要对这项制度进行本土化的研究。如何在制度移植和本土化之间寻求一个平衡，真正构建符合中国实际的董事责任保险制度，是本书的重要目的。笔者认为，本书对于董事责任保险制度的研究意义和价值在于：

1. 探究董事和高级职员的风险来源和法律根据，健全法律责任体系

造成董事和高级职员风险的内部因素主要来自其自身的执业水平和相应的法律责任规制制度。其自身风险包括职业道德风险、工作能力风险、独立性风险；制度风险则包括内部控制、人员结构、业务程序、业务方法等方面的风险。造成董事和高级职员风险的外部因素则主要来自于法律责任机制以及股东、债权人、政府监管机构等社会控制主体。

通过对董事和高级职员因违反其法定义务而导致的对公司、股东、债权人、社会所应当承担的责任进行实证分析，本书拟对完善公司治理结构、健全对董事和高级职员的法律责任体系提出个人的观点。本书意图强调，董事和高级职员的风险是公司治理结构社会化的产物，董事责任保险是为那些诚实、守信的职业经理人所设立的风险转移机制。董事责任保险以第三人提出赔偿请求为基础，无第三人的索赔，则无保险责任的产生。在董事和高级职员的众多责任类型中，董事责任保险并非对

其全部承保，其承保范围主要是经营者的过失责任，即因被保险人的任何疏忽或过失行为而违反法律规定的义务或违背社会公共生活准则而致他人人身或财产损害的赔偿责任，只有那些尽到了合理的注意义务但仍然致人损害的过失行为才能纳入保险责任范围。被保险人受到保险保护的前提是忠实于公司利益，遵守法律以及公司章程，为了促进公司利益最大化而妥当行事，并尽到善良管理人的注意义务。

2. 对董事责任保险进行体系化的研究

在责任保险创办之初，一般认为其易鼓励轻率行为，因而增多对第三人身体或财物损害的机会。其后，此观念逐渐转变，认为对受害人进行经济保障有其必要，且并不至于引起更多不负责任的行为。当今法律的趋势，认为未能由责任保险补偿过失行为的后果，本身即构成在经济上不负责任的行为。

作为一种社会化的产物，责任保险自产生以来，已经逐步渗透到经济生活的各个领域，成为人们从事经营活动不可或缺的前提条件。在现代社会，实现损害赔偿社会化以保障受害人利益是法律的重要发展趋势。责任保险具有分散责任的功效，将集中于一个人或一个企业的致人损害的责任分散于社会大众，做到损害赔偿的社会化，增强加害人赔偿损害的能力，可以在很大程度上避免因受害人不能获得实际赔偿所引发的各种问题，满足受害人的赔偿利益，安定社会秩序。对于专业人员而言，对于职业中的风险除采取各种预防措施进行积极防范并加强工作责任心外，还应该采取诸如职业责任保险等方法，以转移或分散、控制风险，避免纠纷和利益损失，保障受害方的利益不受损害。从另一个角度讲，责任保险制度也是现代科学技术发展的推动力量。若没有责任保险，加害人承担过重的赔偿责任，对于个人资源的有效利用、社会资源的增长均会产生重大影响。在没有责任保险的情况下，人们会担心承担赔偿责任而不愿意采用新技术、新工艺、新方法进行生产或以创新精神从事管理活动，进而妨碍科学技术的发展和经营管理的创新。尤其值得一提的是，随着现代责任保险的发展，保险人可以根据约定享有对抗辩的参与权，或者保险人依据合同的约定直接承担抗辩义务，这就从一定程度上减轻了致人损害而负有赔偿责任的被保险人的抗辩负担，有利于鼓励被保险人从事创新活动。

董事责任保险制度同样具有此种功能。通常，董事和高级职员都接受过良好的教育及高水平的训练，具有丰富的实践经验，而现代公司的发展必须依赖这些经营管理者运用自身的专业技能、谨慎而勤勉地工作，因此，董事和高级职员所从事的职业客观上要求他们对社会公众负担更多的责任，如果没有董事责任保险，其将面临巨额赔偿压力，在决策的过程中过于小心谨慎，甚至该决策的时候不决策，从而影响企业的长远发展。董事责任保险特有的制度构造有利于促使决策者大胆经营，科学决策，抓住市场经济中瞬息万变的商机，为公司和股东创造经济效益。更重要的是，在董事责任保险制度之下，真正从董事责任险中受益的是被相关董事和高级职员侵害的当事人。而在没有董事责任险的情况下，如果公司董事和高级职员的错误或疏忽行为侵犯了当事人的权益，公司董事和高级职员可能因为没有赔偿能力而难以补偿当事人。与此相比较，董事责任险能够在一定程度上解决被保险人的赔偿能力问题。

3. 构建中国的董事责任保险制度

应当看到，董事责任保险虽然可以在一定程度上减轻公司经营人员的财产责任，但是，责任保险制度本身并不是万能的。相反，它只是公司治理结构上的一个环节，需要与其他制度相配合才能发挥其长处。任何制度设计都不可能是完美无缺的，总是存在缺陷，并且有些缺陷是制度设计本身所无法克服的。客观上讲，董事责任保险虽然有助于填补受害第三人的损害赔偿，分散董事和高级职员的经营风险，但是由于董事责任保险把加害人的赔偿责任转移给保险公司承担，在一定程度上削弱了法律的制裁和威慑作用。公司、董事、高级职员因支付保险费而转嫁其潜在的经济赔偿责任，也会带来一定的"道德风险"问题，例如，内部风险控制可能会松弛，监督机制的实际功效可能下降，从而导致不当行为的发生机率上升。因此，在设计董事责任保险制度时，应当对其可能导致的负面作用有清醒的认识，以便因势利导，充分发挥董事责任保险的积极作用。同时，董事责任保险是一项舶来品，与之相配套的其他制度，如公司补偿制度等，也需要我们加以借鉴和学习。本书拟就相关制度的借鉴和我国法律制度的完善提出自己的观点。

三、术语界定及研究内容

（一）对关键术语的界定

本书所论及的董事及高级职员责任保险（Directors' and Officers' Liability Insurance，简称董事责任保险），是指以董事、监事和高级职员（经理、董事会秘书、财务负责人等）向公司或第三者（股东、债权人等）承担民事赔偿责任为保险标的的一种保险。当被保险的董事、监事和高级职员在从事公司各项业务和日常经营活动时，由于疏忽、过失等行为造成他人损害，或者仅仅基于其所担任的董事、监事和高级职员的职位而根据法律的特别规定应对他人承担民事赔偿责任时，由保险人承担保险责任。

目前，在我国的保险业实践中，对于董事责任保险这一险种存在不同的名称，平安财保险称为"董事及高级职员责任保险"，太平洋保险则称为"董事和高级管理人员责任保险"，两者都不包含监事这一职位。而人保财险则称为"董事、监事及高级管理人员职业责任保险"，华泰财险称为"董事、监事及高级管理人员责任保险"，两者均包含监事这一职位。为论证方便，本书对董事责任保险的相关术语统一界定如下：

1. 关于董事责任保险

董事责任保险是一项渊源于英美法国家的制度。其中文全称为董事和高级职员责任保险，其英文的标准概念为 Directors' and Officers' Liability Insurance 或者简称为 D&O Liability Insurance。大陆法国家在引入该项制度时，仍沿用了该名称。因此，本书仍采用这一概念，将其称为"董事和高级职员责任保险"，其简称为"董事责任保险"。

2. 关于监事的责任问题

如前所述，在平安财险、太平洋财险的保单中，严格使用了英美法国家的术语，在其该险种的名称中不包含监事这一术语。而人保财险、华泰财险则根据大陆法国家的公司治理结构由股东大会、董事会、监事会构成这一特点，在其术语中加入了监事这一术语。毫无疑问，两种界定方法各有其优势，前者忠实于英文原义，属于各国保险实践所普遍接受的通用术语，而后者的用语更加符合大陆法国家的公司法及公司治理实践。

在本书的研究过程中，笔者对术语的界定也颇费周章。经反复权衡，考虑到本书使用了大量英美法国家的研究文献，且大陆法国家的文献基本沿用英美法国家的用法，考虑到这一术语的普遍接受性，故本书继续沿用"董事和高级职员"这样的表述。但笔者在使用这个概念时，除特别说明外，原则上包含对监事的责任保险。同时，为便于与相关部分上下文的内容相衔接及与法律条文的表述保持一致，在个别地方则使用"董事、监事和高级职员"这样的表述。

（二）主要研究内容

本书力图从宏观上把握董事责任保险制度在现代社会的存在依据以及法律理念，并在此基础上阐明董事责任保险制度的微观制度构造。在论证过程中，笔者将运用现有公司法、保险法的研究成果并结合我国的法律实践，从公、私法相互渗透的关系上论证董事责任保险及其配套制度，并在引进、借鉴的基础上阐明建立我国董事责任保险制度的基本构想。

全书共分为八章，各章主要内容如下。

第一章：董事责任保险制度的理论阐释

本章旨在说明，在现代市场经济中，董事和高级职员面临着高度的经营风险，鉴于过重的个人责任对经营者造成的消极影响以及经营管理者转移风险机制的需求，董事责任保险制度遂应运而生。本章对现代市场经济下专业人员的职业责任保险机制进行了讨论，并就董事责任保险在职业责任保险中的地位进行了阐述。进而，考察了董事责任保险的历史起源及其在当代的发展。笔者认为，董事责任保险制度深刻地体现了责任保险所蕴含的现代法治理念，即分配正义观、社会秩序观及平衡互动观。董事责任保险体现了保险及公司治理的社会化，其所承保的是被保险人的个人赔偿责任，且为诚实经营者的董事和高级职员的个人赔偿责任，同时，它也具有保护受害人的公益性。董事责任保险在我国有相应的现实需求，其原因在于：随着我国市场经济的不断发展和完善，职业经理人阶层在我国正在形成，董事高级经理人员的经营风险和责任日益加重。基于对保护受害人利益及激励经营者的考虑，我国需要建立董事责任保险等机制转移董事、高级职员的某些难以预料的经营风险，以适应我国建立现代企业制度，发展市场经济的需要。笔者力图从宏观上把握董事责任保险制度在现代社会中的存在依据以及法律理念，并在此基础上，在随后各章分析董事责任保险制度的微观制度构造。

第二章：董事的民事赔偿责任

董事和高级职员的个人民事赔偿责任，是董事责任保险的标的。本章首先探讨了公司制度的本质，以及董事和高级职员的基本责任范围，说明由于公司治理的社会化而导致董事和高级职员责任的社会化。本章就董事和高级职员对公司、股东、债权人的责任，以及其在环境保护中的义务、责任等进行了论证，并结合我国法律及实践，对董事和高级职员的民事赔偿责任风险进行了探讨。

第三章：董事责任保险合同主体

本章首先就董事责任保险合同中的投保人、被保险人及保险利益等一般问题进行了界定。同时，本章就董事责任保险合同中较为特殊的四类被保险人进行了分析，包括：独立董事、监事、董事会秘书、子公司的董事和高级职员等。

第四章：保险责任认定的一般条款

在一定程度上，董事责任保险中保险人的责任认定需要以保险法及保险合同为基础，但同时也要考察公司治理结构、公司法律规则以及公司和董事、高级职员相应的法律关系。本章着重讨论了保险责任认定中的基本问题，包括：承保基础、不当行为、索赔和损失、除外责任等。

第五章：董事责任保险合同的特殊规则

原则上，职业责任保险制度的基本原理亦适用于董事责任保险。然而，与其他职业责任保险相比，董事责任保险的保险责任认定有其自身的特殊性。相比较其他职业责任保险制度，赔偿责任和费用的分摊是董事责任保险制度中所特有的问题。同时，公司破产对董事责任保险的影响，也是本章所关注的重要内容。

第六章：公司补偿制度

本章目的在于研究公司补偿制度的基本分类、制度构造、构成要件等基本问题，从而确立董事责任保险的重要理论基础。文章讨论了公司补偿制度的法理根据，分析了法定补偿制度和赋权型补偿制度，并分析了补偿的行为要件，即：在民事程序中，董事和高级职员应出于善意而行事，并

11

且合理地相信其行为符合或至少不违反公司的最佳利益，即"善意"标准；在刑事程序中，董事没有合理的原因相信自己的属于非法，即"合理相信"标准。不同诉讼种类（派生诉讼和其他第三人诉讼）对公司补偿将会产生影响。最后，笔者就建立我国公司补偿制度提出了个人见解。

第七章：董事责任保险危机及替代性措施

在20世纪80年代中期，在英美法国家出现了一场董事责任保险危机。危机导致了责任风险急剧增加，保费急剧增长，导致董事和高级职员难以获得董事责任保险，公司在吸引合格、能干的董事会成员方面的能力明显降低。本章分析了董事责任保险危机的产生原因，并对限制责任立法以及自我保险在缓解责任保险危机方面的作用进行了讨论。

第八章：结论与展望

（三）关于董事责任保险的立法建议

综合本书的研究和分析，笔者认为，《中华人民共和国公司法》（以下简称《公司法》）应增加关于董事责任保险的规定，并就其基本架构进行原则规定。笔者建议，《公司法》可规定如下具体条文：

（1）根据章程规定或股东大会决定，公司可以为其董事、监事和高级管理人员购买责任保险。董事、监事和高级管理人员在履行经营管理职责时，因其过失行为导致被公司股东、债权人或其他第三人提出索赔时，其损失由保险人根据责任保险合同的约定承担赔偿责任。

（2）根据章程规定或股东大会决定，董事、监事和高级管理人员在履行经营管理职责时，因其过失行为导致被公司股东、债权人或其他第三人提出索赔时，公司可以就其损失或抗辩费用予以补偿。公司对董事、监事和高级管理人员提供损失和费用补偿的，其补偿金可以根据责任保险合同的约定，由保险人承担赔偿责任。

（3）董事、监事和高级管理人员在执行职务时善意、勤勉，且并无重大过失情形下所产生的对公司、股东或其他第三人的赔偿责任，公司可以在章程中规定相应的免除、限制或经济补偿或措施，但不得违反法律、行政法规的强制性规定以及社会公共利益。

（4）公司为其董事、监事和高级管理人员购买责任保险或者提供损失和费用补偿的，不得违反法律、法规的强制性规定以及公序良俗原则。

第一章 董事责任保险的理论阐释

在英美法的背景下，董事及高级职员责任保险（Directors' and Officers' Liability Insurance，D&O Liability Insurance，本书简称为董事责任保险），是指以董事及高级职员（经理、公司秘书、财务负责人等）向公司或第三者（股东、债权人、雇员等）承担民事赔偿责任为保险标的的一种保险。而在大陆法的背景下，监事也属于承保对象。① 董事责任保险制度的产生和发展源于市场经济条件下经营管理者董事和高级职员的经营风险。在市场经济中，企业的经营者面临着高度的经营风险，董事和高级职员的经营行为常常引发国家机关、公司、股东、债权人或其他第三人通过诉讼、仲裁或其他途径对董事和高级职员提出索赔，并导致董事和高级职员个人承担民事赔偿责任、行政责任甚至刑事责任。鉴于过重的个人责任对董事和高级职员等经营者造成的消极影响以及对转移风险机制的需求，在英美法国家，通过保险公司的制度创新，开发了董事和高级职员责任保险，从而使董事、高级职员能够充分利用责任保险机制分担某些职业风险。之后，这一险种在英美法国家得到了迅速发展，大陆法国家也借鉴和引用了这一制度。目前，董事责任保险已经成为完善公司治理结构方面的一项重要措施。随着我国市场经济的发展以及经营者责任的日益加重，董事和高级职员即使审慎地为公司、股东之利益行事，亦难免会因某些过失行为而承担个人责任。为了保护受害人

---

① 董事和高级职员责任保险（Directors' and Officers' Liability Insurance）这个术语原本来源于英美法国家。在这些国家，由于没有监事会制度，也就不存在将监事作为承保对象的问题。但在大陆法国家，则由于存在监事会制度，而监事在其从事经营管理活动中也面临相应的职业责任风险。因此，在大陆法系的背景下，监事当然也是本保险的承保对象。

的利益，维护社会的安宁，激励经营者，平衡协调社会利益和个人利益之矛盾，国家应根据社会的需要，借鉴发达市场经济国家的经验，建立董事责任保险法律制度。本章分析了董事责任保险的基本背景及历史演进，阐述了责任保险的逻辑基础及基本法律属性，并在此基础上探讨我国对董事责任保险制度的现实需求。

第一节 董事责任保险的语境探析

董事责任保险是职业责任保险的一个分支。在现代市场经济发展过程中，职业责任保险在责任保险中的地位举足轻重。其中，以分散董事和高级职员职业责任风险为目的的董事责任保险，由于其与企业运行紧密关联，也与社会公共利益紧密关联，而成为职业责任保险中一个非常重要的险种。本节试图从职业责任保险这一具体语境出发，分析董事责任保险的制度基础。

一、市场经济下的职业责任风险及风险转移机制

本书所论及的董事责任保险，属于职业责任保险的一种。所谓职业责任保险，是承保各种专业技术人员因工作上的疏忽或过失造成合同一方或他人的人身伤害或财产损失的赔偿责任的保险。在通常意义上，职业责任保险（Professional Liability Insurance）也称职业补偿保险（Professional Indemnity Insurance）、过错与疏忽责任保险（Errors and Omissions Liability Insurance，E&O Liability Insurance），我国台湾地区称为"专业责任保险"。

专业人员的职业民事责任，是职业责任保险产生和发展的前提和基础。职业责任是民事责任制度的特殊领域。在现代社会，基于各种专业化的职业在经济生活中的重要作用，强化专业人员及其执业机构的民事责任逐渐成为一种立法趋势。其中，医疗专业人员、法律专业人员、财务专业人员等已经成为职业民事责任立法的规范重点。

专业人员（professional），是指提供专门技能或知识服务的人员，有别于从事一般职业的人员。在我国的有些著作中，将专业人员一词统称

为"专家"。笔者认为,这一称谓容易产生歧义。毕竟,从各国关于职业责任的法律规定来看,提供专门技能或知识服务的人员的范围十分宽泛,凡是以提供专门技能和专业服务的人员,几乎都可以列入"专业人员"这一范畴,将这些人员一律冠以"专家"的称谓,在内涵和外延上都有不妥当之处。

从内涵来看。查阅我国《英汉法律词典》,professional 这一术语,是指:职业上的,专业上的,从事专门职业的;professional liability insurance 则通常译为职业责任保险;再看《牛津高阶英汉双解词典》,professional 是指具有某种专业资格,从事某专业的人。[①] 从保险业的习惯称谓来看,professional liability insurance 也通常称为职业责任保险。

从外延来看。可以借助于责任保险形式分散执业危险的行业,包括但不限于:会计师、律师、医务人员、公证人员、董事和高级职员、建设工程勘察设计和监理人员、保险代理人和保险经纪人、资产评估师、房地产评估师、美容师等不同的职业。

按照通常的理解,专家不仅应当在学术、技艺等方面有专门技能或专业知识,而且还应当在某一领域具有权威地位。例如,从通常的社会观念和认识来说,把美容师称为专家,把其承担的责任称为专家责任,把其购买的责任保险称为专家责任保险,似乎很难为人们所接受。因此,从汉语的语义来讲,前述列举的大部分人员不宜称为专家,称之为专业人员更符合人们通常的理解。

基于上述理由,笔者认为:在我国现行法律及实务中,不宜采用"专家""专家责任""专家责任保险"这样的术语,而应采纳"专业人员""专业责任""职业责任保险"这样的术语。但本书在引述有关著作时,在引文中涉及"专家""专家责任""专家责任保险"等术语时,原则上照录,以便客观反映引证情况。

日本学者认为,所谓专家,是指具有特定的专业技能、知识,并以提供专业服务为业的人员。学者们认为,专家具有以下四个特征:

[①] 《英汉法律词典》,法律出版社,1985年版,第662页;《牛津高阶英汉双解词典》(第四版),商务印书馆、牛津大学出版社,1997年版,第1179页。

(1) 专家的工作具有高度的专业性，其核心为精神的、脑力的而非体力的工作；(2) 专家与顾客之间因有专家的高度职业道德，而存在特殊的信赖关系；(3) 具有从事专家服务的资格，并以专家职业团体所维持的相当业务水平开展业务；(4) 具有较高的社会地位，与之相应具有较高的收入水准。[①] 我国有学者也对专家的内涵进行了相似的概括。[②]

职业责任保险存在的必然性是其特定的职业风险。"无风险，无保险；无损失，无保险"，风险的客观存在，是保险产生发展的前提。在现实生活中，风险无处不在，所谓"天有不测风云，人有旦夕祸福""居安思危""有备无患"，是对现实中风险存在的高度概括。[③] 同时，风险具有可变化性，在不同的时期风险因素的地位有所不同，某一时期的风险在另一环境、时间、空间下就有可能不是风险。风险的变化灵活，因时因事而异，正因为其变化的多样性，为人们辨识风险、控制风险带来了困难。在专业性服务中，同样隐藏着高度的风险。职业责任保险存在的合理性在于专业人士从事其职业时所存在的职业风险，即事故发生的可能性或不确定性。在从事专业技术工作中，不论工作人员如何恪尽职守，损害赔偿事故也是不可能绝对避免的。[④] 可以说，职业责任风险不以人的主观意志（除故意或恶意外）为转移，是经常地随机性地发生的，通常是由每个专业人员日常生活、工作中的一般疏忽行为所致

[①] [日] 能见善久："论专家的民事责任"，梁慧星译，载梁慧星主编《民商法论丛》（第5卷），法律出版社1996年版，第504页。

[②] 我国学者认为专家具有以下五个特征：(1) 具有与其职业要求相符合的知识、技能，并得到相应主管部门的认可；(2) 以其所具有的专门知识、技能从事职业性工作或领有从业执照；(3) 与服务对象之间存在某种形式的双务有偿契约关系，但是不具有营利性；(4) 同服务对象之间有着特别的信赖关系，以维护服务对象的权益为宗旨而依自己独立的意思完成工作；(5) 服务对象所提供的服务是非定型性的，即满足服务对象的多样化要求。参见屈芥民：《专家民事责任论》，湖南人民出版社1998年版，第7—8页。

[③] 风险的定义大致可分为两类：第一类强调风险的不确定性，可称为广义的风险；第二类强调风险损失的不确定型，可称为狭义的风险。风险具有以下特征：(1) 普遍性；风险事事有，时时有；(2) 可测性；(3) 偶然性；(4) 与效益的一体性；(5) 相对性；(6) 变异性。黄华明：《风险与保险》，中国法制出版社2002年版，第6—10页。

[④] 学者认为，导致专家风险的原因主要是：(1) 原材料或产品有缺陷；(2) 人们自身的知识、技术和经验的局限；(3) 主观上的疏忽或过失。孙祁祥：《保险学》，北京大学出版社1996年版，第240页。

的。它虽然由人为原因造成，却与自然灾害等风险一样，有着存在的客观性、发生的偶然性等特征。

在计划经济体制下，从事专业活动的人士无所谓职业风险，因为经济活动不活跃，对专业服务的需求量较小，专业服务市场相对封闭，专业活动给他人甚至整个社会带来不利影响的可能性不大，专业人员并无对有关风险转移机制的需要。但是，随着我国社会主义市场经济建设的不断发展，原先不同程度带有"行政色彩"的专业职业，如公证、会计、律师、经理人等都已经逐步走向市场化，专业人员承担的风险也随之增大。这些风险主要包括：（1）工作技能风险。专业人员是基于专业技能提供服务，因此，由于其本身专业技能的限制而不能及时、准确、全面地掌握所有的相关知识和技能，其工作可能并不一定能取得应有的效果，无法完全避免其执业风险。（2）资源风险。专业人员即使在工作中并无行为上的过错，由于人力、财力和技术资源的限制，仍然有可能承受由此带来的工作风险。（3）管理风险。明确的管理目标、合理的组织机构、细致的职责分工、有效的约束机制，是专业人员从事专业活动的基本保证。反之，专业人员可能会因管理机制不健全而承担执业风险。（4）职业道德风险。作为高素质的专业技术人才，专业人员通常接受过良好的教育并具有丰富的实践经验，但如果不遵守职业道德，自私自利，敷衍了事，回避问题，甚至为谋求私利而损害他人利益，必然会因此而面临风险。（5）社会环境风险。随着科学技术、文化教育水平的提高，公众对专业人员履行职责的期望值不断提高，公众的自我保护意识也不断增强，法律环境的进一步完善也给受害人保护自身权益提供了更加有力的保障，从而也相应增加了专业人员的风险。

从制度的最初目的看，职业责任保险主要是为专业人员提供一种转移风险的保险机制。职业责任保险属于责任保险。台湾学者认为，责任保险的产生，是19世纪前半叶《拿破仑法典》（Code Napoleon）有赔偿责任之规定后，法国首先举办，其后德国继起仿效，英国于1857年有责任保险之创立，美国则于1887年以后，责任保险始见成长。近年由于对他人财产权益尊重之观念，日受重视，责任保险亦随之不断扩张，现已成为保险业之一大主流。① 责任保险是保险业发展到高级阶段的必然产物,它的产生和发展与国家法律制度、国民法律意识息息相关。责任保险的开展为顺利解决各类赔偿责任事故提供了有力的保障和支持渠道。

目前,在发达国家的保险市场上,职业责任保险已经涵盖了医生、护士、药剂师、美容师、律师、会计师、公证人、建筑师、工程师、房地产经纪人、保险经纪人和代理人、公司董事和高级职员等不同的行业。从理论上说,人们所说的"三百六十行"几乎都可以就其职业责任风险进行投保。职业责任保险在发达国家的保险市场上占有十分重要的地位。

目前,我国的责任保险制度并不发达,尚处于发展阶段。我国责任保险的发展相对缓慢。随着我国市场经济的发展,专业人员的执业风险也越来越大,建立完善的职业责任保险制度,对于保护受害人的利益,鼓励专业人员的开拓创新精神,无疑具有重要的意义。同时,随着我国责任保险市场发展环境不断成熟,保险业为了满足专业人员转嫁职业责任风险的需要,将不断加大制度创新的力度,开发了更多适合专业人员需要的职业责任保险产品,从而推动职业责任保险的不断发展。

二、董事责任保险在职业责任保险中的显著地位

(一) 责任保险是一类重要的财产保险

责任保险是以被保险人对第三人的民事赔偿责任为保险标的的保险。责任保险的发达程度,与一个国家或地区的经济与社会发展状况、法治环境等存在高度的相关性。瑞士再保险公司2014年发布的全球责任保险趋势的报告②显示:商业责任保险是财产保险中的重要组成部分。2013年,全球商业责任保险的保费收入为1600亿美元,相当于全球非寿险保费收入1.5万亿美元的10%,或者商业财产保险保费收

---

① 袁宗蔚:《保险学——危险与保险》(增订三十四版),首都经济贸易大学出版社2000年版,第547-548页。

② See Swiss Re, Liability claims trends: emerging risks and rebounding economic drivers, 2014.

入的23%。发达市场经济国家和地区的保费收入,显著高于新兴市场经济体。2013年,发达市场经济体的责任保险保费收入占到了全球责任保险保费收入的93%,在全球非寿险保费收入的比重达到79%。

表1-1 2013年责任保险收入与GDP的关系(10亿美元)

排名	责任险保费收入	非寿险收入总额	国内生产总值(GDP)	责任险占非寿险业务之比	保险深度(责任险占GDP的比重)
1 美国	84.0	531.2	16802	15.8%	0.50%
2 英国	9.9	99.2	2521	9.2%	0.36%
3 德国	7.8	90.4	3713	8.7%	0.21%
4 法国	6.8	83.1	2750	8.2%	0.25%
5 日本	6.0	81.0	4964	7.3%	0.12%
6 加拿大	5.2	50.5	1823	10.3%	0.29%
7 意大利	5.0	47.6	2073	10.6%	0.24%
8 澳大利亚	4.8	32.7	1506	14.8%	0.32%
9 中国	3.5	105.5	9345	3.3%	0.04%
10 西班牙	2.2	31.0	1361	7.0%	0.16%
排名前十	135	1152	46857	11.7%	0.29%
全球	160	1550	61709	10.3%	0.26%

资料来源:SIGMA 2014, Liability claims trends: emerging risks and rebounding economic drivers。

根据瑞士再保险公司对全球责任保险的分析,2013年美国责任险的市场份额占全球责任保险的51%。在美国的责任保险中,一般责任、职业责任、商业多种事故责任险、医疗责任险等险种占比较高,占比分别为33%、17%、16%、12%。其中,董事责任保险保费收入为54亿美元,占比约为7%。而在1999年,美国董事责任保险的保费收入大约为30亿美元。[①]

[①] Ian Youngman, Director's and officers' Liability Insurance, a guide to international practice, second edition, Woodhead Publishing Limited, 1999, p.146.

(二) 董事责任保险在职业责任保险中的突出地位[①]

1. 职业责任保险的一般分类

在保险理论和实务中，按照不同的标准，可以将职业责任保险划分为若干种类。通常，可以按照以下三种标准对职业责任保险进行分类。

（1）以业务规模和职业性质为划分依据。按此标准，可以将职业责任保险划分为医疗责任保险和非医疗职业责任保险。由于医疗责任保险是业务规模最大的一种职业责任保险，而且医务人员在其工作过程中需要与患者的身体相接触，具有一定的特殊性，可以单独将其分为一类，在国外保险单中，一般用失职（Malpractice）来表示；非医疗职业责任保险以外的其他职业责任保险，则可以单独归为一类。这类保险主要涉及那些与他人身体没有接触的专业人员，包括：会计师、建筑师等，在国外保险单中，一般用错误或疏忽（Errors and Omission）来表述。

（2）以被保险人从事的职业为划分依据。按此标准，职业责任保险可以分为：医疗责任保险、会计师职业责任保险、律师职业责任保险、建设师和工程师责任保险、保险代理人和保险经纪人责任保险、董事和高级职员责任保险等。

（3）以承保方式为划分依据。按此标准，可以将职业责任保险划分为：以索赔为基础的职业责任保险（即期内索赔式，on a Claimmade Basis）和以事故发生为基础（即期内发生式，on an Occurrence Basis）的职业责任保险。

2. 职业责任保险的新分类——三分法

2001年9月，在美国佐治亚州立大学风险管理和保险研究中心William R. Feldhaus，Robert W. Klein等人向职业责任保险承保人协会（PLUS Foundation）提交的一份题为《新经济时代的专业责任》的研究报告中，[②] 按照医疗职业责任保险、非医疗职业责任保险、管理层责任保险这样的三分法对职业责任保险进行了分类（图1-1）。

[①] 本部分内容参考了笔者的其他研究著作。参见王伟：《职业责任保险制度比较研究》，法律出版社2015年版，第48-53页。

[②] William R. Feldhaus, Robert W. Klein, Professional Liability in the New Economy: Prepared for the PLUS Foundation, September 2001, p. 29.

医疗职业责任保险	非医疗职业责任保险	管理者职业责任保险
医生责任保险	会计师责任保险	董事和高级职员责任保险
医院责任保险	律师责任保险	信托受托人责任保险
联合医疗护理机构责任保险	设计师责任保险	雇佣责任保险
医疗费用控制机构责任保险	传媒从业者责任保险	
	技术人员责任保险	
	公共官员责任保险	
	保险代理人责任保险	
	房地产从业者责任保险	
	其他	

图 1-1　职业责任保险三分法

按照三分法，职业责任保险的分类可以概括如下：

1) 医疗职业责任保险（Medical Professional Liability Insurance）

医疗职业责任保险，也称医疗失职保险、医疗责任保险，是职业责任保险中的重要险种。在美国，由于医疗职业责任保险是一种主要的职业责任保险，法定会计准则要求就该险种的保费收入、赔付情况、费用情况等进行统计，因此其数据资料相当详尽。

2) 非医疗职业责任保险（Non-Medical Professional Liability Insurance）

非医疗职业责任保险，也称为错误或疏忽责任保险（Errors and Omission Liability Insurance）。非医疗职业责任保险产品主要涉及以下专业化职业：会计师、律师、设计人员（建筑师、工程师）、媒体类专业人员、技术类专业人员、公共事务人员、保险代理人、保险经纪人、房地产经纪人等。按照每种职业的风险情况，保险公司设计了不同的保险条款以满足其转嫁风险的需要。在不同的保险条款中，有的保险条款极为类似，但除外责任往往存在很大的差别。正是这种非标准化的保险单条款所具有的灵活性，推动了保险公司在确定价格和保险责任等方面的竞争。

3) 管理层责任保险（Managerial Liability Insurance）

与医疗和非医疗类职业责任保险所不同的是，管理层责任保险主要承保的是管理人员在从事经营管理活动过程中所产生的民事赔偿责任。

从美国的有关情况来看，该种职业责任保险主要有以下三种：（1）董事和高级职员责任保险，是指以董事、高级职员（经理、公司秘书、财务负责人等）向公司或第三者（股东、债权人、雇员等）承担民事赔偿责任为保险标的的一种保险。（2）受托人责任保险（Fiduciary Liability Insurance），是以管理人员违反对雇员的退休收入保障义务而应承担的赔偿责任为标的的保险。（3）雇佣活动责任保险（Employment Practices Liability Insurance，EPLI），承保雇佣活动中管理人员违反对雇员的保护义务而应承担赔偿责任的一种保险。

3. 本书采用职业责任保险三分法的主要理由

在传统的分类方法中，将职业责任保险分为医疗责任保险和非医疗责任保险两类。在三分法中，则将董事和高级职员责任保险单独列出，并作为独立的一种职业责任保险，这种分类方法有助于更加准确地掌握职业责任保险的发展趋势和特征。这种分类方法凸显了现代市场经济条件下管理者责任保险（尤其是董事责任保险）的重要性，其合理性在于：

（1）职业经理人在社会经济发展中的作用不可忽视。从历史上看，近现代经济社会的产生和发展是和高度理性化企业制度的产生以及职业经理人在企业中的作用分不开的。可以毫不夸张地说，作为职业企业家，职业企业家董事和其他高级职员是推动经济发展的中心人物。从近代企业的产生和社会经济的变迁看，如果缺乏企业家这一核心要素，经济体制的变迁和转轨便难以发生。正如学者所言，现代企业制度建立的条件之一是"企业及其资本经营的市场化、契约化，使所有者得以从供略大于求的劳动力市场上自由挑选合意的企业经营者，从而保证企业的有效经营管理及其投资的保值增值"[①]。

（2）职业经理人的法律责任危险不断加大。为了适应市场经济发展的需要，各国都采取各种措施，从不同的角度强化董事和高级职员的义务和职责，以促使其经营管理活动符合公司、股东、债权人等群体的利益。董事和高级职员在对公司进行经营管理并形成相应的经营决策时，要确定公司的各种投资项目，并依照信息披露规则对外披露信

---

① 刘文华主编：《经济法》，中国人民大学出版社2012年版，第100页。

息，从而对股东或投资者负责；要对外签订合同并承担履行合同的责任，从而对债权人负责；要履行劳动保护义务，从而对雇员负责等。董事及高级管理人员承担的责任众多，而且其有些决策可能对公司甚至对社会产生重大影响。然而，在现代市场经济中，董事和高级职员在从事经营管理活动时面临的是不可胜数的信息、瞬息万变的市场以及众多的法律法规和管理规定。在这种前提下，董事和高级职员在审议、决策各种纷繁复杂的事项时，难免会发生疏漏或错误，从而对股东、雇员、合作伙伴、竞争对手甚至社会公众的利益造成损害。总而言之，董事和高级职员在经营活动过程中面临着各种现实的或潜在的责任危险。

（3）董事和高级职员责任保险正在逐渐脱离传统职业责任保险的轨道。[①] 这体现为：第一，立法对董事和高级职员的法律责任给予了特别的关注，公司法、证券法以及大量的判例都对董事和高级职员的责任进行全面系统的规定，使得董事和高级职员责任保险不得不遵循这些立法；第二，董事和高级职员责任保险的保险责任一般包括个人补偿和公司补偿两个方面，其中公司补偿首先由公司对董事和高级职员的损失进行补偿，然后要求保险公司根据保险合同支付保险金。然而，由专业机构对其雇员进行补偿的例子，在其他职业中并不多见。同时，董事责任保险在其他条款方面也与传统的职业责任保险存在显著的差别；第三，近年来，董事和高级职员的法律责任十分沉重，甚至出现了"董事责任保险危机"。令人惊奇的是，立法机关对这个问题十分关注，直接插手干预董事和高级职员的法律责任规定，出台了很多有别于传统法律理念的规则（如，通过立法限制或减轻董事和高级职员的赔偿责任等）。

（4）在业务规模上，由于企业，特别是大型企业十分重视此项保险，董事和高级职员保费收入越来越高，地位越发重要；与此同时，董事和高级职员责任保险也是一个存在较多现实问题的险种，董事和高级

[①] 关于这方面的认识，来源于笔者博士后期间的合作导师——中国人民财产保险股份有限公司王和副总裁的悉心指教。

职员责任保险危机导致费率居高不下，保险公司也不断对投保人和被保险人提出相关诉讼，使得该险种的经营面临巨大的挑战。因此，董事和高级职员责任保险也越发引人关注。

基于以上理由，笔者认为：将管理层责任保险从传统的非医疗责任保险中独立出来，无论是对责任保险的理论研究还是对保险公司的经营，都具有相当的合理性。立足于这一时代背景，对董事责任保险的研究也就更加具有其独特的价值。

第二节 董事责任保险制度的国际比较

从发达市场经济国家和地区的情况来看，董事责任保险起源于英美法国家，并在董事和高级职员面临较重民事赔偿责任风险的背景下得到了蓬勃发展。公司（尤其是大中型公司、公众公司）的董事和高级职员不投保董事责任保险，几乎是不可想象的事情。由此，董事责任保险可以上升为公司治理结构中的重要机制。而在大陆法国家，董事责任保险制度的发达程度则远远不如英美法国家。本节对具有代表性的英美法国家和大陆法国家董事责任保险的基本情况进行了分析。

一、两大法系董事责任保险制度的演进路径

（一）英美法系国家

董事责任保险制度产生并发展于美国，目前董事责任保险从美国扩展到了英美法律体系下的所有经济体国家。在欧洲，该保险产品首先成功地推广到了英国。1993年年底，英国该保险产品的覆盖率已经接近80%。目前，主要的英美法国家都建立了董事责任保险制度，出现了约束与激励并重的两种趋势。第一，法律责任约束更加严格。随着英美法国家公司立法等法律更趋严格，对董事和高级职员的法律责任约束越来越强，董事和高级职员所面临的经营管理风险越来越高。第二方面，转嫁风险的激励机制更为重要。鉴于董事和高级职员所承担、所面临的法律责任越来越重，为了有效激励其经营管理的积极性，对于那些被公

司、股东、债权人提出索赔请求的董事和高级职员，英美法国家又通过立法及实务界的实践创新，建立了董事和高级职员的风险转移机制，从而转移经营管理中过重的赔偿责任风险。

（二）大陆法系国家

20世纪80~90年代，董事责任保险制度被引入大陆法国家。在欧洲大陆，随着董事责任保险制度在英国的发展，该项制度在法国、比利时、荷兰、瑞士和西班牙等国家得以发展。目前董事责任保险制度已经扩展到了欧洲以外的其他大陆法国家（如亚洲的日本、韩国、中国等）。

大陆法国家的董事责任保险制度起步较晚，制度设计上主要是效仿英美法国家的做法。目前，部分大陆法国家虽然建立了董事责任保险制度，但该项制度远不如英美法国家普及，对于董事责任保险的制度创新，主要是由保险业推动的。目前，在属于大陆法国家的日本，在董事责任保险领域已有了比较成熟的做法。

在大陆法国家，董事责任保险制度不及英美法国家发达，而在其发展过程中也有颇多坎坷，人们对董事责任保险的作用往往存在巨大的争议。造成这种状况的主要原因在于：首先，大陆法国家对董事和高级职员追究责任的做法不如英美法国家有效，董事和高级职员受到潜在责任威胁的危机感不强，这是董事责任保险不普及的重要原因。其次，在观念上，很多人认为，通过董事责任保险对董事和高级职员因职权活动对公司、股东或者其他第三方遭受的潜在损失予以赔付，有可能导致董事和高级职员因存在保护性措施而降低其履行职责的审慎义务和道德标准。再次，由于该项险种在大陆法国家产生的历史短暂，各国尚未取得足够的经验；最后，董事责任保险制度对现有的侵权行为法等传统制度可能造成较大的冲击，[①] 故对董事责任保险立法采取比较慎重态度。尽管这样，也有很多学者和实务界人士支持该项制度的发展，认为，董事责任保险制度有助于董事和高级职员为股东创造利益，因此应当鼓励董

---

① 在大陆法国家，学者们已经注意到责任保险制度已经在很大程度上削弱了侵权行为法在传统意义上的制裁和补偿功能，从而出现了所谓"侵权行为法的危机"。参见张新宝：《中国侵权行为法》（第二版），中国社会科学出版社1998年版，第11页。

事责任保险制度的发展。

随着董事责任保险制度的不断发展以及社会对该项制度认识的不断深化,当前董事责任保险制度正在摆脱过去那种尴尬的地位,成为董事和高级职员分散和转移风险的重要机制。很多国家也通过立法形式鼓励公司为其董事和高级职员购买该项保险。

二、美国:董事责任保险制度的发源地

笔者根据所掌握的材料,可将美国董事责任保险制度的发展分为创立与成熟两个阶段。

(一) 董事责任保险制度的创立阶段

美国是董事责任保险制度的发源地,其董事责任保险制度在世界各国中最为发达和典型。英国劳埃德保险公司于1930年签发了世界上第一张董事责任保险单。[①] 美国董事责任保险制度的产生有其深刻的经济根源。在20世纪30年代初,美国股票市场的大崩溃催生了对完善证券市场监管制度的强烈要求。随着美国证券交易委员会的设立以及联邦证券法律(主要是1933年《美国证券法》和1934年《美国证券交易法》)的通过,董事和高级职员承担的经营风险陡然增大。加之证券投资者对上市公司经营者提起的索赔案件数量急剧上升,许多大公司的董事和高级职员常常因承担赔偿责任而倾家荡产,这使董事和高级职员有了强烈的危机感。英国伦敦劳埃德保险公司敏锐地观察到市场的需要,遂进入美国市场开始推行董事责任保险,旨在提供某种保险制度以分散个人责任,并对个人财产提供充分的保险保护,首开该险种的先河。[②] 但由于大部分董事和高级职员并没有充分认识到通过责任保险转移风险的积极意义,加之该种保险的保费不菲,因此,购买该险种的多是大公司的董事和高级职员,大部分的中小型公司购买该保险的积极性并不高。故从

[①] Ian Youngman, Director's and officers' Liability Insurance, a guide to international practice, second edition, Woodhead Publishing Limited, 1999, pp.144.

[②] Joseph P. Montelesone & Nicholas J. Conca, Directors and Officers Indemnification and Liability Insurance: An Overview of Legal and Practical Issues, 51 Bus. Law 573, 574 (1996).

总体上看，购买该种保险人数很有限，董事责任保险没有得到充分的发展。

20世纪60年代以后，随着证券法律制度的不断完善，公司及其经营管理人员面临的风险越来越大，对董事责任保险的需求也相应提高。保险公司看到这种趋势，遂重新调整了对专业责任风险的承保范围，意欲重振董事责任保险制度并借助于该险种对董事和其他高级职员给予充分的"个人经济保护"。

专业化的董事责任保险需要法律的保障。1967年以后，以美国特拉华州为首，学者就董事责任保险应由"公司负担保险费"问题展开了讨论，并推动州议会于1969年修改了公司法。该州公司法规定，公司负有替董事购买责任保险的义务。由于该立法的示范效应，美国其他各州纷纷仿效，在各自的立法中规定了董事责任保险制度，董事责任保险制度因此逐渐得以推广。[①]

（二）董事责任保险的成熟阶段

20世纪70年代至90年代，董事责任保险制度在美国日益成熟。由于再保险业的迅速发展，许多保险公司纷纷介入董事责任保险市场，从而把美国董事责任保险推向极盛。值得注意的是，这个时期的董事责任保险的保险责任，与初创时期相比，已经发生了重大变化。该险种不仅仅对董事和其他高级职员提供保险，亦对公司自身的某些责任风险进行承保，从而扩大了董事责任保险的适用范围。同时，在市场经济的发展过程中，董事和高级职员的责任已不仅仅停留于单纯的投资领域，而是扩展到更广泛的领域，呈现出董事责任社会化的趋势。[②] 从事董事责任

[①] 转引自松尾真、胜股利臣编著：《株主代表诉讼と役员赔偿责任保险》，中央经济出版社平成2年版，第221页。

[②] 参见第二章的相关内容。同时，也可参见王伟："强化经营者的社会责任"，载《人民法院报》2001年11月22日第3版。在该文中，笔者分析了在现代市场经济中，董事责任的多样化趋势。笔者认为，在现代社会，董事和高级职员所面对的主要责任和义务包括：（1）因违反基本义务所生之义务和责任，其中主要涉及董事和高级职员的信托义务、注意义务和忠诚义务；（2）对股东之法定救济与董事和高级职员之义务和责任；（3）董事和高级职员对雇员之义务和责任；（4）董事和高级职员在税法上的义务和责任；（5）董事和高级职员在证券法上的义务和责任；（6）董事和高级职员在环保法上的义务和责任；（7）董事和高级职员在破产法上的义务和责任。

保险的保险公司越来越专业化，他们不断地开发出新的保险品种，以满足公司的董事和高级职员在职业活动中的保险需要。

在英美法国家，对董事和高级职员提起诉讼并要求其承担赔偿责任的案件较多，其主要原因是美国集团诉讼和律师胜诉酬金（Contingency Fee）制度的广泛采用。由于集团诉讼规模大，律师费用较高，在调查取证以及组织、通知当事人过程中也会发生巨额费用，且诉讼期间也较长，美国允许律师收取胜诉酬金，使律师可以在胜诉后取得赔偿总额一定的百分比，收入的数额极为可观。在这样的机制下，出于利益驱动，大的律师事务所往往愿意提供富有经验的高素质律师，投入大量的时间和精力，并预付各种调查取证等程序性费用，从而推动了集团诉讼的发展。同时，由于诉讼机制本身的特点，集团诉讼也有可能被滥用。在很多情况下，当证券市场上某只证券价格出现大幅度下滑，即使没有确切的证据表明存在有关该股票的欺诈、操纵、虚假陈述等问题，也可能会有人提起集团诉讼。对于被诉的公司、董事和高级职员而言，由于担心诉讼对公司和个人可能造成的不良后果，他们都不愿卷入冗长、繁重、昂贵的诉讼程序中，往往被迫同意与原告达成妥协。

20世纪80年代，在美国以及其他判例法国家，曾经爆发过一场董事责任保险危机。[①] 主要的诱因是，这一时期针对董事、高级职员的诉讼案件激增，保险公司支付给被保险人的抗辩费用和赔偿金急剧增长；同时，由于各种新的证券交易形式的出现，导致董事、高级职员承担责任的风险大大增加，保险公司在难以预测保险事故是否发生的情况下，对于保险事故风险缺乏相应的应对措施；而当时全球再保险市场的萎缩使保险公司承保董事责任保险的能力有所下降，遂导致了这场保险危机。保险公司在为公司董事和高级职员支付了巨额的保险金后，立即提出了紧急的应对措施提高保险费率，甚至干脆不承保董事责任保险，这直接导致了董事责任保险市场的极度萎缩。为了应对这场危机，美国有的州索性通过立法，鼓励融资性的公司为其外部董事投保责任险，甚至

[①] 参见第七章有关内容。

可以自己建立专属保险公司为董事和高级职员提供责任保险。[1]

在经历了董事责任保险危机后，由于保险公司和投保公司不断总结以往的经验教训，重新整合了董事责任保险业务，董事责任保险市场再度复兴。承保董事责任保险成为保险公司的一项重要收入来源，而众多公司的董事、高级职员也享受到了董事责任保险给他们带来的福祉。进入20世纪90年代，董事责任保险更加得到证券界的青睐，这与上市公司董事和高级职员所承担的风险不无内在的联系。

到了20世纪90年代，美国证券投资者滥诉的行为再次增多。证券投资者在股票下跌时动辄对公司、董事和高级职员提起集团诉讼要求赔偿，且赔偿数额惊人。为了有效防止这种滥诉行为对上市公司及其董事、高级职员、注册会计师等带来的负面影响，美国国会于1995年制定了《美国私人证券诉讼改革法》（Private Securities Litigation Reform Act of 1995），对起诉规定了严格条件，抬高了起诉的门槛。例如，在原告的资格问题上，每一个主要原告必须填写宣誓书和证明文件，表明他已经检查和审定过这些文件并且没有在律师的指导下购买证券或为了具有原告资格而购买证券。一般地说，担任主要原告的人在过去5年中起诉最多不能超过3次。第一批填写起诉书的人在填写起诉书后的20天内，必须通告表明其提出的主要诉讼请求，并表示他们中的任何成员也可以担任主要原告。此外，法院应基于谁有最大的财产利害关系的假定来选择主要原告。该法案的另外一个重要变化是增加了比例责任条款，对传统的连带责任作出了较大改变，这就修正了过去依照个人财富的状况来判决责任的所谓"深口袋"原则。在被告是故意违法的情形下，其应承担连带责任；对于被告的其他违法行为，则只承担比例责任，其赔偿比例由陪审团依据被告的行为性质以及其行为与损害结果的关系决定。此外，该法案还对避风港条款、和解条款等进行了规定，从而对集团诉讼进行了相应的制约，大大减少了证券投资者滥用集团诉讼的可能性。

该法案实施后，针对董事和高级职员的诉讼略有下降。尽管这样，董事和高级职员仍然没有从根本上摆脱其面临的巨大责任风险。在美国，

---

[1] Robert W. Hamilton, The Law of Corporations, 1996 West Group, p. 458.

1999年针对证券欺诈提起的诉讼案件,每起案件的标的额平均为800万美元,抗辩费用则超过了100万美元。美国证券界已经认识到,在证券诉讼金额越来越高的情况下,董事责任保险对董事和高级职员的保护作用,超过了以往任何一个时期。美国Tillinghast – Towers Perrin公司2000年的一份调查报告则更加详细地显示,在接受调查的2059家美国和加拿大公司中,96%的美国公司和88%的加拿大公司都购买了董事及高级管理者责任保险,其中科技、生化和银行类公司的董事及高级管理者购买率更是高达100%。[1] 当时,美国董事责任保险的发展呈现出以下趋势:非营利组织对董事责任保险的需求不断增大;在公司首次发行股份领域需求增长很快,为满足公司融资的需求,许多公司对外发行股份时,其招股说明书对公司相关信息的说明中往往会出现错误与遗漏,从而引发投资者对公司董事提起的诉讼;生物科技、计算机与信息技术领域的公司对董事责任保险需求迫切。这些公司具有很大的发展潜力,发展速度和规模远远超过其他公司,遭受诉讼的风险也远远大于其他企业。[2]

进入21世纪,董事责任保险出现了一些新的变化。由于美国证券市场上频频爆发财务丑闻(如安然案件、世界通信公司案件等),使证券投资者对上市公司以及董事、高级职员起诉的案件不断增多。从证券诉讼的案件数量来看,2000年美国共发生证券诉讼293起,到2001年,这一数字突然达到了511起。[3] 在索赔案件增加的同时,投资者索赔金额也极其惊人,在美国历史上,索赔金额最高曾达到1亿美元,而当时三起针对董事、高级职员和公司提起的诉讼案件都大大超过了这一数字。其中,Cendnat公司的赔偿额为32亿美元,美洲银行(Bank of America)可能的索赔额是4.9亿美元,废物管理公司(Waste Management)两起案件可能的索赔金额是6.77亿美元。[4] 对公司和董事高级职

---

[1] 转引自"海外上市规避董事责任险迫在眉睫",载《证券时报》2002年5月8日。

[2] 蔡元庆:"美国的董事责任保险制度",载《西南政法大学学报》2003年第4期,第43–48页。

[3] Lori E. Iwan, Esq. Charles M. Watts, Jr., Esq, Enron and the D&O Aftermath: Tips and Traps for the Unwary.

[4] Lori E. Iwan, Esq. Charles M. Watts, Jr., Esq, Enron and the D&O Aftermath: Tips and Traps for the Unwary.

员的巨额索赔必然对董事责任保险业务造成巨大的影响。这种情况非常类似于20世纪发生的责任保险危机。

2003年，美国保险公司不断提出解除保险合同的诉讼。[①] 诉讼的原因多种多样，有的声称在保险投保时，投保人提供了虚假会计资料，有的则指控公司管理层欺诈；诉讼请求也各不相同，有的保险公司只是依据董事和高级职员被第三人指控的行为来否定保险责任，而有的保险人则试图解除整个合同。

在2003年解除保险合同的诉讼大战中，施乐公司和南方保健公司是其中的两个典型例子。

承保施乐公司（Xerox）董事责任保险的保险公司提出诉讼，要求解除与该公司2500万美元的保险单。保险公司称，施乐公司投保董事责任保险时提供了虚假的财务报告。在此之前，美国证券和交易委员指控前施乐公司的高级职员在1997~2000年，夸大公司收入30亿、利润14亿美元。2003年6月，被指控的高级职员同美国证券和交易委员达成和解，被指控的高级职员同意支付2200万美元，从而和解案件。

美国保健业巨头南方保健公司（Health South）的几乎所有保险人在不同的法院提出诉讼，要求解除董事责任保险合同。此前，人们发现，南方保健公司从20世纪90年代开始共编造了25亿美元的虚假利润。这一丑闻披露后，美国证券监管机构提出了诉讼。2003年11月，南方保健公司前董事会主席被判有罪，15位前高级执行官（包括五位前首席财务官）自认有罪。

同时，保险公司和保单持有人也不断就保险单的延续问题不断进行协商，力争创造一种双赢的局面。例如：美国第四大电信运营商奎斯特通信国际公司（Qwest）和泰科国际公司（Tyco），同意支付保险公司额外的保险费，争取顺利续保，避免引发解除保险合同诉讼。

总体来看，董事责任保险仍然是一个高风险的领域，投保难、续保难的状况在短期内难以改变。

---

① 王和、王伟："2003年美国保险市场变化"，载《中国保险》2004年第10期，第64页。

三、英国

虽然世界上第一张保单是由英国的劳埃德保险公司签发的,但是董事责任保险在英国并没有随之发展起来。直到1980年,该险种的主要销售对象还是那些在美国注册的公司,而英国公司对董事责任保险的需求并不强烈。在20世纪80年代之前,英国公司法和其他法律制度对董事义务和责任的规定还不严格,董事面临的民事赔偿责任风险较低。因此,董事和高级职员并没有强烈的动力去购买以风险转移为目的的董事责任保险单,而保险公司也没有足够的动力去销售董事责任保险。然而,从20世纪70年代开始英国逐步加大了董事的经营管理责任,特别是在80年代之后,在公司经营管理、数据保护、破产、金融服务等方面,董事和高级职员的民事赔偿责任不断加重。公司董事和高级职员开始认识到,他们的经营管理责任正在不断被强化,因此对董事责任保险有了更为强烈的需求。

在20世纪90年代经济不景气的时候,人们都预计董事责任保险可能会因公司的财力紧张而衰落,但出人意料的是,尽管董事责任保险的总体规模下降了,但是其仍然呈现一个上升的趋势。起初,责任保险还仅仅是一个高度专业化的市场,除那些专业的保险经纪人之外,主要的承保人是劳埃德保险公司以及美国国际集团(AIG)、丘博(Chubb),随后皇家太阳联盟、苏黎世保险公司相继进入董事责任保险市场。早期的董事责任保险主要是那些上市的公众公司购买,此后董事责任保险逐步扩展到了那些小型公司和封闭式的公司,并在一些特别专业的领域(如养老金信托受托人以及个人责任等方面)得以拓展。目前,英国的保险市场是欧洲最为成熟的市场。

当前,英国法律对公司董事和高级职员的民事责任已有较为完善的规定。在英国公司法中,公司董事具有管理公司经营活动的权力,公司法将管理权交给公司董事的同时则要求董事在行使此权力时应尽到谨慎管理的受托义务。在英国的公司法、证券法、劳动保护法、环境法等领域,都有相应的关于董事个人责任的规定。例如:在英国法上,公司的董事通常没有义务为公司的债务承担责任。但是,依据1986年《英国破产法》、1985年《英国公司法》和1986年《英国公司董事资格剥夺法》对无力偿付公司中董事的责任进行了明确规定,主要涉及欺诈性交易、不正当营业、不法行为。1986年《英国破产法》第213条规定,在公司破产时法院可以在其认为合理的情况下判决公司董事承担补足公司资产的义务;1986年公司《英国董事资格剥夺法》规定,欺诈交易行为可能会导致董事任职资格的剥夺。[1] 1989年英国公司法规定,公司可以行使购买和维持董事、高级职员责任保险。从目前的情况来看,在欧洲的董事责任保险市场中,英国的市场较为成熟。

近年来,英国的董事责任更加趋于严格。例如:自2013年7月22日,英国政府提出了新措施,要求董事对于不当行为和公司倒闭负更多责任。[2] 由英国商务大臣温斯·凯博(Vince Cable)宣布的建议包括让董事承担更多的个人责任。根据《透明度和信任讨论稿》中列出的措施,监管机构会被授予更大的权力来取消包括银行业在内的一些特定行业董事的资格,而且法院获准就董事行为的社会影响采取更多的问责行为。此外,这份讨论稿还提及董事自身是否应该在公司倒闭后补偿债权人的问题。

1989年,英国董事责任保险的市场规模为2500万英镑,1991年为5000万英镑,而到1997年保险规模则为1亿英镑。英国富时100指数(FT-SE)中的公司多数购买了董事责任保险,平均的责任限额为1200万~3000万。[3]

四、加拿大

作为美国的邻国,加拿大深受美国的影响,其董事责任制度也明显地借鉴了美国的做法,因此,两国之间具有较强的相似性。加拿大的董事责任保险制度,当然也是基于董事和高级职员所面临的众多的民事赔

---

[1] 王汉齐:"英国公司法中的董事义务与责任——兼谈英国公司法改革",载《经济导刊》2004年第11期,第74页。
[2] 李金秋:"英国宣布加强董事责任计划",载《中国保险报》,2013年8月26日。
[3] Ian Youngman, Director's and officers' Liability Insurance, a guide to international practice, second edition, Woodhead Publishing Limited, 1999, p.155.

偿责任风险。在加拿大,董事和高级职员所面临的经营管理责任主要涉及董事对公司的责任、董事对公司以外的第三人的责任、董事对资本市场的投资者的责任以及其他法定责任方面。

《加拿大联邦商业公司法》和各省的商业公司法都明确规定,公司有权为董事和高级职员购买责任保险。在加拿大的董事责任保险中,大部分保险业务都被英国和美国的保险公司所垄断,包括:劳埃德保险公司、美国国际集团以及丘博保险等。

五、澳大利亚

在澳大利亚,公司董事和高级职员面临着诸多的民事责任赔偿风险。这些法律,包括公司法、证券法、劳动保护法等各个领域。因此,澳大利亚董事和高级职员的民事赔偿责任风险也较高。1994 年《澳大利亚公司法》规定,公司可以为董事和高级职员购买责任保险,而在此之前董事和高级职员只能自行购买保险,公司为董事购买责任保险事是被禁止的。从全球的情况来看,在对董事和高级职员起诉的数量方面,澳大利亚仅次于美国。除美国的加利福尼亚州外。澳大利亚的新南威尔士已经成为世界上最频繁的地区。[①] 就澳大利亚董事责任保险市场来看,自从 2001 年以来董事责任保险的年度保费每年要上涨 35%~50%。

六、德国

在德国,第一张董事责任保险单签订于 1986 年,与美国相比足足晚了 50 多年。董事责任保险制度在德国的产生,内在的动因是针对董事和高级职员的诉讼日渐增多,公司董事和高级职员防范风险的意识不断增强。正如 1986 年 9 月德国《商业周刊》文章所述,没有董事责任保险制度,长此以往,董事的职位将"不为任何人所接受"[②]。可见,同英美法国家一样,董事责任保险制度在大陆法国家的建立是基于董事和高级职员承担的责任以及转移经济赔偿责任的现实需要。

[①] 孙宏涛:《董事责任保险合同研究》,中国法制出版社 2011 年版,第 13 页。
[②] Business Week, Sept. 8, 1986, p.50.

德国董事责任保险制度的发展也经历了一个曲折的过程。[1] 早在19世纪末，有关董事会和监事会成员责任保险的讨论就已经开始出现。随着《德国股份公司法》《德国合作社法》和《德国有限责任公司法》的相继颁布，德国保险协会在当时也曾提出董事责任保险产品的发展计划。不过普鲁士内政部长驳回了这一计划，因为这一保险理念在当时并未被广泛接受，甚至有些学者提出这种保险产品是不可行、不道德的，[2]媒体则将其称为"懒惰保险"和"保险乌托邦"。鉴于董事责任保险可能会减少董事因保护性措施的存在而降低其履行职责的谨慎义务和道德标准，最初在德国、西班牙等国家，不但法律不认可公司为董事购买责任险的做法，境内的保险公司也都未开设此险种。德国的保险公司也对这项保险产品始终保持一定距离，董事责任保险在德国市场上的成长极为缓慢。

随着市场的发展和需求的增加，董事责任保险在这些国家也逐渐开始发展起来。1986年，董事责任保险产品在德国市场上首次出现。但由于当时德国联邦保险监督管理办事处对保险条款的制定起主导作用，董事责任保险合同一般条款中的很多内容都与世界通用条款相偏离。特别是因对该保险理念仍未完全接受，德国董事责任保险明确提出不接受与"公司错误决策"有关的索赔请求。这就在很大程度上限制了该产品的推广和发展。

从1993年开始，德国市场对董事责任保险产品越来越关注。导致董事责任保险需求强劲上升的最主要原因，是企业机构成员的法律责任风险和索赔要求风险都显著提高了。此前，美国的保险公司曾将该产品的世界通用保险条款（为公司机构和管理人员提供的财产损失赔偿责任保险的一般性条款，AVB OLA 93）引入德国，这大大削弱了经营同样业务、仅提供"保守条款"的德国保险公司的市场竞争力。而这些世界

---

[1] 本部分关于德国董事责任保险的发展历史的介绍，参考孙莉婷：《德国董事责任保险制度设计及运行研究》，吉林大学法学院2013年博士学位论文。

[2] 转引自普吕克、拉特维（Ralf Plück, Alois Lattwein）："经营者责任风险" Haftungsrisiken für Manager: Deckungskonzepte und Praxisbeispielefür Geschäftsführer und Vorstände, Springer DE, 2004. S. 169. 参见孙莉婷：《德国董事责任保险制度设计及运行研究》，吉林大学法学院2013年博士学位论文，第18页。

通用条款却在实践中保留了下来。1994年7月，欧盟内部开始推进法律统一，结束了保险市场缺乏监管的状态，统一了保险业的一般条款。1995年，德国保险业正式开展对监事会成员、董事会成员和总经理提供的责任保险业务。1996年3月，德国保险联合会（GDV）成立专门工作小组，制订董事责任保险的框架条款，其成员包含很多著名的保险公司和再保险公司。1997年6月，为监事会成员、董事会成员和总经理提供的财产损失赔偿责任保险的一般性条款（AVB – AVG），即董事责任保险的最初模型诞生，并为保险公司设计了一套非强制性自选条款。20世纪90年代下半段开始，其保费金额就在短短几年的时间内成倍增长。仅在1998~2000年，该保险领域的保费金额就从7000万德国马克上升为1.5亿德国马克，在两年之内增长了两倍多。目前，在德国本土"排名前100"的公司，基本上都已经购买了董事责任保险。

七、日本

由于受到日本文化、法律及其他因素的影响，在相当长的时间内，日本市场中对董事提起诉讼的案例非常罕见。在日本，AIU保险公司和三井海上火灾保险公司从1980年起就考虑开发董事责任保险的险种。但业界人士认为，日本设立董事责任保险为时还早。直到1990年，上述两公司开设的用英文条款进行保险的申请才得到批准。翌年，其他保险公司关于开设该项保险的申请也相继得到批准。然而，在1993年以前，日本购买此类保险的公司多为投资海外较多的上市公司；1993年，日本又开放了日文保险条款，从而进一步扩大了董事责任保险的领域。这样，在日本就形成了英文和日文两种保险条款同时兼用的董事责任保险新格局，但以英文保险条款为主。[①]

就日本董事责任保险制度产生的原因看，主要是日本经济的衰退，股东们遭受巨大损失，使追究董事和其他高级职员个人责任的问题成为人们关注的焦点。同时，由于外国投资者和律师等利用法律手段追究董

---

① 松尾真、勝股利臣编著：《株主代表诉讼と役员赔偿责任保险》，中央经济出版社平成2年版，第223页。

事和高级职员个人责任并屡屡胜诉，提高了对董事和高级职员追究责任的效率；在法律机制上，由于公司法强化了少数股东权益的保护及监事的监督机能，特别是1993年《日本商法》进行修改，修改后的《日本商法》规定对股东代表诉讼制度进行了修正，对董事和高级职员提起诉讼的案件由此增多。特别是上市公司的董事和高级职员面对众多的股东，什么时候被提起诉讼，自己根本把握不住。而且对董事和高级职员提起诉讼的金额一般都较高，如果董事和高级职员败诉的话，其个人财产是不足以承担赔偿责任的，个人破产是唯一的出路；即使董事和高级职员能够胜诉，也要支付高昂的律师费用。所以有人将这个时代称为"董事受难的时代"。在这种情况下，如何创造条件，稳定公司经营，使经营者能够安心地工作，在激烈竞争的社会中更好地为公司创造财富，从而提高公司乃至整个日本的商业竞争力，日渐为日本企业界、法学界所重视，并最终促成了董事责任保险制度的建立。[①]

八、法国

在法国，董事和高级职员可能受到来自于股东、债权人和公司雇员的索赔，其所面临的法律责任风险非常宽泛。按照法国法的规定，合同形式限制董事责任的做法，在法律上是无效的。但是公司可以向董事提供补偿，并为其购买董事责任保险。[②]

在法国早期的董事责任保险运行中，购买董事责任保险的主要是那些在美国设立分支机构的公司。在20世纪70年代初期，法国的保险公司推出了适用于本国企业的董事责任保险单。在80年代初期，劳埃德保险、丘博保险等国际保险公司先后进入法国保险市场，并开始销售董事保险。到90年代初末期，法国国内的保险公司都开始销售董事责任保险。此后，法国的董事责任保险得到了迅速的发展。近年来，法国董事责任保险市场得到了较大的发展，其中一个重要的原因就是欧盟立法

[①] 刘志强："日本董事保险的构造与问题点"，见王保树主编：《商事法论集》第四卷，法律出版社，第272－274页。

[②] Ian Youngman, Director's and officers' Liability Insurance, a guide to international practice, second edition, Woodhead Publishing Limited, 1999, p.164.

的不断发展和进步，使得董事和高级职员在公司收购、保护雇员等方面的民事赔偿责任进一步加大。

20世纪90年代以来，法国的许多大公司实行管理层收购，股权逐渐私有化。董事和高级职员在对私人资产进行管理的过程中，如果因为经营不善并给公司造成损失，将面临索赔的风险。股东针对董事的经营管理不当行为而提起的诉讼以及在潜在债权人针对公司破产，向董事提起的诉讼逐渐普遍。按照英国学者的研究，在1985~1990年，每年向董事提出损害赔偿的案件大约有50起。到1991年，这个数字上升到120起。在法国，每年大约有2500名董事因为经营管理不善而被提起诉讼，主张赔偿责任的主要是股东、债权人以及公司雇员。①

九、中国

1996年，美国美亚保险公司上海分公司承保了中国第一张董事、监事及高级管理人员责任保单。自此，董事责任保险开始在中国发展。2000年，一批中国互联网公司赴美国纳斯达克上市，美亚保险公司都为其提供了董事、监事及高级管理人员责任保险。2002年1月7日，中国证监会和国家经贸委发布《上市公司治理准则》，明确规定上市公司董事和高级管理人员在执行职务时违反法律、行政法规或者公司章程的规定，给公司及股东造成损失的，应承担民事赔偿责任。第39条规定："经股东大会批准，上市公司可以为董事购买责任保险。但董事因违反法律法规和公司章程规定而导致的责任除外。"2002年1月15日，最高人民法院发布《关于受理证券市场因虚假陈述引发的民事侵权纠纷案件有关问题的通知》。2002年1月，平安保险公司推出了董事责任保险。深圳万科企业股份有限公司与平安保险公司签下了董事责任保险保单。这也是自前述规定发布后的第一张保单。该保单约定，万科的董事和高级职员在行使其职责时因错误、疏忽行为产生对他人的赔偿责任时，平安保险公司将在人民币500万元以内承担赔偿责任；2003年，平安财产

---

① Ian Youngman, Director's and officers' Liability Insurance, a guide to international practice, second edition, Woodhead Publishing Limited, 1999, pp. 164 – 165.

保险股份有限公司合肥分公司与安徽丰原集团正式签下保额达1000万元人民币的"公司董事及高级职员责任"保单。[①] 此后,中国人保、美国美亚、华泰财产等多家财产保险和意外险公司也推出了董事责任保险,责任限额也不断提高。

根据我国学者的实证研究[②],2002~2010年,购买董事责任险的公司总共有109个观测值。在年度分布上,2002年和2008年决定购买董事责任保险的公司比例最大,2003年和2007年购买董事责任保险的公司比例次之。从行业分布上看,购买董事责任保险的公司,制造业最多,有50家;交通运输、仓储业和批发和零售贸易行业次之,均为12家;而金融、保险业也有11家之多,排第三。分行业、分年份描述如表1-2所示。

表1-2 第一次决定购买董事责任保险的公司的年度分布和行业分布

年度	观测值数目	占比(%)	证监会厅业	观测值数目	占比(%)
2002	24	22.02	农、林、牧、渔业	1	0.92
2003	13	11.93	采掘业	4	3.67
2004	6	5.50	制造业	50	45.87
2005	9	8.26	电力、煤气及水的生产和供应费	4	3.67
2006	4	3.67	建筑业	1	0.93
2007	13	11.93	交通运输、存储业	12	11.01
2008	25	22.94	信息技术业	2	1.83
2009	9	8.26	批发和零售贸易	12	11.01
2010	6	5.50	金融、保险业	11	10.09
			房地产业	6	5.50
			社会服务业	3	2.75
			传播与文化产业	2	1.83
			综合类	1	0.92
合计	109	100	合计	109	100

---

① 安蓉泉等:《国企经营者激励约束机制研究》,经济科学出版社1999年版,第79页。
② 许荣、王杰:"董事责任保险与公司治理机制的互动影响研究——来自中国A股上市公司的证据",载《保险研究》2012年第3期,第71页。

第三节　董事责任保险的立论基础——
现代责任保险的法理逻辑

所谓责任保险，就是以被保险人对第三人的民事赔偿责任为标的的保险，主要包括公众责任保险、产品责任保险、雇主责任保险、职业责任保险等几种类型。在现代社会，责任保险在安定社会、促进正义目标实现、完善民事赔偿法律制度等方面，都发挥着积极的作用。在发达国家和地区，责任保险得到了蓬勃发展。我国的责任保险制度尚处于初级阶段，责任保险在安定社会秩序，促进社会文明进步方面的积极作用还没有显现出来。充分认识并积极发挥责任保险的制度功能，对于促进社会的和谐稳定发展具有重要意义。本节从分配正义观、法律秩序观和平衡互动观的视野，论证了责任保险的制度价值和功能。董事责任保险作为一类重要的责任保险，也同样遵循和体现了责任保险的基本理念。

一、责任保险的分配正义观

在人类社会中，正义始终是永恒的话题，"正义是社会制度的首要价值，正像真理是思想体系的首要价值一样"[①]。对正义问题的不断探讨，使人们对政治、经济、法律、文化等社会存在的根本理念的认识不断深化。一项正义的制度，至少应当推动社会的合理化及其安宁、稳定。在伦理上，我们可以把正义看成是一种个人美德或是人类需要或者要求的一种合理、公平的满足。在经济和政治上，我们可以把社会正义说成是一种与社会理想相符合，足以保证人们的利益与愿望的制度。在侵权行为法中，法律旨在通过制裁加害人、补偿受害人的方式来实现我们这个社会所需要的正义，和谐人们之间的社会关系。当责任保险制度介入侵权行为法后，与事故无关的保险公司承担了补偿受害人的责任。

---

① [美] 罗尔斯：《正义论》（中译本），何怀宏、何包钢、廖申白等译，中国社会科学出版社1988年版，第1页。

在这里，侵权行为法所倡导的矫正正义受到了很大的冲击，责任保险似乎破坏了侵权行为法所创造的法律秩序。然而，仔细考量责任保险的制度本质，我们不难发现，责任保险同样蕴涵了深厚的正义观——一种社会化了的分配正义观。

（一）传统侵权行为法的矫正正义理念

自亚里士多德以来，人们一直认为法律制度的功能是为了矫正正义，即纠正违法行为。[①] 传统的侵权行为法主要关注的是使受害人恢复到侵权行为发生以前的状态。在这种观念之下，保险制度与侵权行为责任是毫不相关，没有任何因果联系的。在处理侵权行为案件时，法官和陪审团并不考虑保险因素。侵权行为法注重对违法行为的矫正，是由民法的属性所决定的。作为纯粹意义上的私法，民法所关注的是形式上的正义。在侵权行为法领域，加害人与受害人的平等关系不因事故的发生而发生任何改变，任何社会地位、宗教信仰、支付能力等因素都不是实现正义的必要因素。

如哈耶克所说，正义既然是人的行为属性，那么，当我们说一个人的某种行为是否正义时，就意味着他是否应该有某种行为。"应该"本身就预设了对某种普遍规则的"承认"。这种普遍规则，在哈耶克看来，就是用"同样的规则"对待不同的人，就是"法律面前人人平等"。因此，衡量"正义"的普遍规则必须在"法治秩序"中求得，即法律应当平等地对待每一个人，而不管这个人的物质财富如何，生活条件如何。"正是由于人们实际上是不平等的或不相同的，所以我们才能够平等地对待他们。如果所有的人在才能和倾向方面都是完全相同的，那么为了实现任何一种社会组织，我们就必须区别对待他们。所幸的是，人们并不是平等的或相同的，而且也正是出于这个缘故，人们在职能上的分化才毋需由某种组织化的意志予以武断地决定，相反，唯有在我们确立了可以按照相同的方式适用于所有人的规则这种形式上的平等以后，我们

[①] ［美］理查德·A. 波斯纳：《法律的经济分析》（上），中国大百科全书出版社1997年版，第346页。

才能够使每个个人找到适合他自己的位置。"① 哈耶克始终所坚持的"平等",只是在自由和法治秩序之下的"机会平等",并认为这才是真正的平等,才是能够保持自由的唯一一种平等。

侵权行为法进行社会调整的目的就是要树立这样的正义观。它调整平等主体之间的经济关系,其基本任务和立法主旨重在保障各个体的合法权益,其基本原则是自愿、公平、等价有偿、诚实信用等。民法重在维护各个体的经济效益,强调个体间等价有偿,注重个体公平、形式公平。在这样的观念之下,侵权行为法对个人财产和人身利益的保护重在矫正,使当事人之间的权利义务保持在原来的状态。法官的职责是判决侵害人对受害人的赔偿,至于侵害人是否能够给予有效的赔偿,则不是侵权行为法的关注范围。

(二) 责任保险的分配正义理念

随着社会经济的发展,传统侵权行为法的功能局限日益彰显。由于忽视了"平等"之后的诸多因素,侵权行为法并不能为受害人得到有效补偿提供保障。在现实生活中,受害人在侵权诉讼中胜诉,却因加害人无足够的经济实力而不能获得足额补偿的现象经常发生。当形式上的矫正正义得以实现时,受害人却没有获得相应的实际利益。人们当然不能将此归罪于矫正正义的观念,但是人们却可以寻求其他的救济。经济现实的发展表明,侵权行为法所倡导的正义观只能实现形式公平和矫正正义,并不能实现实质意义上的公平与正义。

这样,社会对实质正义有了更多的渴望和追求。一种社会政治和经济结构或制度,如何安排才算是公平或正义的呢?罗尔斯提出了两个原则:第一个原则是"自由的平等原则",它强调每一个人都平等地享受政治自由等各种权利;第二个原则是"差别原则",它强调社会经济的不平等,必须能够促使社会中处境最不利的成员获得最大的利益。也就是说,它允许有不平等(即贫富差距),但又必须限制不平等,使处境最不利的成员获得最大的利益,即所谓的"补偿原则"。罗尔斯的观点

---

① [英] F. A. 冯·哈耶克:《个人主义与经济秩序》,邓正来译,生活·读书·新知三联书店2003年版,第22页。

旨在强调或兼顾不同层次的正义观。按照罗尔斯的想法，"由于社会合作，存在着一种利益的一致，它使所有人有可能过一种比他们仅靠自己的努力独自生存所过的生活更好的生活；另一方面，由于这些人对他们协力产生的较大利益怎样分配并不是无动于衷的（因为为了追求他们的目的，他们每个人都喜欢较大的份额而非较小的份额），这样就产生了一种利益的冲突，就需要一系列原则来指导在各种不同的决定利益分配的社会安排之间进行选择，达到一种有恰当的分配份额的契约。这些所需要的原则就是社会正义的原则，它们提供了一种在社会的基本制度中分配权利和义务的办法，确定了社会合作的利益和负担的适当分配"①。这就是罗尔斯所倡导的分配正义。

在现代社会的发展过程中，法律的发展出现了"损失承担的社会化"趋势，而这种趋势正符合罗尔斯所提出的分配正义观。如学者所认识，如果赔偿是过失制度的唯一目的，那它就是一种贫困的制度，因为它不但成本很高而且很不完善。② 在现代社会中，损害赔偿不再是一个单纯的私人纠纷问题，同时也是一个社会问题。这样，就必须兼采其他法律部门中适宜的法律手段，组成一套综合的调整机制，于是，就有了责任保险及其他损失保险的发展以及相应的法律规范的完善。③ 实际上，如果我们将民法（特别是侵权行为法）看作实现了罗尔斯所说的第一个层次上的正义，那么，责任保险制度则是第二个层次上的正义的具体体现。责任保险所体现的就是社会正义和分配正义的原则。

那么，责任保险是如何实现社会正义原则的呢？如上所述，传统的侵权行为法的目的是纠正违法行为，法律制度的功能是为了矫正正义，加害人应当用自己的财产去补偿受害人的损失，同时，过错是这种补偿的正当性根据。而我们所要考虑的是，被经济原则赋予生命的法律制度

---

① ［美］罗尔斯：《正义论》（中译本），何怀宏、何包钢、廖申白等译，中国社会科学出版社1988年版，第2页。
② ［美］理查德·A. 波斯纳：《法律的经济分析》（上），中国大百科全书出版社1997年版，第258页。
③ 王卫国：《过错责任原则·第三次勃兴》，中国法制出版社2000年版，第97页。

是否能被认为是用于矫正正义的，如果矫正正义被解释成法律制度必须对所有的损害进行赔偿，那么答案是否定的。[①] 在市场经济国家，通过竞争配置资源提高了效率，推动了经济的发展。然而，市场经济也导致了贫富的严重分化，这就使得政府通过税收和财政杠杆、社会保障制度等进行调节，实行第二次分配。责任保险特别是强制责任保险，在一定的领域内，具有类似于二次分配的功能。财富的所有人通过出资购买责任保险，将一部分财富转移到保险公司，保险公司在收取众多投保人的保费后，建立保险基金，对受害人的损失予以赔偿，使受害人获得一定的经济补偿。这样，责任保险就使社会财富和社会资源分配向弱者倾斜，使弱者在残酷的经济世界中有所依靠。作为一种高度社会化的风险保障工具，责任保险实现了财富在不同人们之间的分配，实现了分配正义。

因此，在分配正义的理念下，责任负担分配的正当理由，不是完全基于矫正正义的过错，而是加害人和受害人分散损失能力的比较。有了保险，事故成本对过失加害人就不是受害人的损失了，而是加害人因过失可能经受的任何保险费增长的现值。[②] 这就弥补了矫正正义的不足，使责任保险成为一种高度社会化的风险保障工具。这种机制的根本目的就是要利用社会化的机制，实现财富在不同人之间的分配，最终实现分配正义。

二、责任保险的社会秩序观

责任保险的发展与社会生产和人民生活的关系非常密切，具有很强的社会管理功能。从发达国家的经验来看，责任保险在保障人民生命财产安全、维护社会安定、支持国民经济发展等方面发挥着重要的作用。

2014年《国务院关于加快发展现代保险服务业的若干意见》（保险业新国十条）指出，要充分发挥责任保险在事前风险预防、事中风险控

[①] ［美］理查德·A. 波斯纳：《法律的经济分析》（上），中国大百科全书出版社1997年版，第346页。

[②] ［美］理查德·A. 波斯纳：《法律的经济分析》（上），中国大百科全书出版社1997年版，第259页。

制、事后理赔服务等方面的功能作用，用经济杠杆和多样化的责任保险产品化解民事责任纠纷。责任保险是人类防范和应对各种风险的经济制度安排，是实现社会管理目标的有效工具。充分发挥责任保险的社会管理和经济补偿功能，对于促进安全生产、保障群众合法利益、维护社会稳定具有十分重要的作用。目前，我国责任保险的社会管理功能还没有得到很好的发挥。例如，在重庆开县"井喷"事故、北京密云重大游园事故和吉林中百商厦"2·15"火灾等几起重大人员伤亡事件中，由于企业没有投保任何责任保险，处理伤亡人员善后事宜的大量费用不得不由政府承担。随着我国市场经济的不断发展和政府职能的不断转变，人们越来越重视对维护公共安全、促进国民经济发展的重要作用。2004年5月1日实施的《道路交通安全法》，将机动车辆第三者责任保险规定为强制保险，就是运用责任保险机制来维护人民群众的交通安全，完善社会安全和保障机制的典型例子。

责任保险的社会管理功能渊源于其制度设计。我国《保险法》第65条规定，"保险人对责任保险的被保险人给第三者造成的损害，可以依照法律的规定或者合同的约定，直接向该第三者赔偿保险金"，这是我国法律关于责任保险内涵最权威的诠释。从该条文看，责任保险并不仅仅是为狭隘的个体利益服务的。责任保险更深层次的社会意义或者公益价值在于，保险的保护范围扩展到了因事故受到损害的第三人，从而超越了保险人和投保人之间的保险合同关系而使第三人享受到保险所带来的利益。责任保险是以被保险人或加害人应当承担的损害赔偿责任为标的的责任保险，具有保护受害第三人利益，安定社会秩序等社会管理功能。笔者认为，责任保险的社会管理功能主要有以下四个方面。

（一）责任保险提高了责任人的赔偿能力

损害事故中，由于赔偿能力的不同，受害人在被不同财力的自然人、法人加害时的赔偿情况是不相同的。第三者责任保险的出现有利于改变这种不公平的状况，被保险人因过失致人损害而应当承担的赔偿责任属于保险范围，保险人应当承担保险责任。责任保险对于提高被保险人承担民事赔偿责任的能力具有显著的价值。特别是在某些强制性责任保险中（如机动车第三者责任强制保险），在法定情形下，被保险人及致害人没有能力支付抢救期间医疗费用和丧葬费用时，保险公司将按照法律规定在强制保险责任限额内支付有关费用。在这种情况下，无辜的受害人因被保险人的过失行为而受到伤害或致死，受害人或其亲属可以从保险公司获得相当金额的赔偿。当肇事者没有赔偿能力或赔偿能力微弱的时候，保险公司的这笔赔偿金无异于雪中送炭。通过这种方式，对人类自身关怀的理念得以弘扬。

（二）责任保险保证了受害人的赔偿利益

保险人在承担保险责任时，应尽合理的注意义务照顾受害人的利益，在受害人接受被保险人实际赔偿之前，保险人不得向被保险人给付全部或一部分保险赔偿金。在很多国家（如英国），机动车事故的受害人可以取得对保险人的直接请求权，即保险人在被保险人致人损害而应当承担赔偿责任时，有权依照保险合同的约定或者法律的规定，直接向受害人给付保险赔偿金。我国现行保险法规定，保险人可以依照法律的规定或者合同的约定，直接向受害人赔偿保险金。鉴于这样的制度设计，责任保险可以确保受害人获得一定的赔偿，其中所体现的公共利益色彩较为浓厚。在现代社会，受害人的利益因责任保险而得到特别的尊重，已经成为责任保险法律制度的发展趋势。

（三）责任保险具有强化风险管理，预防损害发生的功能

保险人在承保责任保险后，有义务和责任向被保险人提供防灾防损的风险管理服务。保险公司利用自身风险管理的经验，督促被保险人采取相关措施减少损害事故的发生。在责任保险中，保险公司与投保人签订责任保险合同是有条件的，投保人和被保险人对责任的防范和义务等均在保险单中予以明确规定，在保险合同履行过程中，保险人有权根据保险合同的规定对被保险人进行监督检查。同时，保险公司通过对危险条件、状态等进行评估，可以采取承保、拒保、调整保费等不同方法降低损失发生的概率，从而强化投保人的守法意识，避免或减少保险事故的发生。

（四）责任保险是社会稳定器和经济助推器

通过责任保险制度，可以推动风险管理制度的完善，并且在保险事故发生后,责任人有了更强的赔偿能力,而受害人获得了更多的经济补偿。在市场经济体制下,责任保险制度对和谐各方关系,安定社会秩序,促进经济发展无疑具有重大的意义。同时,责任保险也有利于改变事无巨细、大包大揽的行政管理模式,使得责任保险这种社会互济互利的制度得以普及和发展。

三、责任保险的平衡互动观

责任保险产生以来,有很多人对责任保险制度的缺陷不断提出批评,认为责任保险的开办,有助长疏忽、过失行为甚至鼓励犯罪行为的作用。[①] 客观地讲,责任保险对民事责任制度的影响有积极的方面,但也确实有消极的方面。

责任保险的积极方面在于,责任保险增强了加害人承担民事责任的能力,从而在一定程度上减轻甚至消除了因承担责任给加害人带来的经济上的不利后果,有利于社会的稳定和谐;同时,它增加了经营上的安全感,有利于鼓励社会经济生活中的进取和创新。有学者曾建议,为了充分发挥责任保险制度的积极作用,应当采取更多的措施扩张责任保险的制度价值。这些措施包括:[②]

第一,民事责任最好采取无过失责任,就是不再考虑加害人的主观心态,只要其行为造成损失,不论其有无过失,皆负损害赔偿责任。在责任保险保障下采无过失责任之实益在于:(1)能更进一步强化侵权法保护受害人的功能。在过错责任制度下,受害人要得到赔偿须证明加害人有过错,而在无过失责任制度下,不论加害人有无过失,受害人均可得到赔偿,也不承担证明责任,这就从法律上最大限度赋予了受害人获得损害赔偿的权利,并从经济上保证了受害人损害赔偿权利的实现;(2)责任保险采用无过失责任制度,较之传统侵权法所适用的过错责任

---

① 责任保险作为一类独成体系的保险业务,始于19世纪的欧美国家,发达于20世纪70年代以后。在开始时,曾经在国际上引起激烈的争论。一些人认为责任保险代替受害人承担赔偿责任,不符合社会公共道德准则,有害无利,甚至有人认为责任保险是去鼓励人们犯罪。参见王友、王元京、谢卫东等主编:《中国保险实务全书》,中国物价出版社1993年版,第1492页。

② 尹田主编:《中国保险市场的法律调控》,社会科学文献出版社2000年版,第418页。

制度，由于受害人不再需要花费大量的时间、金钱通过诉讼认定加害人的过错及责任，其所遭受的损失会减少很多。

第二，保险人的责任在责任保险上最好扩及于被保险人或其代理人的故意，使被害人因加害人（被保险人）故意所受之损害，也可通过责任保险而获得更充分的保障。同时，为防止被保险人因自己故意造成的损害转嫁给保险人，应使保险人于赔偿后向被保险人代位求偿。

笔者认为，上述观点没有充分考虑到责任保险可能产生的弊端，不尽切实我国目前的经济现实和法律环境。责任保险固然体现了分配正义的要求，可以有效地分散带有一定危险而又对社会长远发展有益活动的风险，并使受害人的赔偿来源有了保证，对第三人起到了相当的保护作用，但是由于其对现行的法律体制也会产生重大的冲击，可能削弱民事责任制度对不法行为的遏制和预防功能。[①] 从实际情况看，在各国保险实践中，责任保险确实从某种程度上削弱了民事责任制度的作用。有学者论述道：由于保险制度的存在，"在一定程度上削弱了侵权行为法的社会作用，使法院在决定某些侵权行为的根据时，常常考虑的不是行为人的主观过错，而是行为人有无承担责任的经济能力，能否将损失通过保险和损失分担制度而转嫁给公众，从而使侵权责任所具有的惩罚、教育不法行为人等职能的存在受到了威胁"[②]。

应当明确的是，尽管责任保险制度是对矫正正义观念的异化，对侵权行为法产生了重大影响，但是，只要法律体系仍然维持其制裁功能，只要保险没有完全替代法律责任，就没有根本否定或动摇矫正正义观念的存在基础。如何调和责任保险制度与侵权责任制度的相互冲突，是发展责任保险的重要前提。从现行责任保险制度来看，责任保险并不是要否定侵权责任的制裁效果，侵权行为法与责任保险完全可

[①] 王卫国：《过错责任原则·第三次勃兴》，中国法制出版社2000年版，第99页。实际上，民法学者对责任保险对侵权行为法的冲击也主要集中在侵权行为法制裁功能的削弱上。如王利明教授所言，"在现代西方国家，由于保险业特别是责任保险业的发展，强烈地影响着侵权行为法作用的发挥，侵权法的制裁、教育、预防等传统的职能正日益减弱，责任保险也促使归责原则发生变化，传统的过失责任原则正在衰落，而无过失责任的作用正在增强"。参见王利明主编：《民法·侵权行为法》，中国人民大学出版社1993年版，第13页。

[②] 王利明主编：《民法·侵权行为法》，中国人民大学出版社1993年版，第67页。

以协调发展。

（1）责任保险对由于被保险人的故意行为引起的经济赔偿责任并不负责，这就从根本上否定了鼓励人们违法犯罪的观点。在责任保险中，保险人都明确强调责任事故的发生必须具有意外性，保险人只不过是充当把人们在生产、经营、工作或日常生活中难以完全避免的意外事故所引起的经济赔偿责任分摊给全社会来承担的组织者。①

（2）保险以特定利益的可保险性为前提，因为并非任何利益都具有可保险性。保险经营者也有其自己的利润需求，具体的特定加害人与受害人也不一定有参加保险的能力，同时保险覆盖的范围有限，因而保险终究不能取代侵权法上的损害赔偿。在存在责任保险的情况下，保险公司会对被保险人未来存在的风险予以估计，从而确定风险概率，并以此作为收取保险费的标准，对可保险的各种行为、损失等予以明确约定，这就促使被保险人不得不恪尽职守，认真负责地从事活动，否则，保险公司将提高保险费或拒绝赔偿保险金。因此，责任保险制度并不当然地导致被保险人降低其注意程度，无视其责任。

（3）法律责任的实际效果并没有被否定。总体上看，由于保险具有天生的寄生性，使其不能脱离侵权制度而独立存在，因而也不可能造成侵权法的消亡。在存在责任保险的情况下，个人民事赔偿责任的实际效果并不当然降低。被保险人如果故意或恶意致他人损害，原则上不能获得保险赔偿，以过错原则为核心的民事责任制度仍可以充分发挥其制裁和教育功能。同时，法律也不允许对被保险人所承担的刑事或行政责任予以补偿或保险。因此，民事责任制度并不因补偿或保险制度的存在而消亡。

在一定程度上，责任保险是受害人与加害人利益关系的一种协调机制。正如学者提出，在不同的利益主体之间产生利益冲突时，国家不得不考虑"他们的意志、行为和利益必然有差别、有矛盾，但又必须通过一定方法和手段使之达到关系协调，利益兼顾，使各方都处于应有的位置和最佳联结状态"②。

---

① 王友、王元京、谢卫东等主编：《中国保险实务全书》，中国物价出版社1993年版，第1495页。
② 潘静成、刘文华主编：《经济法》，中国人民大学出版社1999年版，第64页。

因此，责任保险在维护社会秩序、推动社会正义、平衡民事赔偿制度等方面，都具有不可忽视的作用。基于节约社会成本的需要，责任保险便利了保险人、被保险人和受害人，安定了社会，具有很强的社会治理功能；基于对弱者的保护，责任保险体现了分配正义的理念，国家通过责任保险制度弥补了矫正正义的不足，从而更加有效地保护受害人的利益，进一步实现社会公平的人类理想；基于预防责任保险道德风险的需要，国家对社会关系进行平衡协调，防止责任保险堕落为规避法律制裁的工具，从而和谐现行法律与责任保险之间的关系。随着我国市场经济的深入发展，责任保险的发展将更加有利于社会管理，更加有助于协调和化解社会矛盾，进而推动整个社会的文明进步和可持续性发展。

第四节　董事责任保险的法律属性

董事责任保险属于职业责任保险中的一个重要险种。从发达国家的保险业务看，职业责任保险已经涵盖了医生、护士、药剂师、美容师、律师、会计师、公证人、建筑师、工程师、房地产经纪人、保险经纪人和代理人、公司董事和高级职员等数十种不同的行业。职业责任保险在这些国家的保险市场上占有重要的地位。董事责任保险是以董事和高级职员在从事公司经营活动中引发的对第三方的赔偿为标的的一种保险，无疑具有普通责任保险制度的共同性特征。在现代市场经济条件下，董事责任保险制度有助于在公司、董事和高级职员、保险公司以及受害第三人之间构建合理的风险分担机制。

一、董事责任保险的社会背景：保险及公司治理的社会化

董事责任保险是一种高度社会化的风险转移机制，这与现代社会中保险的社会化和公司治理的社会化背景有着内在的关联性。保险的社会化和公司治理的社会化都使国家通过对社会关系的平衡协调实现公正、公平的价值观。责任保险制度进一步体现了实现社会公平的人类理想。因为，在传统的法律领域（尤其是侵权行为法），法律旨在执行矫正正

义，从而和谐人们之间的关系。在责任保险制度之下，与事故无关的保险公司承担了补偿受害人的责任，从而更加有效地保护受害人的利益，体现了分配正义的理念。

（一）保险的社会化

1. 保险功能的社会化

当今社会是风险社会。保险作为一种互助共济的机制，具有较强的社会治理功能，与社会具有广泛而密切的联系，成为社会运行机制中的重要组成部分。

首先，保险具有保障功能，这是保险的基本功能，是由保险的本质特征所决定的。人类社会是风险社会，现实生活中，人们不可避免地面临着种种风险，包括各种自然危险和社会危险，以及来自于财产和人身等方面的风险。保险是一种有效的风险转移机制，其本身并不具有消除各种风险的功能，而是通过保险制度，可以将人们面临的各种风险转嫁出去，交由专门经营风险的保险组织承担，并且在既定的风险发生后，特定的被保险人或受益人能够从保险组织获得一定的经济补偿。所以，保险从一定程度上保障了社会再生产过程得以连续进行，或者给予被保险人及其家属一定的生活上的帮助。因此，保险作为一种经济保障制度，通过分散人们面临的各种风险，并对因风险事故造成的意外损失给予经济上的补偿，能够弥补人们所遭受的损失，消除人们对未来生活的忧虑和恐惧心理，从而达到安定社会的目的。

其次，保险具有参与社会风险管理的功能。保险的经营对象是风险，保险参与风险管理，主要体现在防灾防损工作上。保险业参与社会风险管理的原因主要在于：一方面，能够有效承担风险管理的社会责任，有利于增强偿付能力，降低投保人支付成本，提高自身经济效益；另一方面，通过积累大量的损失统计资料，可以为社会防灾防损部门进行风险管理提供可靠的依据，同时能够培养投保人的风险防范意识，尽可能地减少社会财富的灭失。

最后，保险具有安定社会的功能。在责任保险领域，保险人通过向受害人支付保险金，减少了加害人与受害人之间的对抗，缓和了社会矛盾，发挥了安定社会的作用。

2. 保险法的社会化

在传统的大陆法中，保险法是私法。根据私法的契约自由原则，当事人可以自由签订保险合同。在现代社会，保险的社会化以及国家对保险的监管使保险不再是一种纯粹私法性质的制度。从公与私的关系看，在现代社会，在保险人存在技术、信息垄断以及消费者无法监督其披露信息的情况下，国家公权直接介入合同关系，对合同的关键要素（费率、条款与格式）进行监控，以平衡合同当事人之间的权责和利益。国家为了维护社会利益而参与、干预、管理传统上属于私的生活，使保险渗透了强烈的国家意志，体现了现代国家平衡协调社会生活，维护社会利益的基本理念。公权力介入保险合同领域，使保险合同具有了社会化的性质。因此，保险法已经承载了国家的意志因素，是一种社会化的产物。

在现代国家，保险监管是国家职能在保险业中的具体体现。在绝大多数情况下，保险当事人双方的经济地位是不平等的，保险人通常处于有利地位，但投保人、被保险人也常常会因利用保险的弱点而产生"道德风险"。如果在保险活动中任由当事人的意志控制保险行为，保险人投保人或被保险人的利益都有可能受到损害。因此，对保险的监管是必要的。从保险的历史发展看，保险监管呈现自律和他律紧密结合的特征。一方面，保险源于商业保险的集散，从自发的合作、相互保险，到普遍化、规模化的商业保险，再到国际化的再保险，其天然具有社会性、合作性和团体性；另一方面，保险作为国民经济的重要组成部分，必然要受控于国家职能，保险立法也应当体现国家的监管意图，即确立稳定、有序、发展的保险市场秩序，维护消费者合法权益，充分实现商业保险的社会保障功能，满足社会公共利益最大化的需要。[①] 保险监管的本质是对当事人失衡的权利义务的一种矫正以及对当事人权利义务的再分配。

---

① 根据我国《保险法》规定，保险监管机构的职能主要体现在以下几个方面：审批保险公司的设立、保险费率的制定和备案、保险条款的制定和备案、监督保险准备金的提取、规定保险公司偿付能力的最低限度、监督管理保险公司的资金运用、整顿保险公司的经营、接管保险公司的经营、一般监督检查，以及对违反规定的行为采取行政强制措施等。

董事责任保险制度，必然要立足于保险社会化这一重要属性，充分发挥国家在保险监管中的积极作用，而不是放任董事责任保险的发展由个人意志发挥作用。

（二）公司治理的社会化

董事责任保险制度应当立足于现代公司治理的正式和非正式制度安排，确保公司治理参与各方的利益。从这个意义上说，董事责任保险制度绝非经典的私法自治规则所能企及，因为其制度构建从一开始就着眼于促进公司治理结构的完善。

在现代公司制度中，公司治理结构日益成为各种机制的集合，体现出治理主体间互动的过程。正如全球治理委员会所指出，"治理不是一整套规则，也不是一种活动，而是一个过程"，"治理不是一种正式的制度，而是持续的互动"。在现代公司制度之下，公司治理结构不仅仅要为股东谋取福利，而且要尽到其社会责任，公司是股东、董事、监事、高级职员、债权人、雇员以及其他关系人共同作用的产物。如学者所认识，在当代，企业已被作为社会的重要构成部分看待；企业的行为也已被当作社会行为来认识；企业及其行为的价值已不仅仅体现为增进微观利益，其经济价值只有在符合或有益于社会整体功利的前提下才能得到肯定性的评价，尽管符合或有益于社会整体功利的标准不可避免地带有一定的主观色彩。[①]

公司治理可以从广义和狭义两个方面来界定。狭义的公司治理，是指所有者（主要是股东）对经营者的一种监督与制衡机制，即通过一种制度安排，来合理地配置所有者与经营者之间的权利与责任关系，目标是保证股东利益的最大化，防止经营者对所有者利益的背离，其特点是通过股东大会、董事会、监事会及管理层所构成的公司治理结构进行内部治理。毫无疑问，狭义的公司治理是一种非常正式的制度安排。广义的公司治理，则更加看重正式制度安排之外的重要因素。首先，公司已不只是股东的公司，而是一个利益共同体；其次，治理的对象不局限于

---

① 宋彪：《保险监管的经济法分析》，中国人民大学博士学位论文，2001年5月，第38页。

股东对经营者的制衡，而是涉及广泛的利害相关者，包括股东、债权人、供应商、雇员、政府和社区等与公司有利益关系的集团。公司治理是通过一套正式或非正式的、内部的或外部的制度或机制来协调公司与所有者、利害相关者之间的利益关系，以保证公司决策的科学化，从而最终维护公司各方面的利益。[1]

因此，国家对董事和高级职员何以要强调个人责任，个人责任对于促进公司治理的意义如何，过重的个人责任如何妨碍了董事和高级职员的创新精神等问题，都必须从公司治理的社会化角度予以考察才能得出正确结论。同时，我们必须高度重视国家在完善公司治理结构中的积极作用。在本书所论及的董事责任保险制度中，同样应当考虑公司治理的社会化问题。例如，在公司补偿立法中需要确立何种行为准则，是否需要采取限制责任立法来限制或免除董事、高级职员对公司或股东的责任，采取相应立法对公司治理将产生一种什么样的效果和影响，都不是单纯依靠市场所能够解决的。从这个意义上讲，国家在董事责任保险制度的整体构建方面发挥着不可忽视的协调和规制作用。

二、特征之一：保险人承担被保险人的赔偿责任

被保险的董事和高级职员在其执行职务过程中对第三人造成的损害，可以依照法律规定或保险合同约定，要求保险人支付相应金额的保险金。保险人在保险单项下承担的赔偿责任，一般包括两项：（1）被保险人因造成他人财产损失或人身伤亡依法应承担的经济赔偿责任。这项责任是基本责任，它以受害人的损害程度及索赔金额为依据，以保险单上的赔偿限额为最高赔付额，由责任保险人予以赔偿。（2）因赔偿纠纷引起的应由被保险人支付的诉讼、律师费用以及其他事先经保险人同意支付的费用。在董事责任保险制度中，抗辩与和解的费用属于保险责任范围，保险公司应当负担。当董事和高级职员面临第三人以仲裁、诉讼

---

[1] 卢代富、吴春燕："企业运行中的国家干预法律制度研究"，载《现代法学》，1998年第6期，第32页。

或其他方式提出索赔时，应当依照合同约定提出抗辩。除保险合同另有约定外，提出抗辩的董事和高级职员为此所支出的仲裁、诉讼以及其他合理、必要的费用（如律师费、差旅费、鉴定费、邀请证人作证的费用等），均由保险公司负担。

在现代英美法律体制下，能够对董事和高级职员提出索赔请求的第三人的范围是较为宽泛的。通常，公司、股东、雇员、竞争者、监管机关等均可以对董事和高级职员提起诉讼，要求其承担法律责任。而第三人能够借以提出索赔请求的程序机制也是广泛的，包括民事程序、行政程序和刑事程序。董事和高级职员在民事程序中承担的赔偿责任由保险人依照合同约定和法律规定承担保险责任，自无疑义。然而，董事和高级职员的民事赔偿责任并非只能在民事程序中发生。由于英美法系国家并无公法、私法划分这样的观念，在有关的行政监管、调查和刑事程序中，同样会发生民事赔偿问题。这样的赔偿责任能否由保险人承担，当然需要个案分析，并在符合约定或法定条件的情况下由保险人承担保险责任。在行政程序中，由董事和高级职员承担民事赔偿责任的典型例子如环境法，董事和高级职员可能因公司污染环境的行为而承担有关清除污染的费用，此种费用的公益性是显然的，保险人可能对此承担保险责任。在刑事程序中，董事和高级职员可能会对受害人以及国家承担相应的民事赔偿责任。通常，如果保险合同清楚地记载了保护第三人利益的条款，则保险人将对第三人承担保险责任。因此，在英美法背景下，作为董事责任保险制度基础的所谓民事赔偿责任之"民"字并非大陆法背景下纯粹私法意义上的概念。

史际春教授等人曾经对英美法国家在行政领域的"民事"问题进行过考察。经过对大陆法国家的"小民事"和英美法国家的"大民事"进行比较，史际春教授等人认为："大""小"民事之说，是对有关法律调整社会关系的模式和做法的一种直观形象的概括。[①] 所谓"大民事"，是对法的性质及其对社会关系的调整作大而广之的划分，

---

① 史际春、孙虹："论'大民事'"，载《经济法学评论》（2001年）第二卷，中国法制出版社2002年版。

凡是"刑"或"军"以外的法都是"民",其调整的社会关系都属于民事范畴,而不局限于"私"的关系或"私事",政府的行为尤其是政府管理经济和参与、涉及经济的活动,都纳入民事范围。学者解释道,社会化导致的"公""私"交融,是英美法从不分"公""私"的大民事脱颖而出的原因。大民事的基本特征,正是基于公正、衡平要求,不拘手段对任何内容的社会关系或"事"进行调整,在社会化条件下,可谓如鱼得水,在观念和制度上都无需作重大变革即可适应新的时代要求。① 笔者对学者的精辟见解深表赞同。尽管学者主要是从交易关系的角度考察"大民事"问题,但"大民事"并不仅仅局限于交易领域。在英美法国家的行政执法领域甚至刑事法律领域,都深刻地体现了公私相互融合的特点。例如:在反垄断执法领域,美国司法部和其他反垄断机构所适用的是民事诉讼法以及民事诉讼证据规则;② 美国证券监管机关对证券欺诈行为(如安然公司作假事件)所展开的调查称为民事调查;在环境执法领域,行为机关可以要求不法行为人向国家支付民事赔偿金以恢复被污染的环境……董事和高级职员可能会在此类程序中承担金钱赔偿责任。

在英美法国家,董事责任和高级职员可能在有关民事、行政、刑事程序中承担赔偿责任,这就使董事责任保险中对第三人或索赔程序的界定不仅仅停留于民事程序中。然而,在我国的背景之下,由于严格区分了公法和私法,董事和高级职员的个人赔偿责任只局限于私法意义上的民事救济机制中,董事和高级职员在由行政机关或其他国家机关提起的刑事、行政程序中承担赔偿责任的情况少有发生可能。考虑到现实的法律体制问题以及保险制度的寄生性特征,在我国的董事责任保险制度中,暂不宜将"索赔"概念扩展至刑事、行政等程序。

---

① 史际春、孙虹:"论'大民事'",载《经济法学评论》(2001年)第二卷,中国法制出版社2002年版。
② 美国反托拉斯司是在1933年作为美国司法部的一个独立机构而建立的,其主要任务是执行《谢尔曼法》和《克莱顿法》,其执法程序主要包括刑事诉讼程序和民事诉讼程序。根据反托拉斯民事程序法规,美国司法部有一种特殊权力,使其在诉讼程序之前有权通过调查,要求任何人提供有关民事反托拉斯调查的一切书面材料。

三、特征之二：保险标的是诚实经营者的赔偿责任

董事责任保险以第三人提出赔偿请求为存在的条件，无第三人的索赔，则无保险责任的产生。因此，董事责任保险的承保范围主要是董事和高级职员因疏忽、过失、行为不当懈怠其职责致第三人损害时的赔偿责任，该个人赔偿责任由保险人在保险合同约定限额内支付保险金。同时，责任保险人只对保险单所界定的"不当行为"负责，在保险单中明示排除的个人赔偿责任，不能纳入保险责任。从董事责任保险的制度设计上看，通常，只有那些诚实或清白的公司董事或高级职员才能够获得保险保护。

就董事责任保险而言，责任保险一般不承保被保险人的合同责任，但经特别约定，保险人也可以承保。保险公司给付保险金时，必须考察被保险的董事和高级职员的主观过错。董事责任保险承保的主要是董事和高级职员的过失责任，即在被保险人因疏忽或过失而违反法定义务或社会公共生活准则而致他人人身或财产损害的行为中，只有那些尽到了合理的注意义务但仍然致人损害的过失行为才能纳入保险责任。被保险人受到保险保护的一般要求是董事和高级职员忠实于公司利益，为促进公司利益最大化而妥当地行事，并在经营管理过程中遵守法律以及公司章程，尽到善良管理人的注意义务。由于现代立法日益关注国家、社会以及弱势群体的利益，对董事和高级职员课以了更重的责任，例如，国家基于政策上的考虑，要求董事和高级职员对公司未缴清的税款负责、对雇员未能领到的薪酬负责等。此类立法的大量出现使经营者常常会承担无过错责任，即不论行为人有无过失，根据法律规定均须对他人受到的损害负责。在此情况下，损害后果与事实是确定其赔偿责任的决定性因素。此类立法的实施有助于进一步唤起董事和高级职员对国家、社会以及弱势群体的利益的关注，有助于对受害人利益的切实保护。因为，董事责任保险一方面剔除了因故意行为所致的民事损害赔偿责任，即将故意行为列为除外责任，缩小了致害人转嫁民事赔偿责任的范围，有效地防止了恶意利用保险机制的道德风险；另一方面，又扩展了无过失责任承保，扩大了责任保险的社会公益方面的功能。

值得一提的是，目前，公司董事和高级职员的责任问题日益受到人们的重视。要求公司的董事和高级职员承担更重的责任，是与公司管理者在治理结构中的重要作用分不开的。2002年7月30日，时任美国总统布什签署了《萨班斯—奥克斯莱法》（the Sarbanes – Oxley Act）。[1] 该法案的重要目的之一是应对因公司丑闻频频被揭而导致的信任危机。该法案在加强信息披露和财务会计处理的准确性、确保审计师的独立性以及改善公司治理等主要方面对美国的证券、公司和会计法律进行了多处重大修改，并新增了许多相当严厉的法律规定。根据该法案的规定，自2002年7月30日开始，所有依照1934年《美国证券交易法》第13（a）或15（d）节的规定定期向证监会提交财务报告的上市公司（包括美国本国公司和在美上市的外国公司），都要由其首席执行官（CEO）和首席财务官（CFO）提交个人书面保证，确保公司所提交的定期报告完全符合《美国证券交易法》第13（a）或15（d）节的要求，而且该报告中的财务信息在所有实质方面如实地反映了该公司的财务状况和运营结果。如CEO和CFO在明知定期报告信息不实的情况下仍作出书面保证，将承担刑事责任，刑期最长可达20年。通过这种强制性的法律规定，上市公司的信息披露责任与CEO和CFO的个人责任绑在一起。

上述规定对于董事责任保险的影响是巨大的。它再次强调了董事和高级职员对于信息披露的重大职责，从而使责任保险人必须考虑董事责任保险单是否符合该法案的要求。方流芳教授曾认为，这实际上使董事和高级职员获得保险的事项减少了。[2] 因为，在该法案前，董事责任保险总是能化解董事的大部分民事赔偿责任：董事履行职务过程中，给他人造成损害，董事个人需承担赔偿责任，而又不能从公司得到补偿，则由保险公司对该董事进行补偿。法案通过之后，不能够通过保险转移的责任增加了。首先，包括罚金在内的刑事责任无法转移；其次，如果CEO和CFO知道报告存在虚假陈述而进行认证，多半不会获得责任保险赔偿，因为，投保人或者受益人明知某一事项会引发保险索赔，却对

---

[1] Pub. L. 107 – 204, 116 Stat. 745.
[2] 参见方流芳教授在经济观察报举办的"观察家论坛"第二期《重思公司治理》的有关发言（2002年8月29日）。

此隐瞒不报或作不实陈述，正是保险公司拒赔的理由。对于学者的上述看法，笔者认为有失偏颇。因为，从董事责任保险单的一般条款来看，大多数保险强调董事和高级职员应当遵守法律法规，在审慎的基础上为股东谋取利益，这本身就是对被保险人的一种有效制约，符合该法案对董事和高级职员行为的基本要求。在该法案中受到严厉惩处的行为，在该法案通过以前同样也是董事责任保险单所要排除的事项。可以说，该法案通过后，对董事责任保险的范围并无实质性影响。

综上所述，董事责任保险本质上是为那些诚实、清白的董事和高级职员提供的一种风险转移机制。在董事责任保险中，为追逐利润、攫取金钱而背信弃义损害公司和股东利益，甚至不惜违法犯罪的行为不应受到保险保护。

四、特征之三：保护受害人的公益性

董事责任保险的承保对象是董事和高级职员在其执行职务过程中对第三人造成的损害赔偿责任。当公司的董事及高级管理者尽到勤勉、忠实等义务但仍因违反注意义务而导致第三人损失时，受害人可以从保险公司获得保险赔偿。在传统的保险制度中，通常认为责任保险首先是对被保险人提供保护，其次才是保护受害人的利益。但在现代责任保险制度中，这一观念发生了很大变化。"在狭义的财产保险中，保险人补偿的就是被保险人的经济损失，即赔偿前提只是被保险人的保险财产遭受损失，赔款也直接支付给被保险人，并归被保险人所有；而责任保险却是由保险人直接保障被保险人的利益，间接保障第三者的利益，两者同时存在。"[①] 在现代责任保险的补偿对象问题上，其直接补偿对象是与保险人签订保险合同的被保险人，被保险人无损失则保险人无需补偿；其间接补偿对象是不确定的第三人即受害人。因此，一方面，保险人赔偿的前提是被保险人以外的第三人遭受损害且依法应由被保险人承担的经济赔偿责任；另一方面，保险人的赔偿不仅控制在责任限额内，而且控

---

① 王友、王元京、谢卫东等主编：《中国保险实务全书》，中国物价出版社1993年版，第1494页。

制在第三者的损失或被保险人受到索赔的金额内。保险人的赔款既可直接支付给受害人，也可以在被保险人赔偿受害人后补偿给被保险人。①

在现代责任保险制度中，受害人的利益因责任保险而得到特别的尊重，这已经成为责任保险的发展趋势。从立法模式来看，发达国家和地区在保护受害人责任保险第三人利益方面的主要做法包括：②

第一，直接保护方式，即赋予第三人直接请求权。为了充分发挥责任保险的积极作用，保护受害第三人的利益，在法律规定的情况下，受损害的第三方享有并取得被保险人责任保险合同项下的利益，第三方因此可以请求保险人承担给付保险赔偿金的责任。这种做法是将责任保险的第三人直接纳入保护范围。如美国的路易斯安纳州、纽约州等全面推行直接请求权制度，准许受害第三人直接起诉责任保险人，以请求赔偿。大多数国家或地区，第三人直接请求权的适用范围通常局限于某些强制保险，如机动车第三者责任强制险、环境责任保险等，并非适用于所有的责任保险合同。我国《民用航空法》第168条规定，在一定情形下（如保险或者担保有效；经营人破产等），受害人可以直接对保险人或者担保人提起诉讼，但是不妨碍受害人根据有关保险合同或者担保合同的法律规定提起直接诉讼的权利。

第二，间接保护方式，即要求保险人承担保护第三人利益的注意义务。从各国立法来看，在责任保险领域维持合同关系的相对性，是普遍做法。从法理上分析，保险人与被保险人之间的保险责任派生于保险合同，而被保险人与第三人之间一般是侵权责任关系。侵权损害赔偿关系和保险合同赔偿关系的区分是明显的，两种不同的法律关系不能相互混淆。原则上，责任保险合同的第三人与保险人不存在合同关系，不能直接向保险人主张保险金赔偿。因此，除少数法定强制责任保险外，因被保险人的行为而受损害的第三人，对保险人没有直接请求权。但为了更好地维护第三人利益，法律要求保险人承担保护第三人利益的注意义

---

① 王友、王元京、谢卫东等主编：《中国保险实务全书》，中国物价出版社1993年版，第1494页。

② 王伟："责任保险第三人是否享有直接请求权"，载《中国保险》2005年第7期，第43页。

务，督促被保险人尽快履行对第三人的赔偿义务。这种做法的本质是通过让保险公司承担一定的注意义务，间接地对责任保险第三人利益进行保护。如，《韩国商法典》第 72 条规定："对因可归责与被保险人的事故而发生的损害，保险人在第三人接受被保险人的赔偿之前，保险人不得向被保险人支付保险金额的全部或一部。"此外，根据法律的规定，责任保险合同还可以约定先付条款（或称"不得起诉"条款），在保险人承担保险责任前，被保险人应当先行给付第三人损害赔偿金，被保险人非经第三人诉追并已支付赔偿金额及费用后，不得对保险人请求赔偿。[1]

在是否赋予责任保险的第三人的保险赔偿请求权的问题上，我国 2009 年修订《保险法》时，借鉴了国际立法经验，并根据我国的国情，淡化了合同相对性立场，更加注重发挥责任保险对第三人的保护作用，并注重构建一个严密的体系，确保受害第三者的利益得到保障。现行《保险法》第 65 条第 4 款规定，责任保险是指以被保险人对第三者依法应负的赔偿责任为保险标的的保险。关于对第三人利益的保护，该条明确："保险人对责任保险的被保险人给第三者造成的损害，可以依照法律的规定或者合同的约定，直接向该第三者赔偿保险金。责任保险的被保险人给第三者造成损害，被保险人对第三者应负的赔偿责任确定的，根据被保险人的请求，保险人应当直接向该第三者赔偿保险金。被保险人怠于请求的，第三者有权就其应获赔偿部分直接向保险人请求赔偿保险金。责任保险的被保险人给第三者造成损害，被保险人未向该第三者赔偿的，保险人不得向被保险人赔偿保险金。"

根据前述立法，我国在不同层面构建了较为完整的保护受害第三人利益的规则，体现了责任保险的发展趋势。[2]

（一）赋予保险人的直接赔偿权

我国立法允许保险人越过保险合同关系，直接向第三者支付保险金，从而加强对第三者利益的保护。我国《保险法》第 65 条第 1 款规

---

[1] 邹海林：《责任保险论》，法律出版社 1991 年版，第 47 页。
[2] 王伟：《保险法学》，格致出版社、上海人民出版社 2010 年版，第 222－224 页。

定:"保险人对责任保险的被保险人给第三者造成的损害,可以依照法律的规定或者合同的约定,直接向该第三者赔偿保险金。"依据该条款,保险人可以依据法律的规定或者合同的约定直接向第三人赔偿保险金,这是保险对第三人利益的保护机制。

(二) 经被保险人请求直接向第三者赔偿保险金

根据《保险法》的规定,在被保险人请求的情况下,保险人应当依照被保险人的要求直接向第三人支付保险金。《保险法》第 65 条第 2 款规定:"责任保险的被保险人给第三者造成损害,被保险人对第三者应负的赔偿责任确定的,根据被保险人的请求,保险人应当直接向该第三者赔偿保险金……"

(三) 第三者附条件的保险金赔偿请求权

根据《保险法》的规定,被保险人应当积极主动地履行对第三人的赔偿责任或者请求保险人向第三人支付保险金,如果被保险人消极不作为,怠于请求的,则第三人享有直接的请求权,即第三者可以基于其受到损害的事实而获得对保险人的直接请求权。《保险法》第 65 条第 2 款规定:"责任保险的被保险人给第三者造成损害,被保险人对第三者应负的赔偿责任确定的,根据被保险人的请求,保险人应当直接向该第三者赔偿保险金。被保险人怠于请求的,第三者有权就其应获赔偿的部分直接向保险人请求赔偿保险金。"

(四) 保险人对第三者的注意义务

我国立法通过"先付条款"限制被保险人获得保险金,强化了保险人对第三者保护的注意义务。

在 2009 年修订《保险法》时,为了防止第三者的利益受到损失,引入了"先付条款"(或者保险赔偿金的留置义务),即在被保险人没有履行向第三者的赔偿义务之前,保险人不能向其赔偿保险金,从而督促和强制被保险人履行其对第三者的赔偿义务,更好地维护第三人利益。我国《保险法》第 65 条第 3 款规定:"责任保险的被保险人给第三者造成损害,被保险人未向该第三者赔偿的,保险人不得向被保险人赔偿保险金。"该条的规定既强化了保险人对第三者的注意义务,同时,第三者也可以据此获得对保险人的赔偿请求权。据此，如果保险人违反规定，直接向未履行赔偿责任的被保险人给付全部或者部分保险赔偿金，而第三者最终并未获得被保险人赔偿的，第三者有权以违反注意义务为由向保险人主张赔偿。①

从《保险法》关于责任保险的有关条款来看，保险人负有保护第三人利益的义务。与过去的《保险法》相比，我国新颁布的《保险法》加大了对第三人的保护，使受害第三者能够得到更加周全的保障，责任保险的管理功能更加突出。

总体来看，我国现行立法并没有从根本上推翻合同相对性规则，也没有赋予第三者无条件的保险金请求权，而是首先强调保险人要履行对第三者利益进行保护的注意义务，并通过法律的直接规定强制保险人履行保护第三人利益的义务。其次，通过法律的强制性规定，要求保险人采取相应的措施督促被保险人履行对第三者的赔偿义务，如应被保险人的请求而直接支付保险金、留置保险金等。最后，我国法律赋予了第三者附条件的直接请求权，强化了救济的效果，当被保险人消极不作为，没有及时履行其义务的情形下，第三者可以直接要求保险人支付保险金。

由于保险公司可以对受害第三人直接支付保险金，使受害人能够从保险公司及时获得赔偿，因此，董事责任保险的主要功能首先是对受害的第三人提供有效的保护，同时对董事和高级职员亦赋予个人利益的保护。但对于哪些人提出的赔偿要求不能纳入董事责任保险合同，则主要取决于法律的强制性规定以及保险公司和投保人的合同约定。

五、其他法律特征

（一）保险金限额给付

与其他责任保险制度一样，董事责任保险的特点之一是损失的不可预测性，保险公司不可能确切地预知损害赔偿的大小，也不可能承诺按

---

① 吴定富主编：《中华人民共和国保险法释义》，中国财政经济出版社2009年版，第161页。

照实际发生的损害赔偿额予以赔偿。故在订立保险合同时,保险人和投保人不可能约定保险金额,而只能约定保险责任的最高限额。在保险合同所约定的保险事故发生时,保险公司只依照合同的约定在最高限额之内支付保险金。同时,被保险的董事和高级职员只能通过保险措施填补其所受的损害,而不能通过保险而获取额外的利益,否则就违背了董事责任保险制度设立的宗旨。

(二) 保险责任不能及于被保险人的人身或财产

对受害人而言,因被保险人的行为所造成他人的人身或财产损失均属于赔偿范围。[①] 但对被保险人而言,保险责任则不及于其人身或财产。董事责任保险责任一般不包括被保险的董事和高级职员的人格利益及其他财产利益的损失。换言之,董事责任保险旨在对董事和高级职员管理企业时可能发生的风险予以填补,同时对第三人利益进行保护,使受害者可以获得及时有效的补偿。对于董事和高级职员非在从事专业经营活动时所产生的人格利益和财产利益的损失,不属于责任保险的赔偿范围。董事责任保险的目的在于分散和转移被保险人对第三人应当承担的赔偿责任,性质上为第三人保险。而被保险人的人身或者财产因意外受到的损失,可以通过意外伤害保险或者财产损害保险加以填补,为第一人保险填补的对象。

(三) 保险人享有代位求偿权

在责任保险制度中,当保险人向受害人承担赔偿责任后,可以代位被保险人向造成被保险人承担赔偿责任而应当负责的其他共同加害人要求赔偿,即保险人享有代位求偿权。我国《保险法》第60条第1款规定:"因第三者对保险标的的损害而造成保险事故的,保险人自向被保险人赔偿保险金之日起,在赔偿金额范围内代位行使被保险人对第三者请求赔偿的权利。"第61条第1款规定:"保险事故发生后,保险人未赔偿保险金之前,被保险人放弃对第三者请求赔偿的权利的,保险人不承担赔偿保险金的责任。"作为一种责任保险,董事责任保险同样适用

[①] 中国保险监督管理委员会《关于界定责任保险和人身意外伤害保险的通知》(1999年12月15日发布)。

代位求偿规则。在合同约定的损害事故发生时,如果董事和高级职员的责任可归因于第三人时,保险公司在对董事和高级职员人员予以保险赔偿后,享有对第三人的追索权。

第五节 我国董事责任保险制度的现实需求

我国董事责任保险制度的建立,并非立法者或监管者系统化、有计划的建构,也并非完全基于市场自发产生。回顾历史,董事责任保险最初是为了强化独立董事的监督功能促进独立董事制度的发展。在我国独立董事制度建立初期,人们对独立董事的法律责任风险就已经有了充分的认识。考虑到独立董事并无充裕的时间参与公司事务,也没有足够的财力保证其承担维护中小股东利益的职责,加之其所获得的报酬仅仅是"车马费",独立董事的所承担的责任十分沉重。我国证券监管机关出于推动独立董事制度发展这一目的,借鉴了国外发展经验,率先将董事责任保险机制引入独立董事制度中。然而,从更高的层次来讲,人们并没有充分考虑到该项制度对转移公司董事和高级职员的职业责任风险、完善公司治理结构、保护投资者利益等方面的积极意义。就此而言,该项制度是建立在低层次的需求上的。然而,经过多年的发展,董事责任保险制度早已跨越了专门为独立董事提供风险保障的阶段,而扩展到整个公司领域,成为董事和高级职员分散和转移风险的重要机制。

一、现代企业制度与职业经理人

(一)现代企业运行的市场化

1. 企业与市场经济

企业是经济活动的微观主体,是推动经济社会发展的重要力量。市场经济作为一种资源配置方式,兴起于资本主义时代。在资本主义数百年的历史进程中,在不同的经济社会背景下,企业制度不断进行变迁。因此,市场经济的发展历史,从某种程度上来说就是企业的发展历史。以企业制度变迁为主线的市场经济发展进程,既是一部市场经济发展史，也是企业制度的成长和发展史。在市场经济发展的不同历史阶段所采取的个人业主制、合伙制和公司制，都是在社会生产力发展的不同阶段中，为适应社会生产力发展在生产关系方面而进行的适时调整，是历史发展的必然选择。而企业制度的不断发展和进化，也与特定的经济社会背景、市场化程度、人们的科学理性程度相适应。

在市场化和社会化程度较高的今天，公司制已经成为市场经济国家典型的企业制度。1937年，科斯发表了一篇在企业理论史上具有划时代意义的论文《企业的性质》。他认为，市场和企业都是资源配置的手段，两者可以相互替代，市场主要依靠价格机制对资源进行配置，而企业则依靠权威的力量，将企业提升到与市场同等的地位，可见公司在现代社会中的重要作用。在现代社会，公司已经成为社会的第三极。正如学者所说，现代社会是一个大公司的时代，公司既是经济制度的制度的重要支柱，又对社会结构、政治制度构成了冲击和挑战。公司大规模的、巨大的、强有力的存在，已经成为19世纪末以来社会的显著特征。[①] 2010年，中央电视台播放了一部纪录片《公司的力量》。据不完全统计，从17世纪到20世纪70年代，被经济学家认为改变了人类社会生活的160项创新中，有80%以上是由公司完成的，福布斯杂志2009年评选出来的全球最有权力的人物排行榜中，前十位当中就有五位来自于公司，他们的名字与国家首脑、王室成员和宗教领袖排列在一起。

在中国市场经济发展的过程中，企业同样是推动市场经济发展的强大力量。

2. 公有制下的企业运行符合市场经济法治规律

党的十八届三中全会强调，经济体制改革是全面深化改革的重点，核心问题是处理好政府和市场的关系，使市场在资源配置中起决定性作用和更好地发挥政府作用。市场在资源配置中起决定性作用的论断，是今后中国改革的基本方向和指导原则。

社会主义市场经济的基本特点，就是以公有制为主导，多种经济形式并存。就非公有制企业而言，由于其天然地具有产权明晰的特点，在

[①] 邓峰：《普通公司法》，中国人民大学出版社2009年版，第1页。

企业内部的治理方面排除了行政机关的直接干预,市场化程度较高。在公司内部治理方面遵循充分的意思自治,在对外经营方面实现较为充分的市场化、契约化。因此,非公有制企业对市场化、契约化运行,在观念和制度上都不存在障碍。而对于公有制企业而言,则面临着如何在公有制背景之下实现市场化运营的挑战。

在计划经济体制之下,国有企业承载着政治使命与经济使命双重任务,由此国有企业既具有政治属性,也具有相应的财产属性,政企不分、政资不分使得国有企业沦落为政治的附庸和工具。在市场经济体制之下,国有企业的双重使命,使得国有企业难以有效适应市场竞争的需要。史际春等学者认为,让公有制存在于需要它存在的领域和范围,应当由市场和竞争来决定,即实行市场经济,就要遵从市场的平等、公平竞争法则,优胜劣汰,这对公有制也是完全适用的。[①] 当前,国有企业必须有效界定国有企业的政治属性和经济属性。我国当前正在进行的国企改革,力图对国有企业的政治职能和经济职能进行有效的界定和区分。早在1993年11月中共十四届三中全会通过的《中共中央关于建立社会主义市场经济体制若干问题的决定》就明确指出,我国国有企业的改革方向是建立"适应市场经济和社会化大生产要求的、产权清晰、权责明确、政企分开和管理科学的现代企业制度"。在社会主义市场经济体制框架下建立现代企业制度,是国企改革实践的重大突破,具有划时代的意义。2015年,我国开展了新一轮国企改革。顶层方案设计以"1+N"的形式出台。"1"为《中共中央、国务院关于国有企业改革指导意见》,"N"为34项具体文件。国有企业实行分类改革,并划分为商业性国有企业和公益性国有企业两类。

毫无疑问,公益性的国有企业仍然需要承载国家的政治职能,其运营和政权之间必然有着内在的联系。就国企的公益属性而言,要求以效力层级较高的立法,为国有企业的所有和利用关系搭建有约束力的制度框架,实行特别法治,并对其经营宗旨、业务范围、组织形态、与政府

[①] 史际春、姚海放:"国有制革新的理论与实践",载《华东政法学院学报》2005年第1期,第9-10页。

的关系、与其他市场主体的关系乃至于价格和收费限制、审计监督等重大事项进行明确,以确保投入到公益性国有企业的公共资金得到公正的使用。

对于处在竞争领域的商业性国有企业,则不断强化其作为市场主体的经济职能,将其纳入有效的法治秩序中,即以物权法、合同法、侵权责任法以及其他法律制度为基础的私法秩序之中,这是公有制下市场经济能否取得成功的关键之所在。因此,国有企业应遵循法治规律,自我负责,从以遵循行政命令和强制为主导转向为以市场和效率为导向。

因此,商业性国有企业在市场竞争中,既不能因其属于国有企业而在竞争中居于优势地位,也不能因其国有企业的身份而使其他所有制形态居于劣势地位,也就是说国有企业要保持竞争中立。国有出资人对于国有企业的国有资产管理,应强调和注重所有者代表与具体国有企业之间的产权纽带和股权控制,不应破坏和阻碍市场运行的基本规律以及国有企业的独立决策。学者认为,只要明确界定产权,公有制与市场经济并无冲突。[①] 有学者进一步阐述道,公有制与市场经济契合的关键,是要在公有制内部塑造法律上的不同利益主体或产权主体,这对从来就由分散、多数主体构成的合作制或集体所有制来说不是问题,对于国有制来说,根本而言则需要打破国家所有制或所有权内部"铁板一块"的认识和做法,建立中央与地方分别所有的国家所有制。[②] 笔者认为,国有出资人基于产权和股权关系,而不是基于行政命令对国有企业实施控制,这是公有制下构建适应市场经济发展所需法治秩序的重要基础。

(二) 现代企业经营管理的市场化、契约化

现代社会的企业运行,有赖于企业的经营管理者,即职业经理人或企业家。熊彼特认为,经营工商业,按照陈规旧例要比创新容易得多。[③]

[①] 王东京:"公有制如何产生交换",载《学习时报》2016年6月7日,A4版。
[②] 史际春、姚海放:"国有制革新的理论与实践",载《华东政法学院学报》2005年第1期,第10页。
[③] 熊彼特:《经济发展理论》(第二册),九州出版社2007年版,第297页。

创新是迈向未知领域的创造性的活动，各行各业都需要各种极富智慧、经验和才干的管理人才。这种人就是企业家，"他们没有积累任何品种的商品，他们也没有创造任何独特的生产手段，而只是用与别人不同的、更恰当的、更有利的方式，使用现存的生产手段。他们实现了新的组合"。他认为，资本家和股东是"货币所有者，货币请求权的所有者，物质财富的所有者，而企业家则是资本的"使用人"，实现生产要素新组合的"首创人"。

史际春教授认为，现代企业制度建立的条件之一是"企业及其资本经营的市场化、契约化，使所有者得以从供略大于求的劳动力市场上自由挑选合意的企业经营者，从而保证企业的有效经营管理及其投资的保值增值"[①]。在所有权和经营权合一的古典式企业中，所有者自己经营和管理企业，对市场化的企业经营管理者并无强烈需求。然而，随着两权分离的现代公司企业制度的产生，在企业的经营管理方式上发生了所谓的"经理人革命"。经理革命发生于19世纪60年代至70年代，由于生产社会化和市场竞争的日益激烈，专业化分工日趋明显，传统的企业形态需要大量融资扩大生产规模。公司制度的产生使企业的融资问题得以解决，企业的生产经营规模不断扩大，各种形式的垄断性公司（如卡特尔、康采恩、托拉斯、辛迪加等）遍及各产业部门。由于企业规模的日益大型化和股东人数的急剧增加，由企业所有者直接经营管理公司既不现实，也不利于经营效率的提高。同时，大规模的企业生产带来了多样化的生产和管理，使企业经营管理的难度增大。在这种情况下，如果仍然坚持传统的由出资者直接经营管理公司的观念，最终会妨碍所有者经济利益的最大化。由于认识到专业管理人员在生产经营中的重要性，企业的所有者遂放弃了对企业的直接管理和控制，只保留了挑选优秀的经营者管理企业的权力。于是，旧时的所有者与经营者合一的"企业主企业"逐渐演变为由"两权分立"的职业经营者管理控制的企业形态。越来越多的大公司选聘企业高级经营管理人员的标准，不再是拥有本公司股权的多少，而是看其经营管理能力的高低。"这一变革的实质是所有

---

① 徐传谌：《论企业家行为激励与约束机制》，经济科学出版社1997年版，第57页。

权与经营权分离，公司的高层经理人员不是凭借所有权，而是凭借经营管理能力在企业中获得支配地位。这种变革就是通常所说的经理革命"。① 彼得·德鲁克也认为，20世纪70年代中期以来，美国的经济体系发生了深刻的变化，从管理型经济彻底转向了企业家经济。②

经理人革命对现代企业制度产生的影响是深刻的：（1）所有权同控制权分离和所有权约束弱化；（2）权力由资本向经营才能转移；（3）企业家职业化；（4）企业目标发生变化：由于职业经理人个人追求的目标是个人效用最大化，而个人效用最大化与企业利润最大化是不一致的，这就导致了经理人利用控制权侵犯所有者利益的可能性。③ 经理人的产生内在地需要对董事和高级职员进行约束和激励。

从经济学的观点看，企业是一系列委托代理关系的总和。在委托代理关系中，由于委托人与代理人之间存在着利益不相同、责任不对等问题，代理人在最大限度地增进自身效用时，可能做出不利于委托人的行为，如偷懒和机会主义。同时，由于委托人与代理人之间的信息不对称，委托代理合同是不完全的，必须依赖于代理人的"道德自律"，而这就会产生代理人的道德风险。为了防止和克服代理人的道德风险，必须设计一个有效的激励约束机制。一方面用激励来缩小委托人与代理人之间的利益差异，使他们各自追求的目标趋于一致；另一方面用约束来规范代理人的行为，使其行为不至于偏离正轨。这两方面是相辅相成、缺一不可的。如果只有约束而没有激励，经营者就不会有积极性去努力工作，偷懒行为在所难免；相反，如果只有激励而没有约束，机会主义将使激励机制发生扭曲。而一个有效的激励约束机制必须是来自企业内部和外部两个方面，缺少任何一方面都是不完备的。

（三）对职业经理人的激励与约束机制

从历史上看，近现代经济社会的产生和发展是和企业制度的出现以及职业企业家在企业中的作用分不开的。可以毫不夸张地说，职业企业

---

① 刘文华主编：《经济法》，中国人民大学出版社2012年版，第100页。
② ［美］彼得·德鲁克：《创新与企业家精神》，机械工业出版社2007年版，第1页。
③ 潘静成、刘文华主编：《经济法》，中国人民大学出版社1999年版，第145页。

家是推动经济发展的中心人物。从近代企业的产生和近代社会经济的变迁看,如果缺少企业家这一核心要素,经济体制的变迁和转轨便难以发生。历史上,我国从来没有形成真正意义上的职业企业家。在改革开放以前,企业家没有存在的必要和空间。国有企业经理层的形成机制是非市场化的。我国企业经营者存在着明显的双重行为特征。① 中国国有企业经营者是在一种矛盾、碰撞的体制文化环境中生存成长的,他们既要承担政策义务,又要追求市场利润;既想摆脱行政干预,又想争取政策扶持;既要尊重政府意志,又须考虑企业利益;既要全身心投入,又可能随时被"调换"。

经过38年的改革开放,中国的企业逐步朝着投资主体多元化、利益主体多元化的方向发展,市场优胜劣汰的机制正在逐步形成,新的现代企业制度正在形成,企业家的身份开始朝着职业化的方向发展。多元化的、独立的、客观公正的企业家评价体系开始建立,人们开始习惯用市场经济的标准来衡量企业家。符合社会化大生产和市场经济要求的企业法人制度、有限责任制度和科学的内部管理制度的建立,为塑造自主经营、自负盈亏、自我约束和自我发展的市场经济主体创造了条件,面向市场的职业经营管理人阶层正在形成。

在我国职业经理人阶层逐步形成的过程中,建立企业经营者激励和约束机制的意义是非常重大的。其中,约束的目的是防范董事和高级职员在手握重权的同时,滥用其对公司事务的管理和控制权,损害公司、股东和社会利益。对董事和高级职员的约束通常可以从内部机制和外部机制进行探讨。内部机制主要是规范法人治理结构,通过公司章程,以股东会、董事会、监事会和内部的相应机制对经营者的行为进行约束;而外部机制是社会对董事和高级职员的一种约束。而激励机制的目的是保证职业经理人专业才能的发挥,有效地促进公司的经营管理。在我国现代企业制度建立过程中,激励机制和约束机制都不可缺少。当企业经营者承担了过重的责任时,无疑需要一定的激励机制。我国对董事责任保险的制度需要,当然就建立在这样一种社会背景之上。

---

① 徐传谌:《论企业家行为激励与约束机制》,经济科学出版社1997年版,第58-65页。

二、职业责任风险逐渐加大

2011年，官方宣布我国已经建成了社会主义法律体系。目前，针对董事和高级职员的法律约束机制较以往更加完善，而现实中针对董事和高级职员的各类索赔也不断增加，显示出职业责任风险的显著加大，这也是当前董事责任保险存在的社会基础。

（一）法治环境不断健全

为了适应市场经济发展的需要，我国正在从不同的角度强化董事、高级职员的义务和职责，以促使其经营管理活动符合公司、股东、债权人等群体的利益。董事和高级职员在对公司业务进行经营管理并形成相应的经营决策时，要确定公司的各种投资项目，并依照信息披露规则对外披露信息，从而对股东或投资者负责；要对外签订合同并承担履行合同的责任，从而对债权人负责；要履行劳动保护义务，从而对雇员负责等。董事及高级职员承担的责任众多，而且其有些决策可能对公司甚至对社会产生重大影响，因此承担的责任十分重大。董事和高级职员在经营活动过程中必须面对各种现实的或潜在的责任风险。

典型的例子如董事和高级职员在信息披露中的法律责任。我国现行《公司法》《证券法》，对董事和高级职员的义务和责任作出了明确具体的规定。例如《公司法》第150条规定，董事、监事、高级管理人员执行公司职务时违反法律、行政法规或者公司章程的规定，给公司造成损失的，应当承担赔偿责任。《证券法》第69条规定，发行人、上市公司公告的招股说明书、公司债券募集办法、财务会计报告、上市报告文件、年度报告、中期报告、临时报告以及其他信息披露资料，有虚假记载、误导性陈述或者重大遗漏，致使投资者在证券交易中遭受损失的，发行人、上市公司应当承担赔偿责任；发行人、上市公司的董事、监事、高级管理人员和其他直接责任人员以及保荐人、承销的证券公司，应当与发行人、上市公司承担连带赔偿责任，但是能够证明自己没有过错的除外。

在对董事和高级职员追究责任的问题上，司法正在发挥着越来越重要的作用。2002年1月15日，最高人民法院发布了《关于受理证券市场因虚假陈述引发的民事侵权纠纷案件有关问题的通知》，首次规定了证券投资者可以运用诉讼手段维护自身合法权益。尽管该司法解释带有明显的过渡性，例如，股东只能以共同诉讼方式而不能以集团诉讼的方式起诉，法院在受理案件时必须以证券监管机关的行政查处为前置程序等。但是，不可置疑的是，该司法解释使广大弱势股东在追究董事和高级职员的民事赔偿责任时有了一定的法律依据。在该司法解释中，要求以证券监管机构的行政处理为前置程序。证监会的历年上市公司信息披露违规处罚统计资料表明，信息披露监管的力度在不断加大，这主要表现在：其一，被处罚的公司数增加；其二，处罚的力度有所加大。这无疑对投资者利益的保护以及投资者寻求司法救济打下了坚实的基础。

因此，在我国，追究董事、高级职员个人责任的法律根据日益充分，追诉机制不断完善。公司董事或高级职员的位置授人以权利，同时也带来了义务和责任。

（二）职业责任风险的不断增加

随着公司法、证券法、破产法等法律制度的完善，股东、债权人、公司以及其他利害相关方可以基于法律的相关规定，向董事和高级职员提出相应的赔偿责任主张。董事和高级职员所面临的职业责任风险正在不断加大。由于大陆法国家的法治运行特征所决定，与英美法国家相比，我国针对董事和高级职员提出索赔的案件数量并不算多，金额也不算高，也未发生类似于英美法国家的"诉讼爆炸"或者严重的责任保险危机。我国作为一个发展中国家，董事和高级职员所面临的职业责任风险仍然较低。但是，如果考虑到法治环境的不断完善及社会公众权利意识的不断增强，董事和高级职员的职业责任风险仍将呈现不断加大的趋势。当前，针对董事和高级职员的法律诉讼不断增多的事实表明，董事和高级职员的经营风险是全方位现实存在的，这是一个无法回避的事实。

三、利益关系的失衡与再平衡

激励，尤其是对企业经营者的激励一直是世界性的难题，以往的激励理论和实践中存在的种种问题就是最好的说明。但激励是现代企业经营管理工作的一项职能,并依附于其他职能(如决策、计划、人力资源开发、指挥、控制)及其衍生的目标,激励归根结底是在对其他职能履行状况的评价的基础上促进其他职能更好地开展的职能。[①] 激励工作的真正科学性在于以企业经营管理工作的性质和规律为依据,设置合理的激励机制和约束机制,对企业经营者进行有效的激励和约束。激励可以简单地概括为:需要引起动机,动机决定行为。经营者的需要使经营者产生了动机,行为是动机的表现和结果。也就是说,是否对经营者产生了激励,取决于激励政策是否能满足其需要。因此,激励来自于企业经营管理者的需求,也就是内因。同时,对职业经理人的激励应当立足于权、责、利统一。这就意味着,董事和高级职员的权、责、利三者必须各自到位,缺一不可;同时,权、责、利三者必须均衡,经营管理者有多大的权力,就要承担与此相对应的责任,并享有与此相适应的利益。这是建立企业经营管理者激励与约束机制应遵循的基本原则。

回顾我国公司制度的发展,公司董事和高级职员的义务和责任一直没有得以强化,这与现代公司中董事和高级职员日益膨胀的权力显然不成比例。这种失衡的责权利关系对股东、债权人等利害关系人是很不公平的。国家逐渐认识到法律制度设计上的失衡状况,遂于立法上逐步加强对经营者的制度约束,强化其在法律上的责任和义务,这无疑是正确的。

当然,对于那些清白、诚实的董事和高级职员而言,过重的法律责任也会对他们产生一定的负面影响。如果没有一定的风险转移法律机制,法律的调整会陷入失衡状态。董事和高级职员责任加重的消极方面在于,太重的责任有时会造成经营者权利、义务的失衡,从而挫伤其积极性,最终促成其以保守姿态经营公司,或者不愿接受董事和高级职员职务。法律在以重典强化董事和高级职员责任的同时,倘使作为市场经济重要组成部分的职业经理人阶层远离市场,则法律的调整将是失

---

① 广义上说,经济约束、法律约束、道德约束、市场约束、媒体约束等均可以纳入内部约束机制的范围。

败的。

没有一定的转移责任的机制,则经营者会陷入两难的境地。一方面,经营者的义务和责任使董事和高级职员积极参与公司的经营活动,但经营者的行为越积极,则越有可能因过失致人损害;另一方面,经营者如不积极参与公司的经营管理,则本身就可能构成对其义务的违反(如注意义务等),例如,公司在市场上履行持续公开信息的义务时,董事因疏忽大意而遗漏重要信息,则董事个人极有可能对遭受损失的证券持有人承担民事赔偿责任。

没有一定的转移责任的机制,也会扼杀经营者的创造力和进取心。许多优秀的经营者将会在沉重的责任面前顾虑重重,甚至视进入董事会为畏途;而在职的董事、监视和高级职员,则更乐于采取保守的"鸵鸟政策","不求有功,但求无过",缺乏创新的勇气和开拓的气概。从长远看,这种心理状态会严重地制约职业企业家阶层的形成与发展,使公司资本难以增值,股东难以得到高额的投资回报,最终制约经济的发展。因此,董事和高级职员在沉重的义务和责任面前,必然希望法律允许其利用某种风险转移机制,合理地降低因可以理解的经营过失而导致的责任。

作为职业经理人,公司的董事和高级职员需要具备相当的能力和素质,敢冒风险、不断创新是企业经营者能力和素质的主要特征。法律的重要目的之一就是要创立相应的机制,鼓励企业家不断地创新和冒险,形成企业家勇于开拓、大胆决策的创新机制和环境,促进创新和创业的管理人才充分涌现。可以说,对董事和高级职员的安全和利益需要的满足,是董事责任保险存在的重要根据。没有相应的分散责任风险的机制,董事和高级职员在公司治理结构中的积极作用将大打折扣。

目前,监管者已经意识到重建再平衡关系的重要意义,尝试通过董事责任保险制度的建立来重塑再平衡关系。证监会《关于在上市公司建立独立董事制度的指导意见》第8条规定"上市公司应当建立必要的独立董事责任保险制度,以降低独立董事正常履行职责可能引致的风险";中国证监会和国家经贸委联合发布的《上市公司治理准则》第39条亦规定"经股东大会批准,上市公司可以为董事购买责任保险。但董事因违反法律法规和公司章程规定而导致的责任除外",再一次肯定了董事责任保险制度在公司治理结构中的重要作用。

　　因应上述法律文件,保险业开始尝试和发展董事责任保险业务。董事责任保险业务的开展,无疑顺应了市场经济的发展方向。在很大程度上,董事责任保险能够增强被保险人的经济赔偿能力。在高度的经营风险面前,一旦发生索赔,往往数额巨大。而实际情况是,我国董事和高级职员目前的收入水平并不足以支付巨大的索赔。与之形成鲜明对比的是,董事责任保险的存在,无疑提高了董事和高级职员的赔偿能力,使受害人能够得到更加充分的保护。

　　由此可见,立法或监管部门通过一定的方式进行制度创新,允许董事和高级职员通过市场化的方式转移其过重的民事赔偿责任,从而对即将面对的高风险、重责任予以再次平衡,是董事责任保险得以发展的内在根据。

第二章 董事的民事赔偿责任

　　董事和高级职员的民事赔偿责任，是董事责任保险的标的。当被保险的董事和高级职员在从事公司的各项业务和日常经营活动中，由于疏忽、过失等行为造成第三人损害，或者仅仅基于董事和高级职员的职位而依法应对第三人承担民事赔偿责任时，应由保险人承担保险责任。之所以对董事责任保险作出如上的界定，旨在说明：董事和高级职员对他人的民事赔偿责任，是董事责任保险存在的基础。在现代公司制度中，关于董事和高级职员义务和责任的规定是数不胜数的。董事和高级职员应承担的基本义务是注意义务和忠实义务，应承担的责任则主要包括对公司的责任、对股东的责任以及对第三者的责任（包括：竞争者、雇佣者、债权人等）。因此，董事和高级职员在履行职务中的民事赔偿责任，既是董事责任保险的存在基础，也是认定保险责任的重要根据。

　　本章以董事和高级职员注意义务的违反为核心，论证了董事及高级职员在公司法和其他特别法上的赔偿责任。应当特别指出的是，由于各国公司法多只明确规定董事的义务和责任，而监事、公司高级职员（经理、公司秘书、财务负责人等）的义务和责任则准用董事的有关规定。原则上讲，监事、高级职员与公司的关系和董事与公司之间的关系相同，若其违反义务，亦要与董事一样，对公司及第三人承担相应的法律责任。为了引用立法文件以及行文的便利，本章主要围绕"董事的责任"进行讨论，但这并不意味着监事、高级职员无须承担此种责任，而应当理解为监事、高级职员亦应承担与董事相类似的责任，并成为董事责任保险的基础。

第一节　公司的本质和董事义务、责任的法理

董事责任保险存在的最重要的基础是董事对他人的民事赔偿责任风险，而在确定董事的赔偿责任时，必然要以董事应当承担的义务为依据。董事的义务、责任乃渊源于公司的本质。

基于冒险和投机获利的需要，公司制度应运而生。从一开始，公司就注定是一种高效的投资工具。① 维护公司的这一特征，是公司治理结构的基础。现代社会日益强调公司应当承担社会责任，公司不能仅仅以最大限度地为股东营利作为唯一的存在目的。公司亦应当最大限度地促进股东利益以外的其他所有社会利益。这种社会利益包括雇员利益、消费者利益、债权人利益、中小竞争者利益、当地社区利益、环境利益、社会弱者利益及整个社会的公共利益等内容。董事的义务和责任渊源于公司的本质特征，并可以从公司的本质中找到存在的根据。

一、现代公司的本质

（一）公司为高效的投资工具

从本质上看，公司是投资者获取利益的一种投资工具。公司能够作为投资工具的首要理由是公司制度之高效率，这集中体现在公司超越投资者个人而具有独立的团体人格这一特征上。

通说认为，公司为社团法人，即由多个自然人投入财产组织起来的独立的团体人格主体。在公司制度下，基于股东的投资，个人的意志形成共同意志，而共同意志又抽象为团体的"单一意志"，团体才具有了独立人格。公司团体人格的重要意义在于，它超越了个人的性质，提高了企业的经营效率。公司本身的制度安排，强化了投资者对利益的追

---

① 应当指出的是，公司制度现在已经不仅仅局限于获利的目的。有的非营利性组织甚至政府机关也采纳公司制的形式。然而，考虑到本文的研究目的及范围，笔者在文中对公司概念的界定仍然局限于从事营利性活动的领域，并从这个角度探讨董事的义务、责任和保险问题。对于非营利性的公司、组织的管理人员的义务、责任和保险问题不在本书的研究范围。

求。马克思认为:"人们奋斗所争取的一切,都同他们的利益有关。"[1]公司制度就是在资源相对稀缺的前提下,人们为实现自身利益最大化的一种理性选择,其本质是个人(投资者或股东)增进其投资收益的一种制度工具。[2] 在企业制度发展的早期,企业的形式是独资企业和个体商人,既而发展到合伙形式,最后发展到实现大规模生产的现代公司。回顾公司制度的发展历史,我们可以看到,公司制度的确是实现资源配置,满足股东利益追求的一种有效手段。现代公司制度实现了从个人独立奋斗到团体经营的飞跃。

直到 11 世纪中期,由于商业活动在地中海沿岸城市的蓬勃发展,出于资本、人员联合和减轻风险的实际需要,才产生了现代企业制度的三种雏形[3]。(1)船舶共有。从事海上贸易,需要巨额资金且风险很大,人们便共筹资金,共担风险,共同拥有船舶及合伙从事海上贸易,形成船舶共有的企业形式。(2)康枚达契约或组织。依康枚达(Commenda)契约,不愿意或无法直接从事海上冒险的人,将金钱或货物委托给船舶所有者或其他人,由其进行航海和交易活动,所获利润由双方按约定的方法分配,委托人仅以委托的财物为限承担风险。由此便形成一种原始的企业形态,即经营者依其信用自他人处获得资本,出资者将资金委托他人经营而分享利润。这就是后来的两合公司或有限合伙的雏形。(3)家族经营或家庭企业。在封建社会,身份、血缘关系在社会生活中居于主导地位,家族成员间的合伙,必然优先于异姓间的合伙,也就形成了家族经营体。

与传统的独资企业相比较,康枚达和家族经营团体比单纯依靠个人奋斗的个体商人或独资企业在经营规模和风险共担方面前进了一步。但是,由于其浓厚的人合性和责任的无限性,导致其在制度安排上仍无法解决经营的安全性和高效性问题,真正在公司制度发展史上产生深远意

---

[1] 《马克思恩格斯选集》第 1 卷,人民出版社 1972 年版,第 82 页。
[2] 贾登勋、王勇:"现代公司制度的法理基础",载《兰州大学学报社科版》1999 年第 1 期,第 154-159 页。
[3] 史际春:"企业、公司溯源",见王保树主编:《商事法论集》第 1 卷,法律出版社 1997 年版,第 51-52 页。

义的制度创新是股份有限公司。17世纪初叶，英国、荷兰、北欧等海外贸易发达国家纷纷到海外设立殖民公司。所谓殖民公司，是由政府或国王特许设立，取得在海外特定地区从事贸易的独占权，并代本国政府行使某些权力的贸易组织，如英国东印度公司。以英国东印度公司为例，特许公司的特点是：（1）成立需要国王的特许状；（2）国王的特许状赋予公司法人地位；（3）公司开设时有总资本的限制，总资本额平均分为若干股份，股份转让比较任意和方便；（4）公司实行有限责任。[1] 此类殖民公司是以公司参加者入股的资金作为共同资本，公司设有统一的经营机构——董事会，股份可以自由转让，股东按所持股份分享利润，分担损失，具备了现代股份公司的基本特征。以特许公司为基础，现代公司制度最终得以确立。

现代公司制度使投资者将其投资财产移交给公司，而法人享有独立的法人财产权；同时，投资者获得对公司债务负有限责任的超然法律地位。公司制度的该种创新极大地鼓励了投资者的投资热情，这与公司自身制度安排的合理性不无联系。股份有限公司之所以在资本主义市场经济中获得普遍的确认，也正是由于其前所未有的制度功能在最大程度上克服了人性的弱点和人的能力的局限性，实现了企业经营机制的根本革新。[2]

从现实意义看，基于团体人格观建立起来的现代企业制度至关重要。团体虽然由自然人构成，但单个人一旦结成统一体（提高组织程度，淡化社员人格，升华团体人格，最后形成成员的人格），即因量的增加和结构的组合，而获得新质，使人的意志和能力以集合倍增的方式表现出来，从而具有自然人不可比拟的巨大优势。[3]

（二）公司以社会本位为依归

现代公司制度是以社会本位为依归的。在纯粹的行政本位主义时代和个人本位主义时代，具有独立人格的公司制度很难找到适宜的生存环境。

---

[1] 江平主编：《新编公司法教程》，法律出版社1994年版，第44页。
[2] 贾登勋、王勇："现代公司制度的法理基础"，载《兰州大学学报社科版》1999年第1期，第154-159页。
[3] 贾登勋、王勇："现代公司制度的法理基础"，载《兰州大学学报社科版》1999年第1期，第154-159页。

在行政本位主义时代，个体权利被湮没在国家权力之中，个体无完全之人格，由其联合组成的法人社团的独立人格更无从谈起。而在自由资本主义时期，西方社会步入个人本位时代，崇尚投资者个人的权利，具有独立人格的公司制度是难以为人们所接受的。与此相适应，以合伙契约为实质的无限公司和以康枚达契约为实质的两合公司，其财产没有完全脱离股东个人的财产，股东个人仍对公司享有直接的权利和承担直接的责任。在自由主义精神下，直接出资的投资者不在公司中直接参加经营，无疑被视为是对个人的权利和利益的一种限制，是对"个人本位"原则的挑战。从这个意义上说，股份有限公司是"个人本位"的异化和反动。体现自由资本主义财产关系的法国民法典，甚至没有法人制度的规定，这反映了刚刚取得政权的资产阶级对法人制度的顾虑，害怕法人制度会限制个人的权利和利益。①

真正意义上的公司法人制度是在近现代资本主义国家政府开始干预市场经济时才得以产生的。随着世界范围的资本主义经济危机的爆发，资本主义国家认识到个人本位主义所产生的"外部不经济"和"市场失灵"等弊端，促使其改变"守夜人"的被动身份，积极参与对市场经济的调节和对社会公益的维护。同时，社会本位观念也日益为人们所接受，并直接反映到了公司立法过程中。股份有限公司借助于法人的财产权制度，开始以团体的名义统一支配和运营来自众多股东投资而形成的公司资产，股东则在投资于公司后获得相应的股权，并可以采取"以手投票"和"以脚投票"等机制行使其财产权，维护其投资利益。通过这样的发展，个人的财产得以借助于公司这个工具实现财富的增值，从而实现了财产由支配向利用方向的发展。个人本位主义最终在团体（社会）本位主义中找到了自己的价值依归和理性参照，并使个人价值取向的"个体功效性"同整体价值取向的"社会功效性"互为条件，相得益彰。②

---

① 江平主编：《新编公司法教程》，法律出版社1994年版，第45页。
② 贾登勋、王勇："现代公司制度的法理基础"，载《兰州大学学报社科版》1999年第1期，第154-159页。

（三）公司是多元利益冲突的汇合点

公司是多元利益冲突的汇合点，如何使公司制度平衡协调实现相关利益主体之间合理的利益均衡一直是立法者所关注的问题。

事实上，在公司制度发展史中，立法机关已经认识到公司制度包含了多元的利益冲突，并力图在一定的范围内对这种冲突进行规制。为实现公司利益均衡的目的，立法者首先确认了公司的独立人格，使公司免受来自股东和第三人的非法干预，使公司超然于各原始利益主体之上。

在现代市场经济社会，公司能够吸纳资本、劳动力、经营者和其他生产要素并将其熔于一炉，能够最有效地配置社会经济资源，能够鼓励人们的创业与冒险精神，能够帮助投资者、经营者和劳动者实现人生价值，能够向政府纳税，还具有促进社会整合和精神文明建设的社会功能。劳动者、消费者、公司所在地的社区和政府都难以逃避公司力量的深远影响。公司的经济力量已经渗透到社会的各个角落，包括经济、政治与社会等领域。从商界的发展趋势来看，公司的经济力量越来越强，社会财富越来越向公司集中。[①]

公司制度是公司独立人格和股东有限责任的内在统一体。但是随着社会经济的发展，公司在追逐利润的同时也带来各种各样的问题，如虚报出资、抽逃公司资产、恶意损害债权人利益等。

在这种情况下，企业的社会责任问题日益为人们所重视。企业的社会责任是指企业在谋求股东利润最大化之外所负有的维护和增进社会利益的义务。传统的企业和企业法理念以个人本位为出发点，认为最大限度地营利从而实现股东利润的最大化是企业的最高甚至唯一目标。而企业的社会责任则以社会本位为出发点，认为企业的目标应是多元的，除最大限度地实现股东利润最大化外，还应尽可能地维护和增进社会利益。显然，企业的社会责任是对股东利润最大化这一传统原则的修正。学界对企业的社会责任之外延迄今尚无统一的界定。一般而言，企业的社会责任包括但不限于以下几项：（1）对雇员的责任；（2）对

---

① 刘俊海："论社会权的保护及《经社文公约》在中国的未来实施"，载北大法律信息网，访问日期：2005年4月6日。

消费者的责任;(3)对债权人的责任;(4)对环境、资源的保护与合理利用的责任;(5)对所在社区经济社会发展的责任;(6)对社会福利和社会公益事业的责任。①

自20世纪80年代开始,以宾夕法尼亚州为代表的美国29个州首次在公司立法史上放弃了一元化的股东利益最大化的传统观念,在公司法中加入公司经营管理人员应对非股东利害关系人负责的条款。这场被誉为革命性制度变迁的公司法改革,标志着企业的社会责任与股东利润最大化最终被作为两个并行的企业经营目标在制定法中确立。作为公司的经营管理人员,董事和高级职员在公司的治理结构中扮演着重要的角色。践行公司的社会责任,已经成为社会对董事的要求,并上升为一项法律义务。

二、董事的义务和责任是公司本质的反映

(一)董事权力的扩张和义务、责任的强化

在市场经济条件下,随着企业所有与控制职能的分离,复杂的企业经营管理便委与专业人士负责,所有者无须事必躬亲,出现了所谓的"董事会中心主义"。即,由于股东人数众多和股票的高度分散,促成了股权的高度社会化和分散化,使股东难以直接干预公司事务,股东大会成为非常设机构,主要行使企业的重大经营决策权。同时,现代市场交易以迅捷高效为特征,如果任何交易均由每年一度的股东大会批准,则不利于提高公司经营效率,不利于保护善意第三人的利益。企业的日常经营管理乃交由董事会行使。美国式的公司治理模式是"董事会中心主义"最典型的体现。美国的证券市场是以机构投资者为主的资本快速流动的系统,股权高度分散,大多数股东并不关心企业的长期发展,而是更多地关注如何从股票交易中赚钱。同时,股权的过度分散也使大多数股东不愿对公司管理层实施有效的监控,普遍出现"弱股东、强管理层"现象。在这种情况下,董事会就不仅仅是公司意志的执行机关,而

---

① 卢代富:《企业社会责任的经济学与法学分析》,法律出版社2002年版,第101—104页。

且也是公司运行机构的中心,其职权得以急剧膨胀。

在一般意义上,董事是充当公司的财产受托人和特别代理人,以公司的名义持有受托财产,在公司法和公司章程所限定的范围内对公司实施经营管理的公司董事会成员。然而,董事会似乎有着至高无上的权限,这可以从董事的一般职能中窥见一斑。第一,董事代表股东对公司进行管理。董事由股东大会选举产生,他可以是公司的股东也可以不是公司的股东,但必须是股东推选出来代表股东利益的人,对公司的事务享有广泛的权力。第二,董事是股东大会决议的执行者。在公司的组织机构中,股东大会是公司最高权力机关,享有对公司最重大事务的决策权。董事会是公司的执行机关,董事自然就是执行人,负责执行董事会决议,管理公司业务和公司事务。第三,董事是公司的经营决策者。股东大会把大部分权力交由公司董事会行使,而自己仅保留对部分重大事项的决策权利。这就决定了董事会不仅是公司股东大会的执行机关,还是公司的经营决策机关。作为董事会成员,董事相应地行使着公司经营管理的决策权,并在公司的经营计划、投资方案、公司内部管理机构的设置、高级管理人员的聘任、公司重要的规章制度的制定等方面享有权力。

然而,应当说明的是,所谓"董事会中心主义",并不意味着股东已经失去对公司的控制。按照史际春教授的考察,公司的一切意志一切行为都应该来源于股东的意志,股东的意志就是大股东的意志,股份民主即股份少数服从多数。而作为资本的原则,谁出钱多,谁的发言权大,谁的利润就应该多。这就要求法律上的所有者支配。在现代公司制度中,所有者支配集中体现为大股东支配,董事会中心主义即大股东中心主义。在这个基础上,公司是不同利益主体在自由结社基础上的合作和制约。整个公司法都是建立在不同主体的合作和制约的基础上的,股东会、董事会、监事会、经理相互合作和制约。笔者认为,这样的见解是符合公司制度的本质和发展规律的。

但是,董事和董事会享有高度集中的权力毕竟意味着作为少数人的董事有可能拿多数人(股东)的财产进行冒险。再者,股权的分散化亦极易导致大股东对个人董事乃至对公司董事会的控制,董事和董事会可能会成为大股东谋利的工具,这同样意味着少数人(大股东、董事)有可能拿多数人(中小股东)的财产进行冒险。此外,董事亦有其自身利益,他们有可能利用其权力损害他人利益以谋取个人私利。因此,董事的职权必须受到约束,否则,股东、债权人及社会公共利益都无从保障。

为了保证公司真正为股东谋取福利,保证公司切实履行其所担负的社会责任,法律对公司经营管理人员义务的要求日趋严格,公司经营管理人员的责任也日趋加重。同时,法律亦赋予股东、债权人及社会公众各种权利及相应的救济措施,如股东提案权、质询权、派生诉讼等,同时建立监事会、独立的审计人、外部董事等制衡机制对董事的权力予以约束,以抑制企业经营者滥用权力的行为,保障对董事追究责任机制的顺畅运行。

(二)董事的职业风险

考虑到现代公司制度的本质,各国公司立法适应形势发展的需要,从不同的角度强化董事的义务和职责。总体上看,强化公司董事的义务与责任是市场经济国家的一种普遍趋势。根据 Tillinghast Towers Perin《1998年董事责任综述》的统计数字,1998年,针对董事提出的诉讼中,38.9%由过去、现在或潜在的雇员或雇员协会所提出;34.6%由股东或其他投资者提出;7.6%由竞争者、供应商和其他缔约方提出;1.2%由政府或有关监管机关提出;5.2%由其他第三方提出。[①] 在该统计资料中,雇员和投资者对董事和高级职员提出诉讼数目的比例高居榜首。

董事义务、责任的具体典型形态主要包括:(1)董事的基本义务及对公司的责任;(2)董事对股东之义务和责任;(3)董事对债权人之义务和责任;(4)董事对环境保护的义务和责任;(5)董事对雇员之义务和责任;(6)董事在税法上的义务和责任;(7)董事在其他法律领域(如:反垄断法、知识产权法等)应承担的义务和责任。限于篇幅,在此不再做更多的展开(关于董事义务和责任的典型形态,可参见表2-1"董事和高级职员责任成文立法概览")。在以下各节中,笔者将择几种典型情况下董事的个人民事赔偿责任进行讨论。

---

① 1998 Directors and Officers Liability Survey, Tillinghast Towers Perin, Chicago, IL.

表 2-1　董事和高级职员责任成文立法概览
（以加拿大联邦和安大略省立法为重点）

序号	法规名称	违反情形	责任	成文法抗辩
1	《安大略商事公司法》(1982)	未能支付雇员工资和休假支付	董事应当对雇员未获支付的6个月工资和12个月休假支付承担连带、共同责任	无
2	《加拿大商事公司法》(1989)	未能支付雇员工资	董事应当对雇员未获支付的6个月工资承担连带、共同责任	无
3	《所得税法》(联邦);《失业保险法》(联邦);《加拿大退休金计划法》(联邦)	未能扣抵、保留、退还规定的税收。特别是未能从雇员工资中扣抵税收。此外，未能扣抵、汇付雇员或雇主的应支付款项	董事和公司应当对税收金额、利息和罚款承担连带、共同责任	合理勤勉
4	《所得税法》(安大略省)	未能扣抵、汇付规定的税收	董事和公司应当对税收金额、利息和罚款承担连带、共同责任	合理勤勉
5	《商品和服务税法》(联邦)	未能扣抵、汇付规定的税收	董事和公司应当对税收金额、利息和罚款承担连带、共同责任	合理勤勉
6	《零售税法》(安大略省)	未能代收、汇付规定的税收	董事和公司应当对税收金额承担连带、共同责任	合理勤勉
7	《雇主健康税法》(1989)(安大略省)	指挥、授权、同意、默认或参与公司的犯罪，如逃税、不遵守法律、没有交付或返还，明知或过失虚假陈述	对董事、经理和代理人应当罚款、监禁和（或）责令支付应付税收的一定比例金额	无

续表

序号	法规名称	违反情形	责任	成文法抗辩
8	《加拿大商事公司法》	当公司已经或将要不能偿债时，投票或同意：购买本公司股份；支付分红；对外财政援助；基于股东的异议权或不公正对待矫正之诉而购买股份；违反本法支付佣金或补偿合同项下的款项	董事应当连带、共同地对公司偿还其分派出去的款项，或者偿还公司无法收回的款项	信赖财务报告
9	《雇员标准法》（安大略省）	授权、允许或默认公司违反本法的行为（如未能支付雇员工资或休假支付）	在公司被判决有罪时，董事、高级职员和代理人应当对未支付的工资负责	证明自己未授权、允许或默认公司违法
10	《退休金利益法》（1987）（安大略省）	授权、允许或默认公司违反本法的行为，包括未能支付雇员退休金或向保险公司支付款项	董事、高级职员和代理人应当支付罚款或向雇员、保险公司支付款项	无
11	《建筑抵押法》（安大略省）	同意或默认公司违反为合同缔约方利益所设信托资金关系	董事、高级职员以及其他有效控制公司的人应当就从信托资金挪走的资金数额承担共同、连带责任	无
12	《环境保护法》（安大略省）	从事了一定的活动导致污染物排放入自然环境，或未能采取合理注意防止公司为这样的不法行为	在公司被判有罪时，除判决个人承担一定的罚金外，还可以要求董事和高级职员个人防止、减少或消除排放对环境产生的不良后果，或在一定的时间内恢复环境	无

87

续表

序号	法规名称	违反情形	责任	成文法抗辩
13	《水资源法》（安大略省）	从事了一定的活动导致任何物质排放入水、海岸或河岸或任何其他可能对水质量产生影响的任何其他地方，或未能采取合理注意防止公司为这样的不法行为	在公司被判有罪时，除判决个人承担一定的罚金外，还可以要求董事和高级职员个人防止、减少或消除排放对环境产生的不良后果，或在一定的时间内恢复环境	无

资料来源：R. B Matthews, NEW FRONTIERS IN DIRECTORS' LIABILITY, from the seminar DIRECTORS AND OFFICERS' LIABILITY – Practical Strategies for Dealing with Today's Risks and Responsibility, INSIGHT PRESS, Ontario, 1992.

第二节 董事的基本义务及其对公司的责任

董事在履行职务中的个人责任风险，是董事责任保险制度最重要的基础。无风险，无保险，保险的本质就是一种风险转移机制。董事责任保险的制度价值之一就是要为董事和其他高级职员的个人责任风险提供一种转移机制，鼓励适格人士接受董事职位，促进公司治理结构的完善。[①] 在董事责任保险中，保险公司所承保的主要是董事违反注意义务过失致人损害的赔偿责任。根据注意义务的要求，董事履行义务的方式必须是诚信的，行为的方式必须是其合理地相信为了公司的最佳利益并尽普通谨慎之人在类似的地位和情况下所应有的合理注意。因此，董事违反注意义务所导致的责任问题及其认定是董事责任保险法律制度的分析前提和论证基础。

---

① 早在2002年，中国平安保险（集团）股份有限公司（以下简称平安保险公司）开设董事责任保险的初衷也是要为董事和高级职员提供一种转移风险的合理渠道，使公司的管理者能够借助于商业保险达到激励的目的。平安保险公司的董事责任保险单开宗明义地表明了这样一种观点，其保险单规定：保险人承保被保险个人在其以被保险个人的身份执行职务的过程中，由于单独或共同的过错行为导致第三者遭受经济损失，依法应由保险个人承担赔偿责任。

一、董事注意义务之一般规则

董事的基本义务和责任是由董事在公司中的地位所决定的。各国公司法均对此予以明确规定。董事对公司的基本义务包括忠实义务和注意义务。

董事对公司负有的忠实义务是一项强行法性质的义务，它要求董事在经营公司业务时，如其自身利益与公司利益相冲突，则董事应首先考虑公司的最佳利益，不得将个人利益凌驾于公司利益之上，以避免利益的冲突。

董事对公司的注意义务要求董事在履行其职责时必须出于诚信，并且合理地相信其是为了公司的最佳利益行事，尽到一个普通谨慎的人在相同情况下所应有的合理注意。在这一义务之下，判例法发展了经营判断准则对董事是否履行了注意义务进行判断。董事违反了其对公司的基本义务，则应向公司承担相应的法律责任。在现代市场经济体制下，确立董事的注意义务有助于培养经营者的责任感，促使其不断创新，从而完善公司的治理结构。在计划经济体制下，我国企业的董事和其他高级职员大都由政府委派，企业承载了太多的非经营性负担。相应地，企业董事和其他高级职员要完成许多指令性而非经营性的目标。在这种情况下，要求管理人员完全以市场化运作的思路来考虑企业的发展，是不现实的。在立法上规定经营人员对企业的注意义务，也缺乏现实土壤。1993年《公司法》颁布以后，在立法上未明确规定董事和高级职员的注意义务，实践中也没有对董事和高级职员的注意义务予以更多关注。但在我国建立市场经济体制后，企业必须遵循市场经济规律。作为完善公司治理结构的重要环节，在公司法上明确规定董事的注意义务，保证董事等经营人员本着同等智识的人在同样的情境下以应有的注意合理行事，已经成为我国公司法立法的重要使命。在2005年修订《公司法》时，董事和高级职员的注意义务（即勤勉义务）被明确规定下来。《公司法》第148条规定："董事、监事、高级管理人员应当遵守法律、行政法规和公司章程，对公司负有忠实义务和勤勉义务。"以下就董事注意义务的一般界定和晚近发展的经营判断准则进行考察。

(一) 注意义务的一般界定

在英美公司法中，董事对公司负有受信托义务。受信托义务的基本含义是：一个负有受托人义务的人，不能利用本身的权力厚此薄彼、失其公正立场、谋一己私利而害及公司、股东利益。受信托义务包括注意义务和忠实义务。就注意义务的实质而言，注意义务要求董事像普通谨慎人在相似的情况下给予合理的注意一样，须机智慎重地、克尽勤勉地管理公司事务。所谓"合理的注意"是依董事个人的知识和经验以及公司的性质和内部分工、公司章程等因素而言，或言之，董事在处理公司事务上所应给予的注意程度应当相当于一个有同样学识及经验的人处理自己事务上的同样注意程度，对于注意的程度，大多数国家和地区是通过司法实践而定。[①] "注意"这一字意本身蕴含着一种主观评判，专业素质、能力或智慧不同的人，其能够对公司事务予以关注的程度是不相同的。然而，在具体到董事时，它要求其具有"通常注意能力的人在相同的地位和情况下所应达到的注意程度"，这个标准却是客观的，它以普通人对一名董事的合理的期望为客观的判定标准。因此，"合理的、谨慎的人"的行为准则即是董事应该达到的标准。

在美国，对董事的注意义务也是以客观标准来衡量的。《美国示范公司法》第8.30条规定，董事义务之履行必须：(1) 善意；(2) 以处于相似地位的普通谨慎之人在类似情形下所应尽到的注意；(3) 以其合理相信的符合公司最佳利益的方式。该规则要求，董事在履行其职责时应当具有一种负责的态度，至于其经营决策正确与否，则不是注意义务的考察范围。因为，由于商业活动的复杂性，董事的经营判断或决策的执行

[①] 传统判例法对董事注意义务的要求比较低。1925年英国大法官罗默（Romer）在审理城市火灾保险公司上诉案中，将董事的注意义务归结为以下三个经典命题：(1) 一个董事在履行其职务时，他的技能水平应合理地从他的知识和经验来判断，而不必展示比此更高的水平。(2) 一个董事不必对公司事务给予持续的注意。他的职责是定期地参加董事会会议以及在偶尔有安排时，参加董事会下属委员会的会议，其职责具有间歇性质。然而他不必参加所有的这些会议，尽管他应斟酌情况尽可能参加会议。(3) 董事的所有职责，考虑到业务需要以及章程细则之规定，可以适当地下放给其他高级职员。不存在可疑的根据时，一个董事长有权利信任该高级职员会诚实地履行其职责。转引自 A. HICKS&S. H. GOO, cases and materials on company law, BLACKSTONE PRESS, 1994, pp. 305－307. 参见张开平：《英美公司董事法律制度研究》，法律出版社1998年版，第182页。

难免存在许多不可预知的情况，决策的结果很可能与决策时的判断相左，苛求董事的行为必须完全正确，或以成败论英雄的做法并不明智。因此，法律只强调董事以认真负责的态度去经营管理公司，并在决策时履行相应的程序或其他基本要求，就视为董事履行了其对公司的注意要求。值得注意的是，该规则强调董事以普通平常人的谨慎去行事，显然采纳了注意义务的客观性判断标准，即普通平常的人在相似的位置在相似的情况下对公司事务给予的注意。因此，判断董事是否尽到了注意义务，不能依照董事的主观判断，而应依客观的标准去判断。

大陆法国家的立法与英美法国家并无显著不同。《德国股份法》第93条第1款规定：（1）董事会的成员应在其执行业务时，尽通常及认真的业务执行人之注意。对于其在董事会内的活动所知悉的机密事项和秘密，特别是营业或业务秘密，其应保持缄默。（2）对于由此而发生的损害，违背其义务的董事会成员，作为连带债务人对公司负有赔偿责任。对其是否已尽通常及认真的业务执行人之注意有争议的，其应负担举证责任。前述条款中所确定的董事注意义务显然采纳了客观性判断标准，要求董事满足股东对董事在履行职责方面的合理期望。

（二）董事注意义务违反之司法认定规则——经营判断准则的演进

所谓经营判断准则，实质上是公司法所确立的有关董事作出经营决策时，就其过失行为是否承担责任的判断标准。由于对董事注意义务的衡量是一个相当主观的标准，法官在行使自由裁量权时，往往会发觉自己的判断与专业管理人员的判断大相径庭。其原因在于，法官并非专业经营管理人员，如果以法官在事后的个人判断取代公司运作的商业判断，往往会有"事后诸葛亮"之嫌。由于商业知识的专业性，使法官对商业判断的介入往往被认为是不明智的而备受非议。由于市场竞争变化莫测及长期的意思自治传统，法官们逐渐认识到，应当把问题交给公司自行决定，而不是干预其具体决策，因而在司法实践中逐渐形成了一项董事注意义务的判例法规则——经营判断准则（Business Judgment Rule）。

在英美法系国家，经营判断原则是通过判例法确定的。经营判断原则在美国各州均被承认，依据该规则判定董事的行为不符合经营判断原则而判令其承担个人责任的最常见的两种情况为：一是实施明知是错误的行为。如明知一个投资项目不会增进公司利益仍将公司资金投入，或者明知对方存在欺诈故意却将公司资金出借。董事所为的这些显而易见的愚蠢的行为，很难说其进行了基本的经营判断。二是严重失职或其他重大过失行为。作为公司的受托人或受任人，董事必须亲自认真地履行各种职责，包括定期出席董事会议，认真审核有关账册，有效监督下级职员的行动并及时纠正其不正当行为等，否则就要对其失职和疏忽承担责任。我国现行立法中并无有关经营判断准则的规定。按照我国学者的理解，董事要得到经营判断准则的保护，应当具备以下五个条件：（1）董事的行为只限于经营判断的场合；（2）董事遵守了忠实义务，经营判断中不含有其个人利益与公司利益之间的冲突；（3）董事获取的据以作出经营判断的信息在当时有理由被其认为是充分和准确的；（4）董事有充分理由认为其经营判断符合公司最佳利益；（5）董事在作出经营判断时不存在重大过失。[①] 从制度基础来看，这样的认识是符合经营判断准则的基本精神的。

　　经营判断准则是判例法发展的结果，大量精彩的判例从不同的角度诠释了该准则。尽管已经有众多的判例阐述了经营判断原则，但该规则并未被固定为成文法规则。目前，美国司法界并未试图尝试将该规则成文法化，其重要原因在于该规则的复杂性，在判例法框架内发展可以使该规则保持足够的发展空间，有利于其进一步发展和完善。在学术界，法学家们却为该规则的成文法化做了大量的工作。美国法学研究所在该规则的成文化方面进行了一些尝试，在该研究所起草的《公司管理项目》第4.01条（C）中给经营判断原则下的定义是：如果作出经营判断的董事或高级职员符合下列三项条件，他就被认为诚实地履行了其义务：（1）他与该项交易无利害关系；（2）他有正当理由相信其所掌握的有关经营判断的信息，在当时情况下是妥当的；（3）他有理由认为他的经营判断符合公司的最佳利益。[②]

[①] 刘俊海：《股东权法律保护概论》，人民法院出版社1995年版，第150页。
[②] Robert W. Hamilton, the Law of Corporations, WEST GROUP, 1996, pp. 310–312.

二、董事注意义务与忠实义务的不同关注点

董事的忠实义务与注意义务有不同的关注点。履行忠实义务是任何一个董事和高级职员服务于公司的基本前提,也是董事和高级职员能否全心全意为公司和股东谋取利益的最起码的道德要求,在忠实于公司这一前提下,才能考虑董事是否尽到了注意义务。原则上,董事和高级职员违反忠实义务的行为不能受到董事责任保险的保护。董事责任保险单通常将违反忠实义务的行为列为责任保险的除外责任。

(一) 董事忠实义务的一般界定

忠实义务是指董事对公司所负有的对公司忠诚尽力、个人利益服从公司利益的义务。忠实义务的渊源可以溯及英美法上的信托机理。现在,董事的忠实义务已经成为两大法系共同接受的董事基本义务。在忠实义务之下,董事应当恪尽职守、勤勉善意,毫无保留地代表股东为公司的最大利益而努力工作,并以此促进股东利益的最大化。当然,法律也承认董事在某些情形下享有自身利益。然而,倘若董事的自身利益与公司整体利益发生矛盾或者冲突时,个人的利益应当服从于公司的利益。因此,积极维护公司利益,禁止从事损害公司利益的行为,避免公私不分、个人利益与公司利益相混淆的情况发生,是董事忠实义务最重要的内涵,也是对董事道德的基本要求。

就董事忠实义务的内容而言,董事忠实义务的本质决定了其构造本身包含着两项不可或缺、相辅相成的内容:一为主观性义务,即董事应当在强行性法律规范与公序良俗允许的范围和程度内忠诚于公司利益,始终以最大限度地实现和保护公司利益作为自己执行职务的标准,全心全意地为公司利益服务;二为客观性义务,即董事实施的与公司有关的行为必须具有公平性,必须符合公司的整体利益,在个人私利(包括与自己有利害关系的第三人的利益)与公司利益发生冲突时,必须以公司利益为先,不得利用其在公司中的优势地位为自己或与自己有利害关系的第三人谋求在常规交易中不能或很难获得的利益。

我国《公司法》(2013 年修订)第 148 条规定了董事、监事和高级

职员的基本义务,该条规定,董事、监事、高级管理人员应当遵守法律、行政法规和公司章程,对公司负有忠实义务和勤勉义务。《公司法》第149条以列举的方式对忠实义务进行了集中规定,董事、高级管理人员不得有下列行为:(1)挪用公司资金;(2)将公司资金以其个人名义或者以其他个人名义开立账户存储;(3)违反公司章程的规定,未经股东会、股东大会或者董事会同意,将公司资金借贷给他人或者以公司财产为他人提供担保;(4)违反公司章程的规定或者未经股东会、股东大会同意,与本公司订立合同或者进行交易;(5)未经股东会或者股东大会同意,利用职务便利为自己或者他人谋取属于公司的商业机会,自营或者为他人经营与所任职公司同类的业务;(6)接受他人与公司交易的佣金归为己有;(7)擅自披露公司秘密;(8)违反对公司忠实义务的其他行为。此外,《证券法》对董事从事内幕交易行为的法律责任明确予以规定。

(二) 董事的注意义务与忠实义务的关注点

董事的忠实义务和注意义务的差异是明显的,性质截然不同,其侧重关注的问题也不相同。

第一,董事的忠实义务所强调的是董事应当忠实于公司事务,并在个人利益与公司整体利益相冲突时,优先考虑公司的整体利益。因而,从本质上讲,董事的忠实义务更加强调董事应当具有一定的商业道德,不得损公肥私。董事的注意义务则不同,它所强调的是董事应当对公司事务恪尽勤勉,努力发挥个人的经营才干及能力。因此,董事的注意义务与董事个人的道德品质无关,它只强调董事的经营能力和对公司事务应当的注意。

第二,在过错问题上,尽管董事的注意义务和忠实义务都强调董事主观上的过错,但两者在过错的认定上是完全不同的。董事违反忠实义务的认定,一般以董事的故意为构成要件,除非董事能够举证证明其主观上无过错,未违反对公司的忠实义务。但在认定董事违反注意义务时,则必须由原告证明董事存在故意或重大过失,方可追究董事的个人责任。

第三,在责任方式上,在追究董事违反忠实义务的个人责任时,公司不仅可以要求董事赔偿公司所遭受的损失,还可以行使归入权将董事所获得的利益归属于公司。但在董事违反注意义务时，其主要的责任方式是赔偿公司损失。

第四，免责的抗辩不同，董事在违反忠实义务时，不能援引经营判断准则来减轻或免除其个人责任。但在董事违反注意义务时，则可以援引经营判断准则进行抗辩，从而减轻或免除其个人责任。

如前所述，董事责任保险本质上是为那些诚实、善良、清白的董事提供的一种风险转移机制。因此，董事责任保险以公司董事因违反注意义务的过失行为造成他人损害而负担的个人赔偿责任为承保风险，可以纳入保险责任的行为通常是董事在履行职务过程中实际发生的或被他人指控的错误、误导、疏忽、遗漏，或者仅因为个人所担任的董事职务而对损害的发生负有赔偿责任。董事对公司的忠实义务，与其是否具有经营才干、商业智慧无关，为公司和股东的利益经营管理公司必须以忠实义务的履行为前提。忠实义务要求董事具备起码的职业道德，只有在这样的前提下，才允许董事借助于责任保险制度分散经营风险。在董事责任保险中，董事损害公司和股东利益甚至不惜违法犯罪的行为不符合股东和公司的最佳利益，不能受到保险保护。

第三节　董事对股东的责任

原则上，董事对全体股东而不是对个别股东负有受信托义务。尽管董事的行为违反了法律的规定，但只要公司尚未濒于不能清偿或破产之边缘，自然就谈不上对个别股东承担赔偿责任。但在某些特别法上（如证券法），为了达到特定的公共政策目的，有效地惩戒违法行为人，法律特别规定了董事直接对股东承担责任。以下所论述的董事在信息披露不实以及反收购中的不当行为而直接对股东承担责任，可以归属于此种情形。

一、董事对全体股东的受信托义务

在传统的公司法上，董事只是公司的受托人并只对公司承担受信托义务。Gower教授认为，"董事只对公司（并且只单独对公司）承担受信托义务。通常，董事并不对公司的单个成员（Individual Members）承担受信托义务"①。这就意味着董事的行为必须以促进公司的最佳利益为目的。但是，公司的利益直接关系到全体股东的利益，因此，董事为公司最佳利益行事实际上就是为全体股东的利益行事。董事是公司的受信托人这一概念所包含的逻辑是：董事应当对全体股东承担受信托义务。

董事对全体股东承担受信托义务是公司治理中的基本理念。然而，值得注意的是，董事是否应当对个别或一组股东负担该项义务？有关判例认为，董事的受信托义务只针对全体股东，"当一个董事的行为影响的只是个别人的权利而不是公司或作为公司整体的股东的利益时，不会产生董事的受信托义务"。② 基于同样的理由，董事也不单独对优先股股东承担受信托义务。③ 加拿大学者持同样的观点，认为：董事的受信托义务"不仅要求他们先于个人利益而优先考虑公司的利益，同时要求他们为股东的最大利益行事，但不是要为个别股东或一组股东服务"④。因此，董事的经营活动应当超越选举他的股东的意志，除非公司处在不能或即将不能清偿债务等特殊情形下，董事不应当对个别股东承担受信托义务。

董事对公司（而不是对单个股东）负有受信托义务的观点最早渊源于英国判例法。⑤ 这一理念在英美法国家已根深蒂固。"只有当特别的情形发生时，才在某个董事和某些股东之间产生受信托义务。除此以外，董事不对个别股东承担一般性的受信托义务。"⑥ 当然，要求董事为公司的整体利益服务，而不是服从于个别或某些股东集团的利益，将会使董事面临艰难的选择。董事当然是股东派往公司的利益代表和代言人，然

---

① L. C. B Gower, Principles of Modern Company Law (Fifth Edition), SWEET&MAXWELL, London, p. 551.

② William Knepper & Dan A. Bailey, Liability of Corporate Officers and Directors, sixth Edition, LEXIS LAW PUBLISHING, 1998.

③ William Knepper & Dan A. Bailey, Liability of Corporate Officers and Directors, sixth Edition, LEXIS LAW PUBLISHING, 1998.

④ McCarthy Tetrault, Directors' and Officers' Duties and Liabilities in Canada, Butterworths, 1997, p. 67.

⑤ Percival V. Wright, [1902] 2 ch. 421.

⑥ McCarthy Tetrault, Directors' and Officers' Duties and Liabilities in Canada, Butterworths, 1997, p. 42.

而，如果董事的行为损害了公司的整体利益，将会违反其对全体股东的受信托义务并依法承担相应的法律责任。

董事尽管是由某些股东提名的，但董事在就任后仍然必须将公司的最佳利益放在首位，董事不能只考虑提名股东的利益。从各国公司立法看，董事会是一个集体领导机构，这将有效地保证全体董事服务于全体股东。例如，《美国示范公司法》规定，除法令或公司章程另有规定外，公司的一切权力都应由董事会行使或由董事会授权行使，公司的一切业务活动和事务都应在董事会的指示下进行。同时，董事享有平等的法律地位，彼此的权力差别不大。在决议过程中，董事会成员相互协商、集体决策。公司的对外活动，则由公司章程或董事会授予董事成员对外代表权。在我国原来的法定代表人制度下，只有公司董事长才能对外代表公司。这样的制度无疑架空了董事会，削弱了董事会的整体地位和作用，导致法定代表人个人可以不经董事会而行使权力，个人独断专行，从而在很大程度上将公司和企业的命运维系于某些个人。同时，由于大股东在股东大会上具有很强大的表决权，他们往往会凭借这种权力提名董事长。相应地，被提名的董事长也投桃报李，为提名股东谋取利益，损害公司长远发展和投资者利益的情况屡禁不止。我国新《公司法》2005年修订时改革了传统的法定代表人制度。2013年《公司法》第13条规定，公司法定代表人依照公司章程的规定，由董事长、执行董事或者经理担任，并依法登记。在这样的新体制下，控股股东的权力可以受到一定制约，这为公司运营的民主化奠定了基础。

二、董事违反信息披露制度对股东承担的责任

证券法上的信息披露制度是指证券发行公司以及相关人员在证券发行、上市、交易过程中，依法将与其证券有关的一切真实信息予以公开，以供投资者作出证券投资判断参考的一项法律制度。信息披露作为现代证券市场的核心原则之一，要求在证券的发行、上市及交易过程中，有关主体公开的资料或信息要具有内容上的完整性、真实性、准确性和有效性以及时间上的及时性、空间上的易得性、形式上的适应性。

信息披露制度在各国证券法上的确立，体现了深刻保护投资者利

益、惩罚和预防违法行为等深刻的价值取向。作为公司的经营管理人员，董事就其违反信息披露制度，从事虚假陈述的行为承担证券法上的法律责任，是防范和制裁证券欺诈行为的重要手段。各国证券法律制度对董事和公司高级职员违反信息披露制度的法律责任均给予了较多的关注。我国原来的《证券法》《股票发行与交易管理暂行条例》《禁止证券欺诈行为暂行办法》《刑法》等众多的法律法规，尽管规定了证券发行人及董事、监事和高级职员等有关主体在信息披露方面的法律责任，但这些规定主要是强调行政责任与刑事责任，而对民事赔偿责任则少有规定。自最高人民法院先后发布《关于受理证券市场因虚假陈述引发的民事侵权纠纷案件有关问题的通知》《关于审理证券市场因虚假陈述引发的民事赔偿案件的若干规定》等司法解释后，针对董事和高级职员的案件不断增多。《证券法》历经多次修改，进一步强化了董事、监事和高级职员虚假信息披露的法律责任。

（一）虚假陈述的认定标准

在学理上，违反信息披露义务的行为均称为虚假陈述。从各国证券法的规定看，虚假陈述行为包括虚假记载或不实陈述、误导性陈述以及重大遗漏三种情况。我国《证券法》也采纳了这一划分方法。《证券法》第63条规定："发行人、上市公司依法披露的信息，必须真实、准确、完整，不得有虚假记载、误导性陈述或者重大遗漏。"同时，《证券法》第68条还要求：上市公司董事、高级管理人员应当对公司定期报告签署书面确认意见；上市公司监事会应当对董事会编制的公司定期报告进行审核并提出书面审核意见；上市公司董事、监事、高级管理人员应当保证上市公司所披露的信息真实、准确、完整。这些规定，构成了董事、监事和高级管理人员在信息披露方面的义务。

从司法实践来看，根据最高人民法院《关于受理证券市场因虚假陈述引发的民事侵权纠纷案件有关问题的通知》，可以提起民事诉讼的虚假陈述行为仅限于在提交或公布的信息披露文件中作出违背事实真相的陈述或记载这一情形。由此，法院受理的因虚假陈述所引起的民事赔偿仅包括虚假记载和不实陈述，对于损害投资者的误导性陈述以及重大遗漏被排除在案件受理范围以外，这给实践带来了很多困难。因为，在很多情况下,虚假陈述、误导性陈述和重大遗漏往往在一起案件中同时存在,难以区分。如果只允许就虚假陈述提出民事索赔,法院根本不可能区分到底哪些损失是由虚假陈述所引起的,哪些损失是由误导性陈述和重大遗漏造成的,从而造成执法标准的不统一。

考察各国证券法,认定虚假陈述的因素主要有以下方面。

1. 虚假陈述的重大性问题

证券法上禁止虚假陈述的目的在于防止投资者因受到虚假陈述的误导而作出错误的投资决定并遭受损失。然而,并非任何虚假陈述都可请求损害赔偿。认定这一问题的标准在于虚假陈述的内容是否具有"重大性"(Materiality)。重大性概念是信息披露监管的基础,并且存在于信息披露的各个方面,证券法所关注的是信息的真实披露和对重大事实不实陈述的制裁。我国《证券法》也详尽列举了"重大事实"的认定标准。

各国证券法规大多明确地将重大性这一标准作为判断虚假陈述的重要基础,即投资者提起诉讼的依据是有关人员对重大事实的错误陈述。这就要求信息披露具有全面性。在美国1937年regulation C中将"重大"定义为"普通谨慎的投资者在购买注册证券之前必须被合理地告知的信息"。美国SEC所发布的10b-5规则规定:"任何人,无论直接或者间接,通过任何手段或州际商业的媒介,或邮件,或任何国际证券交易手段,而为(1)采用任何计策、计划或人为之欺诈,(2)对事实进行不实陈述或遗漏必须的事实,依当时情况并非误称的,(3)从事任何运动、实践或商业做法对公众造成或将会造成欺骗的等与买卖证券有关之行为,均为非法。"该规则允许证券交易者提起私权之诉,是目前运用最多的反欺诈条款。该规则对重大性的定义是:被虚假陈述的事实足以促使理性投资者倾向于认为该事实在其作出投资判断时非常重要。[①] 联邦最高法院在一系列案件中强调了重大性问题,认为信息是否重要取决于一位理性持股人在进行选择之前是否有很大可能认为这些信息是重要

[①] 17 C. F. R. §240.10b-5 (1997).

的。① 美国学者认为，所谓"重要事实"是指一个谨慎的投资人在作出一个明智的投资决策前应当知道的事实，而不管该投资人是否购买该证券。②

一般认为，重大性应指遗漏的内容足以使理性投资者作出错误的投资判断。确定重大性存在两个重要标准，第一是"理性人"（Reasonable Man）的标准。理性人是指会对其利益给予合理程度的谨慎照顾的人。这一标准是相对的、具体的，即如果信息是向一个特定的群体作出的，那么理性人应该具备该群体成员的特点，比如具有该群体各方通过以往的交易和对主题的了解获得的知识。③ 当然，就理性投资者的内涵而言，所谓的理性投资者既不是那些轻率或保守的投资者，也不是那些具有敏锐商业判断能力的职业或机构投资者，而仅是就一般常人作为投资者的情况而言的。只要普通投资者可能认为被遗漏的信息是重大的，那么，法院就可以认定该信息具有重大性。④ 第二是"足以促使"的标准。重大性认定上的"足以促使"标准是指虚假陈述会严重影响投资者的投资判断。虚假陈述中的重大性标准是一个非常不确定的概念，判断具体的错误表述和隐瞒是否足够重大往往需要在具体案件中对全部有关因素进行综合分析作出认定，这就赋予法官很大的自由裁量权。为了减少这种不确定性，通过发布标准表格等加以规范成为各国证券监管的通常做法。

2. 虚假陈述的因果关系认定——信赖标准问题

责任自负原则要求任何人仅对自己行为所造成的损害后果负责，这就需要考察行为人的行为与受害人的损害后果之间的因果关系。传统民法上的因果关系是指行为人的行为与损害事实之间的因果关系，是将行为人的行为作为因果关系中的原因对待的。但在信息披露民事责任的因

---

① Basic Inc. v. Levinson, 485 U. S. 224, 108 S. Ct. 978.
② David L. Ratner, Securities regulation: selected statutes, rules and forms. West Pub. Co., 1990, p.172.
③ 郭琳广、区沛达:《香港公司证券法》，刘巍、李伟斌等编译，法律出版社1999年版，第126页。
④ 这一原则并非绝对。根据侵权法的一般原则，如果虚假陈述者明知或应知投资者会将虚假陈述的信息视为重要信息，那么即便理性投资者不认为该信息是重大的，该信息也具有重大性。参见胡基:"证券法之虚假陈述制度研究"，载《民商法论丛》（第12卷），法律出版社1999年版，第654页。

果关系要件中，除了行为人的虚假陈述行为外，投资者对该陈述的信赖也是认定原因的更重要的标准。因为，仅有信息披露的违法行为存在并不一定导致投资者财产上的损失。只有当投资人信赖并依据不实披露的信息进行投资才可能造成损害，也才能够认定行为与损害后果之间存在因果关系。

判断"信赖"的标准有两个：原告相信被告的陈述；并且原告基于这种相信而决定进行交易。第一个标准说明，原告在交易前不知道被告所作陈述有虚假成分，即不知真相。第二个标准说明，知悉这一虚假陈述足以促使投资者改变或作出投资决断。美国最高法院在有关判决中将第二个标准归纳到"重大性"中，即如果这一虚假陈述足以促使假定的理性投资者改变或作出投资决断，那么就应认定这一虚假陈述也足以促使该具体案件中的实际投资者改变或作出投资决断，第一个标准的举证责任也应由被告承担，即法律推定原告事先不知真相，除非被告能证明原告事先知道真相。1933年《美国证券法》第11章（a）款规定：任何获得证券的人（除非被证明在获取证券时，买入人已知其不真实或漏报情况的）都可就注册公告书中的虚假或欺诈内容提起诉讼。因此，证券投资者若已知悉有虚假陈述的，则无权对加害人提起诉讼。《日本证券法》显然采纳了美国法的做法。《日本证券法》第21条1款规定，对于有价证券取得者在申请取得时已知有虚假陈述的，虚假陈述者不负损失赔偿责任。

认定因果关系主要考察的是证券交易当时的虚假信息与损害后果之间的因果关系。所谓交易当时的损害，是指在交易发生当日买卖证券的价格与当日该证券的真实或公平价值之间的差价。[①] 最高人民法院《关

[①] 实际上，在交易行为完成之后，投资者仍然可能遭受损害，即发生在买入或卖出证券之后的、交易当时的损害之外的其他损害。对于这一因果关系的存在，原告必须积极地证明，因为交易之后的损害与不实信息披露之间并不存在必然联系。原告要证明交易之后的投资损失是由不实信息披露造成的，就需要证明如果没有不实信息披露，就不会有该交易发生，也就不会有交易之后的损失。通常，这一因果关系是难以成立的。因为，即使没有不实信息披露，投资者仍然会以真实、公平的价格买卖该证券。也就是说，不实信息披露并没有诱使投资者接受一个交易，而只是使投资者不得不接受不合理的证券价格。因此，交易之后的投资损失与不实信息披露之间没有因果关系，投资者不能就交易之后的投资损失请求赔偿。即使是在不实信息披露被公开后产生的证券价格的下跌（在买入证券时）。

于审理证券市场因虚假陈述引发的民事赔偿案件的若干规定》第18条规定：投资人具有以下情形的，人民法院应当认定虚假陈述与损害结果之间存在因果关系：（1）投资人所投资的是与虚假陈述直接关联的证券；（2）投资人在虚假陈述实施日及以后，至揭露日或者更正日之前买入该证券；（3）投资人在虚假陈述揭露日或者更正日及以后，因卖出该证券发生亏损，或者因持续持有该证券而产生亏损。该条款对虚假信息与损害后果之间的因果关系作出了准确的界定。同时，该司法解释对不具有因果关系的情况也进行了说明。[①]

（二）虚假陈述的法律责任

1. 法律责任

在各国证券法中，承担虚假陈述法律责任的主体是相当宽泛的。一般来说，承担虚假陈述民事责任的主体主要有：（1）发起人或发行人；（2）发行公司负有责任的董事和其他高级职员；（3）承销商及其董事和高级职员；（4）中介机构及其责任人员。1933年《美国证券法》第11章（a）款规定了相关的责任主体，[②] 其中，董事和高级职员承担虚假陈述法律责任的主要原因是，发行公司的董事和高级职员一般都参与了有关法律文件的议定事项的决策或咨询等工作，并直接参与了文件的制作，并在披露的文件中签字保证文件的真实性。因此，投资者因为信赖虚假陈述而作出投资决定并且因该项投资而导致损失，即构成损害的因果关系。

然而，信息披露行为并非某一个个体所能完成。对多个行为人的虚假陈述给投资者所造成的损失，被告究竟应该承担按份责任，还是连带责

[①] 第19条规定：被告举证证明原告具有以下情形的，人民法院应当认定虚假陈述与损害结果之间不存在因果关系：（1）在虚假陈述揭露日或者更正日之前已经卖出证券；（2）在虚假陈述揭露日或者更正日及以后进行的投资；（3）明知虚假陈述存在而进行的投资；（4）损失或者部分损失是由证券市场系统风险等其他因素所导致；（5）属于恶意投资、操纵证券价格的。

[②] 主要包括：（1）签署了该注册上市文件的每一个人；（2）在发行人提交表明其责任的那部分注册上市申请表时，董事（或者履行类似职责的人）或者合伙人中的每一个人；（3）经同意在注册上市申请表中被指名作为或者将成为董事、履行类似职能的人；（4）向会计师、工程师或者估价人或者其职业赋予其权利可以制作上市申请表的每一个人；（5）每一位承销人；（6）第15节规定的原告能证明控制上述人员的任何人。

任呢？目前，绝大多数国家的证券法规定虚假陈述的行为人之间承担连带责任。[①] 我国法律对发行公司的董事、经理、其他职员以及会计师、律师等其他专业技术人员违反信息披露义务的责任方式规定为连带责任。我国《证券法》第69条规定，发行人、上市公司公告的招股说明书、公司债券募集办法、财务会计报告、上市报告文件、年度报告、中期报告、临时报告以及其他信息披露资料，有虚假记载、误导性陈述或者重大遗漏，致使投资者在证券交易中遭受损失的，发行人、上市公司应当承担赔偿责任；发行人、上市公司的董事、监事、高级管理人员和其他直接责任人员以及保荐人、承销的证券公司，应当与发行人、上市公司承担连带赔偿责任，但是能够证明自己没有过错的除外；发行人、上市公司的控股股东、实际控制人有过错的，应当与发行人、上市公司承担连带赔偿责任。从立法来看，我国的证券立法仍然承袭了传统的做法，使责任人承担连带责任的优点是增加了被告的范围，从而增大了原告获得损失赔偿的可能性。但连带责任的不足在于有可能导致过错较小的被告承担过大的赔偿责任。

2. 责任的抗辩

从各国证券法看，抗辩理由基于行为人在虚假陈述中的地位和作用而有差异。对于发行人，一个发行人被告只有在其证明原告在购买证券时已经知道有重大不实陈述或遗漏时，才不承担责任。因此，发行人应对虚假陈述行为承担无过错责任。除发行人以外的其他当事人，各国证券法基本上都采取了过错推定的原则，董事若无过错并已经尽到相当注意、合理调查、恪尽职守时，可免除或减轻赔偿责任。

1933年《美国证券法》第12节（2）款规定，发行人职员的抗辩理由主要是其已尽了一般合理的谨慎义务。我国台湾学者认为，在虚假陈述案件中，允许董事运用一般合理的谨慎进行抗辩的合理性在于"发行人的董事、监事和经理等承担无过错责任过于苛刻。这些人只要尽到了其合理调查的义务，就应当可以免责。绝对之责任，就保护投资人而

[①] 例外的立法是美国。根据1995年《美国私人证券诉讼改革法》，认定行为人在一定情况下承担比例责任。

言，固有其优点，但对发行人以外之人，如果尽积极调查或尽相当之注意义务，即使无过失，仍须负连带赔偿责任，实属过苛，殊不足以鼓励各该人员依其职责防止公开说明书之不实制作"①。我国《证券法》没有对责任人的合理谨慎的抗辩标准进行规定。我国司法实践却更加倾向于通过考察是否勤勉尽责来认定董事是否存在免责事由。《关于审理证券市场因虚假陈述引发的民事赔偿案件的若干规定》第 21 条规定："发起人、发行人或者上市公司对其虚假陈述给投资人造成的损失承担民事赔偿责任。发行人、上市公司负有责任的董事、监事和经理等高级管理人员对前款的损失承担连带赔偿责任。但有证据证明无过错的，应予免责"。根据该条，对于发行人的董事、监事和高级职员而言，其抗辩事由应限于"一般合理的谨慎"或"相当的注意"。笔者认为这样的规定是符合董事、监事和高级职员的职业规律的。

三、董事在反收购中的责任

公司收购是实现企业外部扩张的重要方式，但由于公司收购及相应的反收购涉及多元利益主体，董事在反收购的行动中必然居于矛盾的焦点。在反收购中，目标公司董事的身份是极其矛盾的。一方面，目标公司的董事有着自身的利益，反收购不成将导致董事失去现有的职位、金钱和其他待遇；另一方面，董事作为公司经营业务的管理者，又代表了公司的整体利益和全体股东的利益。在上市公司收购中，考虑到其职责的双重性，为防止目标公司的董事以维护公司利益为名，利用董事的地位和职权为个人谋取私益，从而损害公司整体和全体股东的利益，法律在保护目标公司的同时，应当对董事的义务和责任进行规范。董事采取反收购措施的正当性和适当性，决定了董事是否为其反收购行为承担个人责任。我国《证券法》第四章专门对通过证券交易所，即在二级市场上收购上市公司进行了规定，但由于该章仅对上市公司收购的一般规则、要约收购和协议收购的主要程序作出简要规定，难以解决实际收购过程中产生的大量问题和争议。同时，我国立法对反收购行为也缺乏相

---

① ［台］赖英照：《证券交易法逐条释义》，三民书局1990年版，第253页。

应的规范,对董事和高级职员在反收购中的责任更是语焉不详。与证券基本法相比,属于规章性质的《上市公司收购管理办法》(2014年修订)则更具可操作性,该办法第8条第1款规定:"被收购公司的董事、监事、高级管理人员对公司负有忠实义务和勤勉义务,应当公平对待收购本公司的所有收购人。"该条以规范性文件的形式对董事、监事和高级职员在收购和反收购中的责任进行了原则规定。

(一)董事在反收购中处于矛盾和冲突之中

传统的公司理论认为,公司是股东的一种投资和营利工具,公司存在的唯一目的是确保股东利益的最大化。在反收购过程中,管理层的基本作用是保护股东利益在公司收购中不受损害,并为股东获得收购的最高价格,进而促进股东利益的最大化。然而,在敌意收购的情况下,一旦目标公司的管理层采取反收购措施时,其行为可能损害公司股东的利益。因为,敌意收购的最大特点是收购方避开了目标公司的管理层,而直接以要约收购的方式从公开证券市场上向股东购买其股份。收购方的收购成功后,当然要改组公司的董事会,向公司派出自己的利益代表,这将使现有管理层的利益丧失。因此,目标公司的管理层可能会启动反收购机制,从而对抗、阻挠收购行为,由此产生了收购与反收购的争夺战。

敌意收购是一把"双刃剑",一方面,它可以成为改善公司治理的一种外部力量,提高公司的经营效率;另一方面,它也可能加剧市场的动荡。敌意收购对公司治理的作用,一直是学者们争论不休的问题。实际上,作为一种市场行为,收购和反收购行为并无明确的好坏之分,收购或反收购的弊端都不应当被过分夸大,因为,公司收购的效果只能依据"潜在的、经济的、社会的利益与弊端必须具体的交易才能作出判断"[1]。笔者认为,原则上,公司收购的积极意义甚于其消极意义,法律应当允许目标公司管理层考虑公司的长远发展或社会的福利,并允许其依判断采纳反收购措施;同时,法律应当适当规制公司的反收购行为。

事实上,董事在反收购行为中处于比较尴尬的地位。从收购行为的性质看,公司收购实际上是收购者与目标公司股东的一种交易行为,与

---

[1] 宋永泉:"论上市公司公开收购的法律问题",载《中国法学》,1999年第5期。

目标公司的董事并无关系。在这种交易关系中，目标公司的董事明显处于第三人的位置。但是，目标公司的董事又可能是敌意收购的利益受损者。一次成功的收购，往往意味着经营者职位的丧失和名誉扫地。从反收购行为的性质看，公司的财产运用旨在为公司和股东谋取福利。然而，由于目标公司的经营者拥有经营管理公司的权力，其控制和掌握的权力和其他经济资源，能够成为经营者采取反收购措施的重要工具，从而挫败收购方通过股权收购控制公司的目的。当公司董事借助于公司财产或其他经济资源采取反收购措施时，其行为是促进达到公司股东的盈利目标，还是保障了个人职位的安全，则殊有疑问。

目标公司管理层采取反收购措施对股东利益的影响是不言而喻的。首先，反收购措施限制了股东转让股份的自由，在何时、以何种价格出售股份，是股东的权利和自由，反收购行为实际上剥夺了目标公司的股东向收购者出售股份的机会，限制了股东转让股份的自由。其次，反收购行为实际上剥夺了目标公司股东一次绝好的退出机会。[1] 在公司收购中，目标公司的股东之所以向收购者出售自己的股票，是因为他们认为目标公司的经营者在未来不可能给自己带来更高的回报。收购者在收购中的高溢价，为股东收回投资提供了一次极好的机会，使股东可以从不满意的公司中退出，又不至于遭受更大的损失。目标公司的反收购行为则赶走了所有的收购者，股东的这一退出机会便丧失了。

（二）董事采取反收购行为的正当性

对敌意收购的不同评价，促使人们更加深入地思考反收购行为的合法性和正当性问题。考虑到敌意收购对公司经营者的监督意义和改善公司治理结构的积极效果，目标公司管理层的反收购措施应当受到限制，盲目扩大其反收购的权力是不恰当的。由于反收购措施对股东和公司利益的影响，加之董事在反收购中可能会卷入利益冲突中，各国立法对于反收购均采取了规制措施。规制的模式有两种：（1）英国模式。在英国，法律对目标公司董事会采取反收购措施原则上是禁止的。法律将采取反收购行动的权力交给了目标公司的股东。（2）美国模式。在美国长

---

[1] 张舫：《公司收购法律制度研究》，法律出版社1998年版，第210页。

期以来占主导地位的观点是，如果目标公司董事会合理地认为抵制一项敌意性出价收购符合公司的最佳利益，并且该行为符合董事的忠实义务，就可以认定目标公司董事会的行为合法有效。

概言之，董事采取反收购行为的积极意义和正当性体现在以下方面。

1. 提升股东的谈判能力，使股东获得更高的溢价

在公司收购过程中，目标公司的股东处于弱者地位，无较多的讨价还价的余地，面对收购者的掠夺可能无能为力。但如果允许目标公司的管理层采取反收购措施，可以使目标公司的股东免于收购者的掠夺而获得更高的溢价。[①] 管理层采取反收购措施的优势在于：管理层掌握充分的信息，具有丰富的专业知识和技能，了解公司的经营发展状况，可以有的放矢地采取相应的对策，平衡股东和其他相关各方的利益，抵制收购人意图在掌握公司控制权后掠夺公司资产的行为。

2. 公司社会责任的考虑

现代公司制度的发展已使公司不再只与股东的利益有关，而是涉及雇员、供应商、消费者、社区等各方面的利益。基于维护社会利益的考虑，应当允许管理者采取适当的反收购措施。[②] 在最近的美国反收购立法中，公司控制权理论中董事会和管理层必须以公司股东利益最大化为目标的传统核心概念遭到根本性的破坏。取而代之的是董事会和经营者对"利益相关者"全面负责的新观念。

我国有学者认为：在我国公司的治理结构中，董事、经理以及大股东对小股东的义务机制尚未真正建立，股东权的保护意识薄弱，股东代表诉讼制度仍然缺位。这种现实决定了我国不宜将采取反收购措施的权力交给董事会，而应仿效英国，由股东会来决定是否采取反收购措施。[③] 笔者同意这一观点，理由是：我国现行立法中的董事责任制度和股东保护机制尚不完备，不能充分保障目标公司管理层在采取反收购措施时对

[①] 张舫：《公司收购法律制度研究》，法律出版社1998年版，第210页。
[②] 张舫：《公司收购法律制度研究》，法律出版社1998年版，第202页。
[③] 关家涛："我国证券法中上市公司收购法律规定之检讨"，见《中国商法学精粹》，机械工业出版社2002年版，第292页。

公司尽到有关义务和责任。同时，目标公司股东是上市公司收购交易的当事人，有权自由决定是否接受收购要约，因此，应当将反收购措施的权力赋予全体股东。原则上，未经股东大会同意，目标公司管理层不得采取反收购措施。

（三）董事的义务和责任判断

在反收购中，目标公司管理层采取何种反收购措施是一项商业决策，董事必须履行其注意义务。

总体来看，目标公司董事在反收购中的注意义务至少包括：关注要约收购行为，在获悉收购人的收购意图后，有义务将收购的相关情况及时通知股东，并就可能带来的影响向股东作出分析。如有必要，应向专业人员或独立董事征求意见，向股东披露与收购有利害关系的董事的意见等。在真正的要约已经向目标公司的董事会传送或目标公司的董事会有理由相信即将收到真正的要约之前，目标公司的董事会不得在未经股东与股东大会批准的情况下，就公司事务采取任何行动，从而使真正的要约受到阻挠或使股东没机会根据要约的利弊作出决定。《上市公司收购管理办法》（2014年修订）第8条第2款规定："被收购公司董事会针对收购所作出的决策及采取的措施，应当有利于维护公司及其股东的利益，不得滥用职权对收购设置不适当的障碍，不得利用公司资源向收购人提供任何形式的财务资助，不得损害公司及其股东的合法权益。"在收购的过程中，董事应当忠于职守。对于价格的公平性问题，董事应当依赖专业人士的判断，并向董事会提供咨询意见，并且将意见通报股东，提出推荐或拒绝收购要约的建议。根据股东大会的授权，为维护公司和股东的整体利益，目标公司董事可以采取相应的反收购行动。当然，董事在反收购中也应履行其忠实义务，包括：不得损害公司及股东的利益，不得利用权力为自己谋私利，不得泄露公司秘密，不得利用权力压迫公司的小股东，公司管理层为追求自身利益或未尽到义务而损害公司或股东的利益时，必须承担相应的法律责任等。

在英美法国家，"经营判断准则"亦常常被运用于反收购案件，从而为董事在反收购中的行为提供免责根据。经营判断准则在反收购诉讼中的首次运用是在 1964 年 Cheff V. Mathes 案件中。[1] 在该案中,法官认为,董事收购行为的正当性可以从以下方面加以认定:(1)董事在交易中无利害关系;(2)董事对经营判断的问题已获得了其认为在当时情况下是充分的信息;(3)董事合理地认为其经营判断符合公司的最佳利益。因此,如果管理层的反收购行为有利于缓和或消除公司所面临的威胁,其反收购行为就应当被视为是正当的,除非董事的行为被证明是为了谋取个人私利,保全其职位而不惜牺牲股东的利益,或者董事的行为存在其他欺诈、恶意或未恪尽职守的情况。

1985 年,特拉华州最高法院在 Unocal Corp. V. Mesa Petroleleum Co.[2] 一案中,使经营判断准则在反收购诉讼中的运用获得了新的发展。该案确立了三个准则:(1)目标公司的董事有责任举证他们合理地相信收购会威胁公司的经营政策和已存在的有效性(合理性);(2)董事采取的反收购行为必须与收购对公司形成的威胁有适当的关系(妥当性);(3)独立的外部董事的勤勉和出席董事会,会提高董事对前两方面的证据效力。也就是说,目标公司董事的反收购行为只要符合合理性和妥当性两条标准就可受到经营判断准则的保护,而独立的外部董事的参与则可以作为其合理作为的有利证据。[3]

第四节 董事对债权人的责任

原则上,董事只对公司和全体股东负担受信托义务。通常,董事不是债权人的受信托人,没有义务考虑债权人的利益也无须对债权人承担责任和义务。但是,按照公司资本维持原则,在公司存续期间应当维持相应的资产,从而作为公司对外的责任财产,应保障债权人债权的实现。无疑,董事应当保证公司的资产得以正常运用。如果公司的资产被非法处分或挪用,则会减少公司的责任财产,保障债权人利益的实现将

---

[1] Lewis D. Solomon, Donald E. Schwart, etc., Corporations Law and Policy – Materials and Problems: Third Edition, West Publishing Co., 1994, pp. 1186 – 1193.
[2] 493 A. 2d 946 (Del. 1985).
[3] 张舫:《公司收购法律制度研究》,法律出版社 1998 年版,第 210 页。

成为一句空话。在现代公司制度的发展过程中,法律要求董事在一定的情形下对债权人承担个人法律责任。一般来说,董事对债权人承担个人责任主要是在公司清偿不能甚至破产导致债权人利益受损的情形中。董事基于公司破产或清偿不能的事实而对债权人承担个人责任是公司法上董事的受托人义务的延伸。

一、董事不对债权人负责——传统的法律理念

董事在履行其职责时,需要考虑到股东和公司的利益并力争该利益的最大化。然而,董事是否有义务为公司债权人的利益着想,并考虑其经营活动对债权人可能带来的不利影响。

早期判例法认为,董事不是债权人的受信托人,无须考虑债权人的利益,更谈不上对债权人承担责任和义务。从公司法的角度考察,这样规定的基本理由有两条:第一,公司人格独立的必然要求。根据公司的独立人格理论,公司一旦依法设立,就成为具有独立人格的组织体,完全独立于公司的股东、董事、经理和其他职员。公司与债权人之间的关系,与其他人无关,有关的财产责任亦完全由公司独立承担。因此,董事对公司债权人无义务和责任。第二,公司机关理论的必然要求。在公司中,董事会(包括组成董事会的个人成员)是公司的代表机关,是公司人格的自我。因此,董事的行为就是公司的行为,董事在代表公司与债权人从事交易时所产生的法律责任,自然由公司承担。

同时,由于现代公司都建立了信息公开披露制度(如公司的登记注册制度),要求公司将重大事项公之于众,让社会公众了解其从事某种经营活动的资信状况、财产状况、责任性质等。这就使债权人能够充分利用已经公开的公司信息从事交易活动,减少经营活动的盲目性和任意性,增强交易的安全性,从而就使债权人能够较好地权衡交易的风险,确定交易的范围和方式。

更具体地说,公司制度在现代社会之所以被广泛采用,重要的原因之一是其平衡交易风险的功能。因为,任何商业活动都存在风险,存在失败的可能性。考虑到商业活动的这一客观现实,投资者应当承受相应的商业风险。然而,投资者出于自身利益的考虑,并不希望承担无限的

风险。于是，公司制度便成为保障交易活动的一种重要手段。借助于公司股东的有限责任制度，在经营活动失败后，投资者的责任可以限制在一定的范围内。投资者对风险的承担，是其在投资之前，是基于有限责任制度设计所产生的制度上的预期。这样，投资者就不至于倾家荡产，使自己的投资处于无限的风险之中。另一方面，债权人在与公司从事商业活动时，希望投资者能够以其全部财产对自己的债权承担无限责任。然而，由于股东有限责任制度和公司人格独立制度的限制，债权人当然可以预见：在债务人不能清偿债务，其债权可能得不到满足的情况下，不能要求公司股东承担无限责任。从本质上，这种风险是债权人应当承受的交易风险。因此，于债权人而言，在正常经营的情况下，债权不能得到清偿只能归咎于自身在从事交易活动时的不慎重或运气不佳，而不能迁怒于公司的股东甚至从事具体经营活动的董事和高级职员，并要求他们以自己的财产对债权人负责。否则，公司背后的股东、董事、高级职员甚至雇员的财产都将成为债权人的一种风险保障。这样做，不仅破坏了交易的一般规律，也破坏了有限责任公司制度的预期功能。

二、董事对债权人的受信托义务——现代法律理念

如上所述，债权人应当接受正常的经营风险。但是，从另一方面来讲，债权人对于某些非正常的经营风险是否仍然必须承担，则殊有疑问。例如，当股东滥用公司人格，发生资产混同和人格混同的情况时，公司独立人格的"面纱"将被揭开，并由股东直接对债权人承担法律义务，这样将更加有利于周全地保障债权人的合法利益。因为，股东滥用公司人格完全不是债权人对公司制度的合理预期，不能成为债权人承担交易风险的理由。当董事以欺诈或其他不正当的手段滥用公司权力损害债权人利益时，也完全是董事和其他高级职员在公司制度设计之外的行为，破坏了债权人对公司制度的合理预期，债权人当然不能意识到此种风险。在上述情况下的债权人风险，是由董事的非正常经营行为所导致的。因此，基于债权人对此种风险的不可预测性，让债权人为此而承担风险，很难说是符合公平正义的基本理念。

公司董事在任何时候和情况下均不对公司债权人承担民事义务，是不

符合现实情况的,这对公司债权人的保护极为不利。因此,传统公司法在确立董事不对公司债权人承担民事义务的信条的同时,允许公司董事在某些特殊情况下对公司债权人承担民事义务和法律责任。总的原则是,"如果欠缺'特殊情况',如欺诈、资不抵债或公司制定法之违反等,否则在有关契约条款规定的责任之外,董事不对公司债权人承担民事义务"。依据此种原则,如果董事在从事公司活动时存在不当的行为,并导致公司陷入资不抵债等情形,公司董事必须对公司债权人承担民事义务和法律责任。[1]

三、董事对债权人承担受信托义务的主要情形

(一)确定责任的原则

有清偿能力的公司通常只对公司及全体股东承担注意和忠实义务。然而,在公司处于不能清偿的状态时,这种义务扩展到了公司的债权人。[2] 目前,各国公司法多规定,如果董事缺乏应有的谨慎而致使第三方债权人利益遭到损失时,董事应承担相应的赔偿责任。[3]

问题在于,董事是否在任何情况下均对债权人承担义务?笔者不以为然。笔者认为,在公司尚具有偿债能力的情况下,董事对债权人并不承担诚信义务,这是由公司的独立人格和独立责任所决定的。一般来说,董事对债权人承担个人责任主要发生在公司清偿不能甚至破产的情形下。可以说,董事基于公司破产或清偿不能的事实而对债权人承担个人责任是公司法上董事受托人义务的一种延伸。从各国破产法对董事课以个人责任和义务的条款看,立法主要着重于以下两个方面对董事的行为进行规制:第一,对董事在破产之前的某些行为予以追究;第二,在公司破产之后,为确保公司服从破产法的规定而对董事加以个人责任的约束。然而,这并不

---

[1] 张民安:"公司债权人的法律保护",见王保树主编:《商事法论集》第五卷,法律出版社2000年版,第260页。

[2] Harvey R. Miller, CORPORATE GOVERNANCE IN CHAPTER 11: THE FIDUCIARY RELATIONSHIP BETWEEN DIRECTORS AND STOCKHOLDERS OF SOLVENT AND INSOLVENT CORPORATIONS, Emerging Issues in Bankruptcy Practice, 1993, Seton Hall Law Review.

[3] 刘凯湘、宋敏:"公司债权人保护制度研究",见徐学鹿主编:《商法研究》,人民法院出版社2000年版,第303页。同时,亦可参见德国公司法、法国公司法的相关规定。

意味着只能根据破产法的规定而追究董事的个人责任。实际上,"由于法律部门分工的差异,各国关于经营者对企业破产责任的规定并不都体现在破产立法当中。传统的公司法理论甚至并不认为破产法具有规定经营者责任的必要,其理论基础在于经营者的行为是受市场力量支配的,具体形式包括来自于公司尤其是公司董事会的约束以及来自公司债权人尤其是银行的无形监管,比如拒绝发放贷款等,因而无须法律的介入尤其是无须破产法的介入。[1] 因此,基于公司破产而产生的董事个人责任可以从破产法以及其他法律中找到根据。同时,确立经营者对债权人的个人责任实际上是基于对无担保债权人的考虑,因为无担保债权人在破产程序中的地位是相对低下的,破产清算程序的开始对无担保债权人而言不啻为"公共鱼塘"的毁灭,在破产财产扣除破产费用,满足担保债权和破产优先权的清偿要求后,即便不是没有剩余也往往是所剩无几。[2]

我国公司立法尚未明确规定董事对公司债权人的责任。学者们注意到,[3] 对于公司清算前后出现的一些情况,公司法未作明确的规定:其一是公司在即将解散之前,非法处置公司财产,使本来有清偿能力的公司丧失清偿能力而陷入破产的,这种非法行为的效力问题;其二是公司早已资不抵债,难以清偿债务而董事仍然予以经营的,董事是否应当对债权人承担个人责任;其三是清算组在清理公司债权债务时,如果发现公司在设立以后有欺诈债权人的行为,而公司债权人或清算人可否对此采取措施。上述问题揭示了我国现行公司立法的缺陷,这种状况不利于追究董事对债权人的责任,保护债权人的合法利益。

(二) 主要情形

1. 破产程序前董事的欺诈性交易

公司在清理程序进行中发现某一笔公司业务是以欺诈公司的债权人

---

[1] 韩长印:《企业破产立法的公共政策构成》,中国人民大学博士学位论文,2001 年 5 月,第 112 页。
[2] 韩长印:《企业破产立法的公共政策构成》,中国人民大学博士学位论文,2001 年 5 月,第 117 页。
[3] 刘凯湘、宋敏:"公司债权人保护制度研究",见徐学鹿主编:《商法研究》,人民法院出版社 2000 年版,第 321 页。

或其他人的债权为目的，法院应清理人等的申请，可判令知情参与该笔欺诈性交易的人资助公司。① 这样做的目的是防止债务人在破产前以种种方式转移财产，或作出有损债权人利益的转让。

在美国法上，对于破产法所定义的优惠性清偿或欺诈性转让，② 托管人可以将其撤销。在英国破产法上，在董事所为的欺诈性交易中，如果发现公司所从事的任何商事活动，显然是为了欺诈公司债权人，则基于公司的接管人、清算人、任何债权人或公司责任的连带责任人的申请，在法院认为适当的情况下，可以作出宣告，要求从事上述欺诈活动的任何一方当事人对公司的责任或债务承担个人责任。③ 加拿大立法对公司董事在可撤销的交易（Reviewable Transaction）中的法律责任同样进行了规定。当然，董事填充的财产归为破产公司的总财产，并不直接对个人债权人实施补偿。④

2. 进入破产程序后董事的不正当交易

不正当交易通常是指在进入破产程序后，董事由于疏忽大意等经营管理上的原因而未充分考虑到债权人的利益的交易行为。⑤ 根据《英国破产法》第214条规定，董事就其不正当交易对公司债权人所承担责任的前提是董事未能采取使公司债权人可能遭受损失减少到最低限度的措施而恰当地行事。该条所适用的场合，不是把公司引到破产边缘的经营管理不当，而是公司走向破产边缘后，未能采取保护债权人利益的恰当措施。学者指出，董事行为或不行为，如果不是把债权人的损失减少到最低限度的合理措施，那么他就是进行了不正当的交易。即使董事意识

---

① 沈达明、郑淑君：《比较破产法初论》，对外贸易教育出版社1993年版，第206页。
② 优惠性清偿是指在清算申请提出前九十天并且是在债务人失去清偿能力的情况下，向某个债权人就已经存在的债务转让债务人的财产或收益，并且此种转让使该债权人获得大于在无此种转让下，该债权在债务人清算程序中本可获得的清偿；欺诈性转让主要是指在破产前的一年内，债务人为了欺诈债权人而作的转让，以及那些在债务人失去清偿能力的情况下所作的低价转让。有关对优惠性清偿或欺诈性转让问题的详细讨论可以参见潘琪：《美国破产法》，法律出版社1999年版，第135－136页。
③ 参见《英国破产法》第213条规定。
④ 韩长印：《企业破产立法的公共政策构成》，中国人民大学博士学位论文，2001年5月，第120页。
⑤ 沈达明、郑淑君：《比较破产法初论》，对外贸易教育出版社1993年版，第206页。

到破产清理属于不可避免时立刻停止交易。相反，过早地停止公司业务可能构成不正当交易。不属于营业的积极或消极活动，例如不追回他人所欠公司的金钱债务，未能保持公司的资产，向董事支付过高的报酬，营业停止后按过低价值进行交易等，都能引起董事的责任。①

上述两种情形中，第一种情形主要是由于董事故意实施的行为所产生的法律责任，通常不能纳入董事责任保险的赔付范围。第二种情形则与董事的注意义务直接相关，对此类责任进行保险符合董事责任保险的制度要求。但在确定保险责任时，必须考虑董事是否尽到了注意义务、是否采取了有效措施防止财产的不当减少，才能决定是否赔付。

我国2007年施行的《中华人民共和国企业破产法》（以下简称《企业破产法》）及最高人民法院关于破产法的司法解释，对董事、监事和高级职员在不同情形下的民事责任进行了规定。兹列举如下：

例1，《企业破产法》第125条规定："企业董事、监事或者高级管理人员违反忠实义务、勤勉义务，致使所在企业破产的，依法承担民事责任。"

例2，《企业破产法》第128条规定：债务人有本法第31条、第32条、第33条规定的行为，损害债权人利益的，债务人的法定代表人和其他直接责任人员依法承担赔偿责任。该条涉及董事、监事和高级职员非法转让债务人财产、对未到期的债务提前清偿、对债权人个别清偿等情形。

例3，《企业破产法》第36条规定："债务人的董事、监事和高级管理人员利用职权从企业获取的非正常收入和侵占的企业财产，管理人应当追回。"

例4，2013年7月29日，《最高人民法院关于适用〈中华人民共和国企业破产法〉若干问题的规定（二）》较为明确地阐明了董事和高级管理人员对债权人的责任。该司法解释第20条第2款规定："管理人依据公司法的相关规定代表债务人提起诉讼，主张公司的发起人和负有监督股东履行出资义务的董事、高级管理人员，或者协助抽逃出资的其他股东、董事、高级管理人员、实际控制人等，对股东违反出资义务或者抽逃出资承

---

① 沈达明、郑淑君：《比较破产法初论》，对外贸易教育出版社1993年版，第208页。

担相应责任,并将财产归入债务人财产的,人民法院应予支持。"

第五节 董事在环境法上的责任

对董事课以个人责任是环境法的一项重要发展。考虑到环境具有整体性和共有性,环境侵害行为一旦造成损害,就必然侵害不特定多数人的生命健康、财产安全及其他权益,而且这种侵害是持续性的。此外,环境侵害的对象具有广泛的社会性。立法认识到只让公司承担责任的局限性,遂对董事课以个人责任从而确保环境法的有效执行。让董事和其他有关人员承担个人责任被视为一种有效的方式,它可以确保那些掌握公司权力的人妥当地制定和执行公司相关政策,使公司更加关注环境问题,并有足够的动力确保公司以一种对环境负责的态度去经营管理公司。[①] 从各国环境立法看,要求董事承担个人责任的方式主要有:(1) 追究当事人的刑事责任,判处罚金或监禁;(2) 由行政机关责令个人支付因防范污染或恢复受污染的环境所支出的费用;(3) 受害人利用民事救济方式要求控制或拥有污染物并致环境污染的人员承担侵权责任,或支付一定的补偿;(4) 社会公众以公益诉讼的方式追究责任人的法律责任。近年来,随着我国经济的迅速发展,环境问题日益突出。但在我国现行立法中,都比较强调企业组织的责任,对公司经营者的个人赔偿责任则没有规定。少数关于公司经营者个人责任的条款,也只是规定了直接责任人的行政和刑事责任。为了保证公司切实履行其在环境保护方面的社会责任,要求董事在一定情形下承担民事赔偿责任实属必要,这需要我国环境立法进行相应的革新。

一、基于政府命令所生之个人责任

(一) 加拿大立法

在加拿大联邦法层面,环境立法包含了授权政府发布命令的条款,

[①] McCarthy Tétrault, Directors and Officers' Duties and Liabilities in Canada, Butterworths, 1997, p. 129.

基于这样的授权，政府可以要求个人采取具体的救济行为或其他遵守法律的行为。《加拿大环境保护法》规定，任何拥有或对有毒物质负有保管职责的人，应当采取一切符合公共安全的合理措施防止污染物的排放，如果未能防止，则应当采取其他相应的措施"救济任何危险条件或排除、减少任何危险对环境、生命和健康所造成的不良影响"[1]。该项义务适用于任何"引起或诱发最初的排放或增加了最初排放的可能性"的人员，由于立法对责任人员的宽泛界定，董事和高级职员也包括其中。同联邦政府的立法极为相似，《安大略环境保护法》亦强调了对环境保护的关注。安大略省环境部门可以命令任何负责、管理和控制污染源的所有人、占有人以及其他任何人采取广泛的措施控制或防止排放所产生的负面影响，[2] 当个人没有遵守命令的要求时，有关部门有权要求责任人员支付政府为此所支出的费用。

对董事和高级职员直接发布有关命令是基于他们对环境事务的管理或控制（management or control）。关于控制人，法律进行了界定，控制人是指"在污染物首次被排放之前，无论该排放是否排放进入环境，也无论在污染物排放地点的数量和质量是否存在不正常，任何负责、管理或控制污染物的人员或雇员、代理人"[3]。所有人和其他有控制权的人除补偿第三人外，在排放污染物后应当"采取任何有效的行为，防止、减少并且恢复自然环境"[4]。当政府因清除污染和恢复环境而遭到费用损失时，所有人和其他控制人应当承担这些费用。[5]

安大略省环境申诉委员会在其执法过程中，归纳了一系列因素，以便确定是否发布或从多大程度上可以考虑要求个人承担责任的行政命令。[6] 这些因素包括：（1）考虑合理的勤勉，如有关人员影响或控制产生风险因素的程度，在多大程度上促成了环境风险的发生，是否采

---

[1] Canadian Environmental Protection Act, S. 36.
[2] Ontario Environmental Protection Act, S6, S17.
[3] Ibid, S 79 (1) (e).
[4] Ibid, S. 81.
[5] Ibid, S. 87 (2) (B), 88 (4)
[6] 行政命令的种类主要包括：（1）控制令（control orders）；（2）预防令（preventive orders）；（3）清除令（clean-up orders）；（4）排除废物令（orders for removal of wastes）。

取了有效措施转移风险；（2）该人是否予以合作；（3）该人是否并且在多大程度上与其他人的行为共同促使了污染，监管机关是否对其他有责任的人员采取了救济措施；（4）公司的支付能力以及相类似的因素；（5）个人是否从非法行为中获利。[①] 应当注意的是，前述因素的运用可能会造成这样的结果，即使董事和高级职员行使了合理的注意义务而仍然要承担法律责任。例如，董事和高级职员尽管可以证明其尽到了合理的勤勉义务，但其从污染行为中获利，或者公司和其他责任人员无力支付有关款项，则基于公平的考虑，董事和高级职员仍可能承担个人责任，向监管机关支付有关的费用开支。[②]

根据前述立法，董事和高级职员因为其在维护环境方面的过失行为而应承担相应的个人赔偿责任。

（二）美国立法

美国立法与加拿大立法极其相似，联邦和州的大部分环境保护立法都授权监管机构通过民事或刑事诉讼的方式要求违法的个人承担法律责任。美国司法部曾经认为：要求董事和高级职员承担个人责任是政府在环境保护执法领域的核心措施之一。[③]

美国政府部门（特别是环境保护署，Environmental Protection Agency）可以对污染排放有控制力的任何人采取任何救济措施，董事和高级职员同样如此。在 U. S v. Northeastern Pharmaceutical and Chemical Co.[④] 一案中，法院认为，公司的某些高级职员根据其在公司中的位置而对污染物的排放有控制力，其应当承担相关清除污染的费用。证据表明，这些高级职员直接参与和安排了污染物的排放，其对污染物排放有事实上的控制力和实际参与行为。在考虑个人的赔偿责任时，法院通常采取两种认定标准。

[①] Re 724597, Ontario, Ltd. (1994), 13 C. E. L. R. S. 7257.
[②] McCarthy Tétrault, Directors and Officers'Duties and Liabilities in Canada, Butterworths, 1997, p. 147.
[③] Dewit & Denton, Personal Liability for Corporate Officers and Directors, BNA TOXICSL. REP, 1990, p. 375, 378.
[④] 579, F. Supp. 823 (W. D. MO. 1984).

（1）传统的个人参与标准。根据该标准，当董事和高级职员参与了公司的非法行为，就应当承担个人责任。在 United States v. Mottolo[①] 案中，美国联邦政府对一家产生废物的化学公司和一名个人（该公司总经理、财务负责人和唯一股东）提起诉讼。联邦执法机构认为，该个人负责安排处理排放有毒害的物质，因而是《环境反应、补偿和责任综合法》（CERCLA）所界定的责任人。该个人辩解道，除非法院刺穿公司的"面纱"，否则，他作为高级职员的行为应当是免责的。法院则认为，"公司的高级职员应当为其个人参与的侵权行为负责，无论他是否在行使公司的职责，并且这样的个人参与和损害后果之间有因果联系"。

（2）防止标准。防止标准在环境执法领域的运用时间并不算长。在 Michgan v. ARCO Industries Corp.[②] 一案中，法官扩展了董事和高级职员在环境损害方面的责任。法官认为，在某些情形下，根据个人在处理环境事务过程中的"知悉、责任、机会、控制和参与"等情形，董事和高级职员将被判令承担个人赔偿责任。法院进一步解释了所谓的"防止标准"，如果董事和高级职员本应采取措施防止或减轻污染而没有采取措施或者采取措施不当的，应该承担个人责任。这一标准的前提是个人对控制和实施公司环境政策以及在健康、安全方面的具体责任。

（三）我国立法

基于大陆法系国家公私法划分的传统观念，我国在环境法律制度方面，对董事、监事和高级职员的责任往往是通过行政或刑事途径进行解决的，缺乏类似于英美法国家由政府直接主张民事赔偿的法律机制。2015年开始施行的《中华人民共和国环境保护法》（以下简称《环境保护法》）第六章"法律责任"主要是关于行政责任的规定。我国《固体废物污染环境防治法》第69条规定："违反本法规定，造成固体废物污染环境事故的，由县级以上人民政府环境保护行政主管部门处十万元以下的罚款；造成重大损失的，按照直接损失的百分之三十计算罚款，但是最高不超过五十万元；对负有直接责任的主管人员和其他直接责任人

---

① 629, F. Supp. 56 (D. N. H. 1984).

② 723, F. Supp. 1214 (W. D. Mich. 1984).

员，由其所在单位或者政府主管机关给予行政处分。"

由于法律传统和法治观念的原因，在我国现行立法之下，要求董事和高级职员同公司一起承担相关的费用，从而恢复环境的机制在我国还没有建立起来。但从未来的发展趋势来看，借鉴发达国家的先进经验，要求董事和高级职员在一定的情况下承担个人赔偿责任，对我国的环境保护立法具有重要的借鉴意义。

二、基于私人民事救济所生之责任

环境侵害是人为活动导致损害一定区域内不特定多数人环境权益的事实。作为一种新型的侵权行为，在环境侵权案件中，加害人通常是具有特殊经济地位及能力的企业，而受害人则是社会公众，两者的经济实力存在悬殊。因此，各国立法对环境侵害案件中的受害人都给予较多的关注。如前所述，加拿大联邦环境部被授权向法院申请发布禁令阻止有关人员从事违法行为，此外，法律还提供民事诉因给那些因他人违反环境法而致使自己遭受损失或损害的任何人，使受害人能够要求损失赔偿或申请法院禁令；此外，任何因他人排放污染物而遭受损失或损害的人，有权要求所有人或控制人给予补偿。[1] 依据此类立法，董事和高级职员将因为其控制污染的措施不当致人损害的行为承担个人赔偿责任。在其他环境保护法律中，受害人也享有相应的请求救济权利。[2]

我国《环境保护法》第64条赋予了受害人相应的起诉权，即"因污染环境和破坏生态造成损害的，应当依照《中华人民共和国侵权责任法》的有关规定承担侵权责任"。然而，我国现行的法律对个人的责任仅仅停留于法人实体，对董事和高级职员的民事赔偿责任则语焉不详。

三、基于公益诉讼所生之责任

公益诉讼制度，是指任何组织和个人都有权根据法律法规的授权，

---

[1] Canadian Environmental Protection Act, S136, S.87.
[2] Canadian Environmental Protection Act, S136, S.87.

对违反法律，侵犯国家利益、社会公共利益的行为，向法院提起诉讼，以追究违法者的法律责任。英美法上的公益诉讼包括相关人诉讼、市民提起的职务履行令请求诉讼及纳税人提起的禁止令请求诉讼。其中，相关人诉讼指在私人不具有当事人资格的法域，原则上允许私人以相关人名义起诉。

加拿大安大略省于1993通过了《环境权利法案》。根据该法案，当有关人员的行为导致对安大略公共资源的实质性损害，而政府部门疏于作为（无论有无人员正式要求政府作为，或政府没有合理地对要求其作为的请求作出反应），任何安大略省的居民都可以根据法律的授权对违反环境立法的人员提起诉讼。胜诉的人可以获得相应的救济措施，如禁令、确认性救济（Declaratory Relief）以及恢复被污染环境的命令等。[①]根据该法，公司及其董事和高级职员将可能在相关程序中承担其在环境保护方面的义务和法律责任。

我国于2012年修订的《民事诉讼法》第55条规定了公益诉讼制度，即"对污染环境、侵害众多消费者合法权益等损害社会公共利益的行为，法律规定的有关机关、社会团体可以向人民法院提起诉讼"。2014年修订的《环境保护法》第58条则对可提起环境公益诉讼的社会组织的条件进行了规定，即"对污染环境、破坏生态，损害社会公共利益的行为，符合下列条件的社会组织可以向人民法院提起诉讼：（一）依法在设区的市级以上人民政府民政部门登记；（二）专门从事环境保护公益活动连续五年以上且无违法记录。符合前款规定的社会组织向人民法院提起诉讼，人民法院应当依法受理。提起诉讼的社会组织不得通过诉讼牟取经济利益"。当然，我国现行法律对个人的责任仅仅停留于法人实体，对董事和高级职员的法律责任则没有进行明确规定。

在我国，赋予社会公众在一定的条件下代表社会整体对违法行为人提起诉讼具有合理性和正当性。正如我国学者所说，社会整体利益是社会作为一个系统所具有的独立的利益，区别于社会成员个体利益与部分社会成员所组成的子系统的利益。国家作为社会整体利益的代表，尽管

---

① Ontario Environmental Bill of Rights, 1993, S.93.

有其合法性和正当性，但也存在一定的缺陷。因此，应当建立社会整体利益的补充代表机制加以弥补。在法律救济过程中，应当赋予特定条件下社会个体成员的诉讼权，在国家怠于行使救济等情况下，社会个体成员可以作为社会整体利益的代表享有诉讼权。[1] 也有论者认为，"由于公害的解决牵涉社会公共利益与受害人的双重利益保护，各国在'二战'后都强调通过民主的诉讼程序对环境权利进行救济，因此，就环境公害的解决方式而言，大都是公共的行动，或者是政府官员以社会的名义进行的行动，而将群体诉讼视为是能够保护环境权的最有效的法律技术"[2]。现代的环境公害解决机制，特别强调程序的民主，一个社会的环境政策应该通过民主的程序来制定。由此，运用诉讼手段解决公害纠纷的过程，也是实现环境公正、民主的过程。群体诉讼追求的与其说是这些个人得到社会保障的权利，还不如说是改变社会福利保障制度本身。[3]

第六节　中国的现实：企业经营管理者的民事责任风险

基于基本的法人制度，公司作为法律认可的主体，需要对外承担相应的法律义务和责任。作为法律拟制的一类主体，公司的优势固然在于对内的组合性和对外的团体性，但公司毕竟最终是由人所控制和操纵的。如果不能看到公司背后所站立的人的力量和因素，就难以对公司制度形成一个符合逻辑的理性认识。在现代社会，关于董事、监事和高级职员民事赔偿责任的各类立法表明，立法者并未忽略人在公司运行中的影响。因此，众多关于董事和高级职员个人民事赔偿责任的法律，形成了公司经营管理者所面临的法律责任风险。随着法律机制的不断成熟和社会公众权利意识的提高，对董事和高级职员将形成更加严格的社会约束。在我国，随着法律对董事和高级职员法律责任的规定趋于严格，个

---

[1] 李友根："社会整体利益代表机制研究——兼论公益诉讼的理论基础"，载《南京大学学报》（哲社版），2002年第2期，第116-125页。
[2] 王红岩、王福华："环境公害群体诉讼的障碍与对策"，载《中国法学》，1999年第5期。
[3] ［日］谷口安平：《程序的正义与诉讼》，王亚新、刘荣军译，中国政法大学出版社1996年版，第196页。

人责任风险不断加大。在此背景下，借助于董事责任保险进行相应的风险转移具有强烈的现实意义。由此，董事责任保险制度将成为构建现代公司治理体系的重要机制。

一、法律环境：经营管理者民事责任的法律体系逐步完善

在我国的企业法律传统中，企业对外承担责任的观念根深蒂固，由企业的经营管理者承担个人责任并不为人们所普遍接受。然而，随着法律观念的不断进步，我国立法已经出现了一些关于董事和高级职员承担民事赔偿责任的规定，主要集中规定于公司法，其次分布于证券法、破产法等法律制度中，在其他法律制度中则较少规定。

（一）公司法：构建了完整的经营管理者个人责任体系

我国现行公司法对董事和高级职员的法律义务和法律责任已经形成基本的法律规则。在法律义务方面，主要是关于公司经营管理者的忠实义务和勤勉义务的规定。在法律责任方面，则围绕董事和高级职员的基本义务，构建了董事和高级职员的个人民事责任法律规制。

回顾我国公司法的立法历程，1993年《公司法》在第59～63条全面规定了董事对公司的义务以及违反董事义务须承担的责任，但这些条款主要是针对董事违反忠实义务而设，对董事的注意义务则规定得极为含糊。1993年《公司法》中勉强与董事注意义务沾边的条款是第118条第3款，该条款规定："董事应当对董事会的决议承担责任。董事会的决议违反法律、行政法规或者公司章程，致使公司遭受严重损失的，参与决议的董事对公司负赔偿责任。但经证明在表决时曾表明异议并记载于会议记录的，该董事可以免除责任。"然而，该条款并没有准确地概括出董事对公司承担责任的标准是什么，即没有形成完整的注意义务的判断标准。随着市场经济的发展以及职业经理人群体的逐渐形成，1993年《公司法》的规定就显得不合时宜了。2005年修订的《公司法》对董事、监事和高级职员的注意义务作出了明确规定。2005年《公司法》第148条规定：董事、监事、高级管理人员应当遵守法律、行政法规和

公司章程，对公司负有勤勉义务。此外，2005年《公司法》还规定，董事、监事、高级管理人员执行公司职务时违反法律、行政法规或者公司章程的规定，给公司造成损失的，应当承担赔偿责任；董事、高级管理人员违反法律、行政法规或者公司章程的规定，损害股东利益的，股东可以向人民法院提起诉讼。这些规定明确了董事和高级职员在经营过程中的注意义务。

当然，董事和高级职员的法律义务仅仅是法律的概括性规定，其具体运用还需要在司法实践中进一步判断。司法机关在判断董事和高级职员是否违反注意义务时，应当着重考察注意义务的主观性和客观性标准，从而使司法实践符合立法精神以及经济发展的实际和商业运作的规律。在现代社会，各国公司法普遍采取了董事注意义务的客观性标准。按照客观性标准，对于董事注意义务的要求应当按照一般人对该董事作为的合理期望的知识和经验，从而确定一个能为一般人所接受的最基本的标准。客观性标准可以确保市场交易的安全，为股东、债权人和社会公众提供合理的保障。同时，我国公司立法还没有引入经营判断准则。但是，这并不妨碍司法机关通过经营判断准则来解决实践中的问题，从英美法国家的实践来看，经营判断准则也主要是通过判例的形式不断充实和完善的。笔者认为，经营判断准则的基础是法院对董事和高级职员行为适当性的事先假定。经营判断准则肯定公司的管理层为公司和股东利益所进行的冒险和创新行为，有效地防止公司、股东或法院以事后的聪明代替管理层的复杂决策过程。因此，它是符合商业效率的基本规则的，可有效防止作为经营外行的法官或其他人员一厢情愿、越俎代庖的主观行为。在对董事和高级职员提出诉讼时，如果原告不能证明被告董事和高级职员在从事某种行为时与该交易有利害关系（如自我交易）或其他欺诈性的行为，则应当推定其行为是善意的，是为公司的最佳利益服务。

（二）其他法律：强化了经营管理者的个人责任

如前所述，我国证券法、破产法等部门法，也规定了董事、监事和高级管理职员的民事责任。

在证券法中，集中体现为董事、监事和高级职员在信息披露、收购以及反收购中的法律责任，要求其对社会公众负责。例如，《证券法》

第69条规定，发行人、上市公司公告的招股说明书、公司债券募集办法、财务会计报告、上市报告文件、年度报告、中期报告、临时报告以及其他信息披露资料，有虚假记载、误导性陈述或者重大遗漏，致使投资者在证券交易中遭受损失的，发行人、上市公司应当承担赔偿责任；发行人、上市公司的董事、监事、高级管理人员和其他直接责任人员以及保荐人、承销的证券公司，应当与发行人、上市公司承担连带赔偿责任，但是能够证明自己没有过错的除外。

在破产法中，则构建了董事、监事和高级管理人员对债权人负责的法律规则体系，要求其不得损害债权人利益，确保债务人企业资产完整。例如，《企业破产法》第125条规定，企业董事、监事或者高级管理人员违反忠实义务、勤勉义务，致使所在企业破产的，依法承担民事责任。

二、现实风险：经营管理者面临着更大的法律责任风险

值得关注的是，在我国的证券市场上，董事和高级职员在经营活动中承担各种责任风险的例子并不少见。2016年8月25日，笔者在最高人民法院裁判文书网对公司与证券类纠纷中有可能涉及董事和高级职员责任的相关一审案件进行了查询。在证券类案件中，证券虚假陈述责任纠纷最多；而在公司类案件中，股东知情权纠纷、损害公司利益责任纠纷最多。相关查询情况见表2-2。

表2-2 相关公司及证券类民事一审案件情况

案件种类	具体案由	案件数量
证券欺诈责任纠纷	证券内幕交易责任纠纷	2
	操纵证券交易市场责任纠纷	0
与公司有关的纠纷	证券虚假陈述责任纠纷	1019
	欺诈客户责任纠纷	2
	股东知情权纠纷	1764
	损害股东利益责任纠纷	586
	损害公司利益责任纠纷	1062
	公司关联交易损害责任纠纷	19

目前，股东或证券投资者对公司的董事和高级职员提出民事诉讼，要求予以赔偿的案例逐渐增多。比较典型的案例如：

例1，2016年7月，投服中心接受多伦股份虚假陈述行为受损的投资者的委托，将上市公司原实际控制人作为第一被告、其他7名高管及上市公司作为共同被告，正式向上海市第一中级人民法院递交诉状，要求连带赔偿投资者经济损失合计215万元。这是投服中心首次受中小投资者委托提起证券支持诉讼，也是全国法院系统受理的第一例证券支持诉讼。

例2，方正证券于2014年12月15日向北京市朝阳区人民法院提起民事诉讼，以损害股东利益责任纠纷为由，起诉公司全资子公司民族证券及其3名相关责任董事。其诉讼请求为：请求依法判令民族证券及其三名相关责任董事执行公司于2014年11月26日作出的股东决定：立即聘请公司指定会计师事务所天健会计师事务所进行民族证券年度审计工作，并立即配合天健会计师事务所（特殊普通合伙）进场审计民族证券财务状况。

例3，2002年1月18日，哈尔滨市中级人民法院受理了3人分别起诉大庆联谊、申银万国证券股份有限公司、哈尔滨会计师事务所以及公司原董事等15个被告的诉状。起诉状称大庆联谊原董事长和8名原董事在股票上市的招股说明书上签字及批准1997年年报，其行为构成虚假陈述行为。3名原告在诉讼请求中要求董事对其损失承担连带赔偿责任。在这起案件中，董事和高级职员幸运地摆脱了民事赔偿责任。

例4，2005年11月21日，13名原告起诉湖北某农业公司等被告的因虚假陈述引发的民事赔偿案，由湖北省武汉市中级人民法院依法受理立案。在该案中，被列为被告的单位和个人达11个。除上市公司、控股股东等3个法人外，8名个人也被列为被告，他们分别是：原董事长、总经理、总会计师、财务处长和其他有关董事、副总经理、董事会秘书等4人。在个人被告中，有4人因提供虚假财务报告、虚报注册资金已被湖北省高级人民法院生效的刑事判决书认定有罪并分别判处2~3年有期徒刑。而根据原告的诉称，其他被列为被告的原董事、副总经理、董事会秘书等人员，在其任职期间，也违反了《公司法》《证券法》

等法律法规，为上市公司出具虚假承诺，导致危害后果发生。因此，要求个人被告与上市公司、控股股东一起承担连带赔偿责任。该案也是自最高人民法院于2003年1月9日发布《关于审理证券市场因虚假陈述引发的民事赔偿案件的若干规定》以来，被告最多的一起证券民事赔偿案件。

例5，2005年年底，3名原告分别以ST长运（重庆其水运公司）及该公司5位董事和高级管理人员为被告，向重庆市第一中级人民法院起诉虚假陈述，导致投资受损。三起索赔案的索赔总金额为40万元。

除了来自国内的职业责任风险外，对一些跨国经营或海外上市公司的董事和高级管理人员而言，他们还面临着来自于海外的职业责任风险。随着中国企业走出海外，中国企业也时常面临着来自域外投资者和监管机构的诉讼和调查，公司董事和高级管理人员的法律责任风险不断显现。

例1，2014年9月，香港证监会分别在香港高等法院原讼法庭对中信泰富及其5名前执行董事提起诉讼。证监会根据《证券及期货条例》在高等法院提起的诉讼，旨在请求法庭颁发回复原状令或赔偿令，使在公布虚假或误导性财务资料之日起至披露真实财务资料之日期间，曾购入中信股份的4500名投资者得以回复至原状或得到赔偿。而在市场失当行为审裁处的研讯程序则意在对中信及该5名董事施加制裁。

例2，2004年1月30日，国家审计机关在全国审计工作会议上披露了中国人寿保险公司涉嫌违规资金350亿元的信息，其中涉及重组前的中国人寿保险公司涉嫌违规资金约54亿元，立即在国际股市产生动荡。2月1日，中国人寿股份被投资者大幅抛售，股价由1月底的5.7港元跌至当日的5.4港元。其后，中国人寿的上市承销商瑞士信贷、第一波士顿和花旗立即将中国人寿的投资评级降为"跑输大市"和"售出"。3月16日风波又起。该日，美国一位购买了中国人寿股票的投资者委托其代理律师，在律师事务所网站上征集于2003年12月22日至2004年2月3日购买中国人寿股票的投资者，60天内可到法院登记加入原告队伍，对中国人寿进行集团诉讼。在起诉状的被告栏里，除了中国人寿公司外，还有5位自然人被列为被告。

以上案例表明，董事和高级职员正面临着更大的个人责任风险，这为构建相应的风险转移机制提供了现实依据，也为董事责任保险机制的发展提供了更大的空间。

第三章 董事责任保险合同主体

　　董事责任保险合同基于投保人与保险所签订的合同而产生，并为保障被保险人的利益而存在。在保险合同中，投保人是指与保险人签订保险合同并交纳保险人的人，而被保险人（Insureds）是指保险事故发生时遭受损害并享有赔偿请求权的人。在董事责任保险中，被保险人就是那些受责任保险合同保障的董事、独立董事、监事、高级职员（经理、董事会秘书、财务负责人等）以及公司外派到其他公司的董事、监事和高级职员等。尽管不同的经营管理人员在职权、职责、责任风险来源等方面都存在较大的不同，但不同的经营管理人员在履行职务的过程中可能被第三人提出索赔并承担个人赔偿责任这一风险却是共同的，故他们对转移风险机制有着同样的需求。本章讨论了投保人、被保险人及保险利益的一般界定，并在此基础上延伸讨论了独立董事、监事、董事会秘书以及外派到其他公司担任董事、监事和高级职员等被保险人的问题。

第一节　投保人、被保险人及保险利益分析

　　本节就投保人、被保险人及保险利益等基础问题进行了管理分析。

一、关于投保人的如实告知义务

　　董事责任保险合同的缔约当事人为保险人和投保人，而保险关系人则为被保险人。一般而言，典型的董事责任保险合同可以包括对公司和对个人的两类保险责任。在大部分情况下，公司股东会可以授权董事会

为有关的董事和高级职员购买董事责任保险。因此，公司可以为投保人。但是，在很多情况下，董事和高级职员不得不自掏腰包投保并以自己为被保险人购买董事责任保险。后一种情况的发生往往是因为公司股东大会不同意在章程中规定补偿条款，或因公司规模过小无雄厚的经济实力为董事和高级职员购买责任保险。① 因此，董事责任保险的投保人可以是公司或董事和高级职员个人。

保险合同是最大诚信合同，投保人在投保时如实告知保险标的的重要情况直接影响到保险人对风险的权衡。我国保险法明确规定了投保人的如实告知义务。《保险法》第16条规定："订立保险合同，保险人就保险标的或者被保险人的有关情况提出询问的，投保人应当如实告知。"因此，在订立保险合同并确定被保险人的范围时，投保人应当根据诚实信用原则并基于保险人的询问，将所了解的有关保险标的一切重要情况如实告知保险人，不得有任何隐瞒、遗漏、错误或欺诈。从各国保险法来看，投保人并非要事无巨细地向保险人予以披露，投保人或被保险人告知义务的内容仅限于与保险标的有关的一切重要情况。然而，各国保险法对"重要情况"这一概念的界定并不一致。② 根据我国《保险法》第16条规定，"重要情况"是指足以影响保险人是否同意承保或者提高保险费率的事情。同时，告知义务的范围应当由保险人予以确定，即，保险人可以就保险标的或者被保险人的有关情况提出询问，投保人应当如实告知。因此，我国现行立法采用询问告知的方式，投保人应如实告知的事项仅限于保险人的询问范围。

为了更加妥当地确定有关费率因素，保险人应当更多地了解被保险的董事和高级职员的职业风险情况，从而公平地确定保险单的条款。在

---

① 董事、高级职员自购董事责任保险的情况多见于中小规模企业，企业主不愿支付昂贵的董事责任保险费，而就职者在对薪金收入与保险费的支出相权衡后，甘愿自购保险。这一信息来源于笔者与麦吉尔大学教授John Swan的谈话。

② 美国把"重要情况"定义为"对一个谨慎的保险人有决定性影响的情况"。法国则认为"重要情况"是指"被保险人实际知情的对实际保险人有影响的情况"。而澳大利亚把那些在确定保险条件方面会合理影响到一个谨慎的保险人的心理状态的情况都视为"重要情况"。在各国的定义中，最有影响且最为著名的是1906年《英国海上保险法》中的阐述："影响谨慎的保险人确定收取保费的数额和决定是否接受承保的每一事项，被认为是重要事项。"郭丽军："试论保险活动中的告知义务"，载《保险研究》，1998年第2期。

签订保险合同时，投保人应当向保险人提供最新的审计报告和最近年度的各种有关材料以及必要的经营管理状况。其中，企业资产结构的变化、分支机构的增减、是否有过或将要进行兼并重组、以往该公司董事和高级职员曾发生的索赔等重大情况应当给予更多的关注。

关于投保人违反如实义务的法律后果，《保险法》第16条区分了不同情况进行规定：

（1）投保人故意或者因重大过失未履行前款规定的如实告知义务，足以影响保险人决定是否同意承保或者提高保险费率的，保险人有权解除合同。前款规定的合同解除权，自保险人知道有解除事由之日起，超过30日不行使而消灭。自合同成立之日起超过2年的，保险人不得解除合同；发生保险事故的，保险人应当承担赔偿或者给付保险金的责任。

（2）投保人故意不履行如实告知义务的，保险人对于合同解除前发生的保险事故，不承担赔偿或者给付保险金的责任，并不退还保险费。

（3）投保人因重大过失未履行如实告知义务，对保险事故的发生有严重影响的，保险人对于合同解除前发生的保险事故，不承担赔偿或者给付保险金的责任，但应当退还保险费。

二、关于被保险人的一般界定

在保险制度中，对于被保险人的确定是认定保险责任的基本前提。我国《保险法》对被保险人的含义进行了概括，该法第12条规定："被保险人是指其财产或者人身受保险合同保障，享有保险金请求权的人。"在董事责任保险中，公司及其董事和高级职员均可以被保险人的名义享受保险利益。

在典型的董事责任保险中，被保险人的范围尽管十分宽泛，但其着眼点仍是利益与风险的权衡，学者们把应当考虑的主要因素概括为：（1）对选举或任命的董事、高级职员否同等对待；（2）在保险合同开始生效后，被保险人是否包括所有成为董事或高级职员的人；（3）是否包括新设立的职位；（4）是否包括那些在技术上不能称为董事或高级职员，然而实际上承担经营管理责任的雇员；（5）是否包括公司的分支机构或新接管的、新创设的分支机构之董事和高级职员。① 这些因素基本涵盖了确定被保险人的主要考虑因素,是保险人承保时的主要考虑因素。在综合权衡以上因素后,保险人与投保人可以就被保险人范围予以约定,采取扩充或列举等方式,灵活地扩展被保险人范围。

问题在于,是否只有现任的董事和高级职员才能纳入被保险人的范围?这一问题的提出与公司的经营管理有着重要的联系。在很多情况下,董事和高级职员的行为发生在过去,但在其卸任后,在保险合同有效期间,发生了第三人的索赔,倘不对其行为予以保险,亦不足以保护受害人和董事、高级职员的个人利益,董事责任保险的目的仍不能达到。在哈尔滨市中级人民法院审理的一起证券赔偿案件中,原告的诉讼请求直接针对大庆联谊原董事长薛家林和8名原董事在股票上市的招股说明书上签字及批准1997年年报的虚假陈述行为。这表明,公司的董事和高级管理人员在卸任或离职后,仍然存在被诉甚至承担民事赔偿责任的风险。因此,董事责任保险对卸任董事和高级职员是否应当纳入被保险人,将直接关系到对被保险人的保护力度。考虑到董事责任保险存在的目的,国外保险实践通常对被保险人的范围予以广义上的解释,一般将前任、现任或未来的董事和高级职员纳入被保险人的范围。当然,这样做的前提是这些人员在各自的权限范围内履行董事和高级职员的职责并在保险有效期间内对外承担赔偿责任。

在美国国际集团的董事责任保险单中,被保险人被界定为:② ……就保险责任A和保险责任B而言,是任何经适当地(Duly)选举或任命为本公司的过去、现在或将来的董事或高级职员。当保险单所载明的公司或分支机构在美国领土以外营业时,"董事""高级职员""被保险人"也指领土以外在保单上载明的公司或分支机构的人员,该等人员的头衔、地位或能力范围相当于美国本土内公司的董事或高级职员的地位。在本保单开始生效(Inception)后,保险责任将自动适用于所有新

---

① William Knepper &Dan A. Bailey, Liability of Corporate officers and Directors, LEXIS Law Publishing, 1998, p.392.

② AIG (National Union) 1995 Basic D&O Policy Form 62335. Ty. R. Sagalow, Esq., Directors and Officers Liability Insurance, NACD (National Associations of Corporate Directors), p.101.

任的董事和高级职员……上述董事责任保险单使被保险人的范围得以宽泛界定。

笔者认为，保险人和投保人可以在保险单中对被保险人予以扩张，或者通过明确指出被保险人的姓名、职务等方式明确被保险人的范围，从而使投保人可以根据职位的风险程度决定被保险人的范围。平安财产保险股份有限公司《董事及高级职员责任保险条款》第33条对被保险人进行了定义，被保险人包括被保险公司和被保险个人。其中，被保险公司是指：（1）保单上载明的公司；（2）及该公司在合约签定时直接或间接控股50%或享有50%以上表决权，且在保单上予以载明的子公司。被保险个人是指保单上载明的过去、现任或未来的董事、董事会秘书、高级执行职员、清算财产管理人，但不包括法院指派的接收人或清算人。前述界定，未将监事纳入保险范围，存在一定的保障疏漏，但该保单基本上将公司中可能承担个人赔偿责任的董事和高级职员都纳入了责任保险单进行保护，较为充分地发挥了董事责任保险的制度功能。

三、关于保险利益

保险利益是保险合同的基础性法律概念，直接关系到保险合同的成立、生效等重大法律问题。作为一种责任保险，董事责任保险必须符合保险法关于保险利益的强制性要求。

我国原《保险法》规定，投保人在投保时必须对保险标的具有保险利益。2009年修订《保险法》时，借鉴域外保险立法经验，对保险利益作出了重大立法创新。《保险法》第12条规定，保险利益是指投保人或者被保险人对保险标的具有的法律上承认的利益。《保险法》第48条进一步规定："保险事故发生时，被保险人对保险标的不具有保险利益的，不得向保险人请求赔偿保险金。"我国2009年修订的《保险法》对保险利益的要求，从过去的投保前就具有保险利益，修改为在保险事故发生时应当具有保险利益，更加突出了财产的可流动性及财产保险的风险保障功能。从立法意图看，保险利益的根本目的在于限制和评价损害赔偿的数额，从而贯彻损害补偿原则并以此来达到防止赌博和诱发道德风险的目的。因此，如果被保险人在保险事故发生时，对保险标的没有保险利益，则被保险人本身不可能有损害，因而也不能借助保险获得不当利益。在财产保险中，保险利益之重要性在于清楚地表述被保险人与保险财产之间经济上的利益关系，被保险人用该标的进行赌博造成的损害无助于获取更多利益。"直接或间接地负有法律上责任的人，在相关财产中对损失或损坏享有可投保利益。"①

当投保人是董事和高级职员时，投保人无疑享有保险利益。然而，当公司为董事和高级职员投保时，公司是否享有保险利益？

在平安保险公司推出董事责任保险后，曾有人认为，董事责任保险单只应该由董事和高级职员个人出钱，否则就会使董事责任险沦为掏空上市公司的又一新伎俩。② 如果允许上市公司为董事和高级职员购买责任保险单，就"可怜了股东，尤其是中小股东，花钱为他人买了保险，自己能否受益还得取决于对董事责任的认定，取决于董事民事赔偿诉讼程序的前置。保险公司对董事的刑事犯罪行为不承担赔偿责任，股东并不是保险合同的当事人，无权向保险公司索赔，花出去的几百万元岂不打了水漂？"。这一观点的言外之意是，董事和高级职员应当自己出钱购买责任保险。

这种观点是对保险利益原则的一种误解，并不符合保险利益的立法本意。实际上，公司对董事和高级职员的个人赔偿责任是享有保险利益的。当然，责任保险尽管是财产保险之一种，但在责任保险利益问题上，责任保险与一般的财产保险存在着显著的差异。一般财产保险的保险利益是明确、具体、有形的财产利益。在保险法上，"财产必须是这样的，被保险人可以有理由期望通过财产的安全或按时得到而获得利益，或者由于财产的损失、损坏或延误而受到损害。明显的例子是由被保险人所拥有的财产。然而，如果标的物在这个意义上并没有实际地处于风险之中，或者当保险开始时没有处于风险之中，就没有什么经济利

---

① Malcolm A. Clarke, Law of Insurance Contracts (Third Edition), 何美欢、吴志攀等译，北京大学出版社2002年版，第118页。

② 邢颖："董事责任该由谁买单"，载《法制日报》，2002年11月13日，第12版。

益或可保利益"[①],而且,"一般来说,一个人在与被保险标的物有关系、有联系或涉及的地方,享有一项投保利益,这样的保险标的物,将因其存在而获得金钱上的利益或好处,也将因其灭失、中止或者由于被保险事项的发生而遭受到金钱的损失或侵害"[②]。而责任保险并非以被保险人的特定、具体的财产为保险标的,其保险利益在性质上属于抽象的责任利益。这种保险利益属于消极的保险利益,它是特定人对于某一"不利"之关系,因为此"不利"之发生而使特定人产生之财产上之损失。[③]

笔者以为,公司对董事和高级职员的个人赔偿责任享有保险利益可以作如下的认识:(1)在存在公司补偿制度的情况下,公司有义务根据有关法规或公司章程的规定进行经济上的补偿而导致公司的财产损失,公司无疑具有保险利益;(2)董事和高级职员同意公司为其投保;(3)损失将导致经营管理者惧怕责任、消极懈怠等发生,妨碍对经营人员素质的提高,而这将给公司的长远发展带来影响。因此,公司对董事和高级职员的个人赔偿责任是享有保险利益的。正是基于上述认识,我国《上市公司治理准则》第39条规定:"经股东大会批准,上市公司可以为董事购买责任保险。但董事因违反法律法规和公司章程规定而导致的责任除外。"

需要进一步说明的是,从各国关于财产保险利益的存在时间要求看,各国保险法律规定不同。有的国家要求投保人在投保时就必须存在。如《意大利民法典》第1904条规定:"在保险应当开始时,如果被保险人对损害赔偿不存在保险利益,则该损害保险契约无效。"在这种立法例下,投保人对保险标的不具有保险利益的,保险合同无效。在这种立法例之下,公司是否对其高管人员享有保险利益,是否可以为其高管人员投保责任保险,需要进行更多的讨论。

[①] Malcolm A. Clarke, Law of Insurance Contracts (Third Edition),何美欢、吴志攀等译,北京大学出版社2002年版,第104页。

[②] Malcolm A. Clarke, Law of Insurance Contracts (Third Edition),何美欢、吴志攀等译,北京大学出版社2002年版,第104页。

[③] 江朝国:《保险法基础理论》,中国政法大学出版社2002年版,第107页。

然而，在一些国家，则规定保险合同订立时可以不存在保险利益，但事故发生时则必须存在保险利益。其基本逻辑是：保险合同成立后，保险合同并不为投保人的利益而存在，仅仅为被保险人的利益而存在。此时仍然强调投保人对保险标的应有保险利益，没有现实性，也不甚合理。我国2009年修订的《保险法》明确规定被保险人在保险事故发生时，须享有保险利益。如果保险事故发生时，被保险人对保险标的不具有保险利益的，保险人不承担赔偿责任。保险利益法律规则的变迁，意味着无论公司在投保时是否对其董事和高级职员享有保险利益，但只要在保险事故发生时，董事和高级职员享有保险利益，保险公司即应承担保险责任。

第二节 被保险人的类型及范围

在现代公司治理中，参与到公司运营中的董事和高级职员众多，在确定董事责任保险的被保险人时，涉及的主体较多，有必要对其进行进一步的细分和法律界定。本节主要针对部分较为特殊的被保险人进行分析。

一、独立董事

独立董事由指由那些不在公司内部任职且与公司没有股权关系的外部人士担任的董事，独立董事主要盛行于英美法国家。目前，我国已经建立了独立董事制度。2001年《关于在上市公司建立独立董事制度的指导意见》（以下简称《指导意见》）的解释，上市公司独立董事是指不在公司担任董事外的其他职务，并与其所受聘的上市公司及其主要股东不存在可能妨碍其进行独立客观判断的关系的董事。该《指导意见》具体规定了独立董事的5项基本条件及7种不得担任上市公司独立董事的情况。2005年修订的《公司法》第123条明确规定，"上市公司设立独立董事，具体办法由国务院规定"，第一次从法律层面明确了独立董事的法律地位。独立董事在我国的建立意味着：当独立董事在上市公司治理中扮演积极角色时，也将为参与决策的行为承担法律责任。在独立董事可能会因为公司的经营决策而导致第三人赔偿的情况下，使独立董事受到责任保险的保护，对于促进其为公司和股东的利益从事经营活动是十分必要的。为了更好地促进独立董事保护投资者利益的积极性,《指导意见》明确规定了上市公司应当建立必要的独立董事责任保险制度,以降低独立董事正常履行职责可能引致的风险,这一规定无疑为独立董事制度的长远发展提供了动力。在董事责任保险制度下,独立董事能否成为被保险人取决于保险合同双方的约定。从国外的实践看,保险公司通常会要求投保人提供有关外部董事的全部信息,并决定是否将其纳入被保险人的范围。

(一) 独立董事的制度价值

独立董事制度首创于美国。[①] 20 世纪早期,在美国,由于公司高层管理人员和大股东长期占据公司要职,控制权越来越集中,公司被少数的内部人员所操纵,董事会职能减弱。针对这一情况,美国遂引入外部董事制度,力图通过独立于公司的外部人员的参与,制衡内部人员的职权,从而改变董事会失灵的局面,在这一背景下产生了独立董事。独立董事的概念在著名的"凯得伯瑞报告"(Cadbury Report)中得到了阐述。[②] 20 世纪 80 年代,国际上几家引人注目的大公司相继倒闭。为了分析其中原因,凯得伯瑞爵士领导的一个由证券交易所、会计行业以及管理会计等机构组成的公司管理委员会在 1992 年发布了一份名为《社团法人管理财务概述》的报告和《最佳执业规章》,即"凯得伯瑞报告"。该报告除明确指出:在执行和非执行董事之间应作平衡处理,公司应该有具备足够能力的相当数量的外部董事以发挥重要作用,同时建议董事会至少有 3 名外部董事。

根据中国台湾学者的考证,各国独立董事之制度中以美国最为成熟。[③] 早期由公司自愿设立外部董事组成监督委员会,1930 年起美国证管会(Securities and Exchange Commission)已建议采用此制度于公开发行公司,至 1977 年,纽约证券交易所方正式在上市条件中规定上市公

[①] 张开平:《英美公司董事法律制度研究》,法律出版社 1998 年版。
[②] 布莱恩. R. 柴劳斯:《公司法:理论、结构和运作》,林华伟等译,法律出版社 2001 年版,第 692 页。
[③] 陈文河:"上市公司外部董事及监察人行使职权成效之研究",载台湾证券交易所网站,访问日期:2003 年 4 月 5 日。

司应自1978年6月30日起设监督委员会,完全由独立于经理部门之外,且与之无任何妨害其独立判断之关系存在之董事组成,以确保会计及审计之正确性。事实上在该规则制定前,90%的大公司已自愿设立监督委员会,1991年美国证券交易所方正式规定上市公司至少应有2名独立董事,并须成立监督委员会,其成员之过半数应由独立董事组成。美国立法承认外部董事并对其资格与运作有较周延之规定者,首推密歇根州1998年对公司法之修正。[①] 美国密歇根州公司法第450条对外部董事之规定兼及外部董事除独立性外之其他条件,对其资格之要求主要是能力（Competence）与独立（Independence）二者,并在指定程序及外部董事之权力作出规定。

由于独立董事通常由那些不在上市公司内部任职且与公司没有股权关系的外部人士担任,与公司之间不存在可能影响其独立判断的利害关系,也不参加公司的经营管理活动,既不代表投资者,也独立于公司管理层,可以对公司的投资决策、内部运作、资源分配等重大问题作出独立的判断。因此,独立董事在公司治理结构中有着极其重要的作用。独立董事的作用主要体现在:（1）更能体现公平。独立董事不拥有公司股份,不代表特定群体的利益,其中立的立场较少受到公司内部利益集团的影响,有利于防止大股东的合谋行为,保护中小投资者;（2）提供专业意见。独立董事多为财务、市场、管理领域的专业人士,他们能够运用自己的专业知识和经验,对公司的经营管理、投资、资源分配等问题给出合理化建议和专业意见;（3）形成监督—制衡机制。独立董事作为局外人,与高层人员不存在人事上的隶属关系,故此能不受干扰地客观评价经理层的业绩,制约高层人员的职权并对其实施有效监督,形成权力的监督—制衡机制。

（二）我国独立董事面临的法律风险

在公司治理结构中引入独立董事制度,一方面可制约内部控股股东利用其控制地位做出不利于公司和外部股东的行为,另一方面还可以独

[①] 陈文河:"上市公司外部董事及监察人行使职权成效之研究",载台湾证券交易所网站,访问日期:2003年4月5日。

立监督公司管理层，减轻内部人控制带来的问题。2001年中国证监会发布《指导意见》，确立了独立董事的制度框架。然而，独立董事作为一种典型的英美法制度，其在运行中存在与我国的历史传统、文化土壤乃至于法律体系等不相协调的问题。由此，独立董事也面临着相应的法律风险，主要体现为以下几方面。

1. 因与我国公司治理结构冲突所产生的法律风险

1）与现行公司治理结构不相融

从各国公司制度看，独立董事制度主要盛行于英美国家。在英美法律体系下，并不设立类似于监事会这样的内部监督机构，属于"一元制"公司模式，即股东大会选举董事会，董事会任命主要经营者，公司内部没有一个常设的监督机构。外在于公司的独立董事制度是随着市场经济发展而产生的，以此求得对内部董事的监督。我国的公司治理结构属于"二元制"模式，这一模式讲求权力制约的平衡以及结构的对称性，股东会、董事会、监事会各司其职，监事会专事监督职能。无疑，在这样的体制之下引入独立董事制度，势必导致独立董事和监事会职能的重叠和冲突。如果在公司法、证券法等法律中规定独立董事制度，那么，如何协调独立董事与监事会的关系，将独立董事的监督职能完美嵌入现行的治理框架内，既发挥独立董事的监督效用，又避免监督问题上的功能冲突，在操作上存在一定难度。

实际上，独立董事的职权与监事会的职权至少在立法上已经发生了冲突。按照上述《指导意见》中的规定，独立董事的职权基本上包括监事会的职权，从某种程度上甚至比监事会的职权还大。而监事会的职权是由《公司法》赋予的，它的法律地位本应高于独立董事，而现实情况是，当前监事会普遍处于一种弱势的地位。如果独立董事的行为符合公司大股东的意愿，则独立董事可以有所作为。但是独立董事的行为不符合大股东的意愿，则监事会也无法为独立董事助一臂之力。因此，表面上职权强大的独立董事在与公司股东的冲突或矛盾对抗中实质上处于弱势地位。

2）与董事义务的冲突

如前所述，董事是全体股东而非个别股东的利益代表，独立董事亦不能例外。独立董事应当是公司的董事，而不是公司中某一类利益集团

（包括中小股东）的董事，不能成为特定利益群体的代表。如果独立董事的设立是要代表某一类股东的利益，则实际上违背了公司法的原则，会侵害其他股东的利益。实际上，独立董事应坚持公平、公开、公正的原则，维护公司整体利益，而不能只关注中小股东的利益。同时，由于现代公司是多重利益的汇合点，公司整体利益与各股东的利益是不完全一致甚至是相互冲突的。公司的利益和大股东有可能产生矛盾，公司的利益和小股东有可能产生矛盾，大股东之间有可能产生矛盾，大股东与小股东以及小股东之间也有可能产生矛盾。在这种错综复杂的关系中，独立董事是否能有效维护中小股东合法权益，则存有疑问。

2. 因独立董事独立的现实性问题所产生的法律风险

本质上，独立董事是与公司或股东无产权关系和重要商务联系的董事。独立董事不站在任何一个股东的角度，而是从公司长远发展的角度，对全部股东一视同仁，从而形成必要的制衡关系。

独立董事制度除了与我国现行的公司体制相冲突外，在现实运作中也存在着一系列的障碍，使独立董事的独立性和有效性大打折扣。根据《指导意见》，如下人员不得担任独立董事：（1）在上市公司或者其附属企业任职的人员及其直系亲属、主要社会关系（直系亲属是指配偶、父母、子女等；主要社会关系是指兄弟姐妹、岳父母、儿媳女婿、兄弟姐妹的配偶、配偶的兄弟姐妹等）；（2）直接或间接持有上市公司已发行股份1%以上或者是上市公司前十名股东中的自然人及其直系亲属；（3）在直接或间接持有上市公司已发行股份的5%以上的股东单位或者在上市公司前五名股东单位任职的人员及其直系亲属；（4）最近一年内曾经具有前三项所列举情形的人员；（5）为上市公司或者其附属企业提供财务、法律、咨询等服务的人员；（6）公司章程规定的其他人员；（7）中国证监会认定的其他人员。[①]

[①] 从这些规定看，我国独立董事制度与国外的独立董事的制度设计思路是相同的，即要求独立董事具有较高的独立性。例如，美国法学研究所《公司治理原则》将独立董事（Independent Director）界定为与公司没有"重要关系"的董事。所谓"重要关系"是指董事在过去两年内是公司的雇员、董事是公司业务主管的直系亲属、董事与公司有直接或间接的超过20万美元的交易关系、董事是为公司服务的律师事务所或投资银行的职员等。由于其概括性过强，在某些情况下，是否具有重要关系只能依靠法官的自由裁量加以认定。

然而，从实际情况看，由于缺乏强有力的制度保障，独立董事目前是难以独立的。造成这种情况的现实障碍主要有：

1）信息的不对称性

《指导意见》要求独立董事"确保有足够的时间和精力有效地履行独立董事的职责"。基于独立董事的性质，独立董事往往要花费大量的业余的时间和精力，才能胜任其工作。然而，现实情况是多数独立董事难以投入大量的时间和精力去关注公司事务，又不熟悉公司事务的运作情况，其作出执业判断的信息来源就多由公司管理层提供。但由于道德风险和逆向选择问题以及大股东、内部董事出于切身利益的驱动，使独立董事获得的往往是不完全信息。这就导致独立董事难以有效地判断公司行为对各方利益的影响程度并作出及时的回应。

2）独立董事易与内部人员同化

公司在选聘独立董事时，往往受制于大股东的意愿，这样上市公司最终聘用的独立董事很可能从表面上看符合《指导意见》的条件，但实际上与大股东有着千丝万缕的联系，这就可能导致那些愿意真正为全体股东谋求利益的人难以当上独立董事。同时，在处理公司的具体事务过程中，在强调个体服从整体，缺少个性张扬的传统下，独立董事一旦进入董事会，也极易被内部人员同化，丧失独立性。

3）激励机制的缺失

独立董事制度要加以完善，也需要相应的激励、约束机制。在目前的体制下，独立董事未能享受与其他市场化的董事相同的薪酬待遇，实现"同事同权"。独立董事的薪酬实际上建立在单纯道德约束的基础之上，是一种软约束。同时独立董事不负责公司的日常经营管理，与公司的经营业绩无关，如果要求他们承担监督不力或决策失误等风险，独立董事必然为了规避风险而过分保守，难以有效地维护全体股东的利益。

3. 因制度设计缺陷导致独立董事的法律风险

按照《指导意见》的规定，独立董事应当承担相应的义务和责任。根据该指导意见，独立董事要对上市公司的重大事项发表独立意见，包括董事、经理层的任免、薪酬，重大关联交易以及可能损害中小股东权益的事项等，上市公司还必须将独立董事的意见予以披露。

但是，独立董事的法律责任与非独立董事的法律责任并未作出任何区分。在独立董事和非独立董事承担同等责任的情况下，独立董事就有可能因惧怕承担责任而规避风险，不能及时有效地进行决策。笔者认为，从各国独立董事的制度建设看，在法律责任上，独立董事与非独立董事所应承担的责任应当有所区分。非独立董事是公司经营决策的具体制定者和实施者，直接对经营效果负责，在薪酬和奖励机制方面的条件比独立董事更为优越，所获利益更多，因此理应承担更严格的责任。现行立法中疏于对独立董事的责任作出与非独立董事不同的规定，极大地增加了独立董事的执业风险。

综上所述，建立独立董事制度的出发点无疑是为了改善公司（特别是上市公司）治理结构，其着力点在于保护中小股东的权益，监督和制衡大股东和经营层的行为。然而，由于独立董事制度与我国现行的体制在各方面的矛盾和冲突，导致独立董事在履行职务的过程中存在较大的责任风险。考虑到独立董事制度对完善公司治理结构的积极意义，《上市公司治理准则》第一次明确规定经股东大会批准，上市公司可以为董事购买责任保险。由于董事责任保险可以对独立董事的过失行为而引起的赔偿责任进行赔偿，这就为独立董事在个人能力范围或个性特征内不可避免的风险提供一种可行的转移机制。笔者认为：保险公司在确定是否将独立董事纳入责任保险时，应当着重考察独立董事的独立性、专业结构水平、专业经验、个人能力等方面的问题，并以此确定相应的保费标准。例如：在独立性方面，要求独立董事必须在人格、经济利益、产生程序、行权等方面独立，不受控股股东和公司管理层的限制；在专业性方面，要求独立董事必须具备一定的专业素质和能力，能够凭自己的专业知识和经验对公司的董事和经理以及有关问题独立地作出判断和发表有价值的意见。

二、公司监事

（一）监事之基本职责

监事会是公司的监督机关，对董事会及公司运营承担监督责任。依我国《公司法》的规定，监事会是对公司的财务会计及业务执行进行监查的必要的常设性机构。与董事、高级职员一样,监事在行使其职权时,必须恪尽职守。我国《公司法》第54条规定了监事会、不设监事会的公司的监事的职权。[①] 监事会通过行使相关职权,了解业务决策的制定与实施情况,确定董事、经理的行为的性质,实现其监督职能,切实发挥其制衡作用,维护公司及股东、职工的合法权益,制裁违法行为。

综观各国公司立法,监事的基本职责包括:

第一,业务监督。这是监事的最基本职权,大陆法国家公司法均确认监事的该项职权。《法国商事公司法》第119条、第128条规定,监事会对经理室的公司经营活动进行长期监督。第143条规定,公司和他的一名经理室或监事会成员之间签订的协议,应事先获得监事会的批准。《日本商法》第274条规定,监事负责监察董事履行职务的情况。第275条第2款规定,对于董事并非在公司经营范围以内所做的行为,及其他违反法令或章程的行为,又对公司造成显著损害之虞者,监事可请求董事停止其行为。

第二,财务监督。监事会对公司事务进行监督的有效手段是检查公司的财务情况。《德国股份公司法》第111条规定,监事会可以查阅和审查公司的账簿和文件以及财产,特别是公司金库和现存的有价证券及商品。《法国商事公司法》第128条规定,监事会对经理室的公司经营活动进行长期监督。监事会可在一年中的任何时候,进行它认为适当的检查和监督,并可要求提供它认为对完成其使命必要的资料。经理室每季度要向监事会提交报告。监事会向股东大会发表其对经理室的报告以及年度账目的意见。根据我国《公司法》的规定,监事会有权检查公司的财务状况。

第三,召集临时股东大会。在股东利益遭到损害时,监事认为必要

---

① 主要包括:(1)检查公司财务;(2)对董事、高级管理人员执行公司职务的行为进行监督,对违反法律、行政法规、公司章程或者股东会决议的董事、高级管理人员提出罢免的建议;(3)当董事、高级管理人员的行为损害公司的利益时,要求董事、高级管理人员予以纠正;(4)提议召开临时股东会会议,在董事会不履行本法规定的召集和主持股东会会议职责时召集和主持股东会会议;(5)向股东会会议提出提案;(6)依照本法第152条的规定,对董事、高级管理人员提起诉讼;(7)公司章程规定的其他职权。

时，享有股东大会召集权，从而及时有效地保护股东的合法利益。《德国股份公司法》第111条规定，监事为维护公司利益，在必要可召集股东大会。我国《公司法》规定：代表1/10以上表决权的股东，1/3以上的董事，监事会或者不设监事会的公司的监事提议召开临时会议的，应当召开临时会议。此外，董事会或者执行董事不能履行或者不履行召集股东会会议职责的，由监事会或者不设监事会的公司的监事召集和主持。

第四，列席董事会。《日本商法》第260条第3款规定，监事可以出席董事会，并陈述意见。我国《公司法》规定，监事列席董事会会议。

第五，代表公司对董事诉讼。《日本商法》第275条第4款规定，公司对董事或董事对公司提起诉讼，在该诉讼中，由监事代表公司。我国《公司法》第152条规定：董事、高级管理人员有本法第150条规定的情形的，有限责任公司的股东、股份有限公司连续180日以上单独或者合计持有公司1/100以上股份的股东，可以书面请求监事会或者不设监事会的有限责任公司的监事向人民法院提起诉讼。

（二）公司监事的法律责任风险

由监事所承担的重要职责所决定，监事在履行职务的过程中，同样存在着职业风险。当监事怠于履行职责时，应承担相应的赔偿责任。监事的法律责任风险决定了董事责任保险制度在完善监事制度方面的积极意义。

与董事和其他高级职员一样，监事对公司、股东和特定情形下的第三人负有忠实和注意义务。监事在违反其职责和义务时，应对公司和其他第三人承担法律责任。当监事怠于履行自己的职权（如提交虚假报告、明知董事有违法行为而不予检举等），而使公司受有损害时，应向公司赔偿损失。同时，监事在很多情况下需要对公司以外的第三人承担法律责任。从大陆法各国的监事制度看，均肯定监事对第三人存在法律义务和责任。例如：《日本商法》第277条规定，监事怠于执行其业务时，对公司负连带损害赔偿责任。第278条规定，监事应对公司或第三人负损害赔偿责任，董事亦应负相同责任时，该监事及董事为连带债务人。《法国商事公司法》第250条规定，监事会成员对在履行其职责过程中所犯的个人过错负责。他们不对经营行为及其结果承担任何责任。对经理的轻罪行为，如监事会成员知道并未在股东大会上予以揭发，他们可被宣判对该轻罪行为承担民事责任。目前，我国《公司法》已对监事对第三人承担民事责任进行了规定，根据《证券法》规定：在虚假信息披露的情况下，负有责任的董事、监事、经理应当承担连带赔偿责任。

英美法国家的公司法人治理结构采用的是一元体制，公司通过单设董事会，把决策权与监督权集于一体，因此，在英美法系的董事责任保险单中，并无监事这样的被保险人。我国则是典型的大陆法系国家，采用的是二元体制的公司治理结构，即在股东大会下设立董事会和监事会，董事会行使决策权，监事会行使监督权。作为我国公司治理结构的重要组成部分，监事存在着相应的责任风险，应当纳入董事责任保险的范围。监事未能尽到勤勉的义务时，应当对公司、股东、债权人等承担法律责任。运用责任保险制度来分担这样的职业风险，可以有效促进公司监事履行其职责，完善公司治理结构。令人遗憾的是，与独立董事制度的建设相比较，我国监事的积极作用似乎并不被人们所看重，人们对监事履行职务时可能承担的风险也并不重视。董事责任保险制度如何运用于监事也无人关注。

笔者认为，在董事责任保险制度中，对于监事这样的被保险人，保险人应当着重考察的主要因素是：监事对公司法所赋予的检查公司财务、监督董事会规范运作、遵守信息披露原则、监督董事、经理行为的合法性等方面的监督作用是否有效。同时，监事在董事会重大决策的执行过程方面的监督情况以及相应的制度建设也应成为保险人将监事纳入保险责任的重要考虑因素。目前，我国多数财产保险公司的董事责任保险，都将监事列为被保险人，但平安财产保险股份有限公司的《董事及高级职员责任保险条款》则未将监事纳入承保范围，即其仅承保依法应由被保险董事及高级职员承担的赔偿责任。

三、董事会秘书

（一）董事会秘书的制度功能

董事会秘书（在英美法国家称为公司秘书）制度最早渊源于英美法

国家。在英国，随着特许秘书协会的成立（即特许秘书和管理员协会的前身），公司秘书这一职业才逐渐获得较高的法律地位。在英国，每个公司都应当设立公司秘书。① 此外，公司的唯一董事不能兼任公司秘书。② 然而，如果公司秘书在公司经营管理过程中担任了重要角色，他可能会被认为是影子董事。③

早期公司法理论认为，公司秘书只是公司的服务或者雇佣人员，依别人的指示而行事，无权代表公司订立合约。在以后的发展过程中，判例法逐渐承认公司秘书不再只是一般的文秘人员而属公司的主要行政管理人员。依此地位，公司秘书可以代表公司签署行政管理方面的合约。公司秘书的法律地位问题在 Panorama Developments（Guildford）Ltd V Fidelis Furnishing Fabrics Ltd 一案中得到了准确的说明。④ 在该案中，Panorama 的公司秘书为个人目的而以其公司秘书的身份向出租车行租借了车辆。丹宁勋爵（Lord Denning）认为：作为公司的高级职员之一，公司秘书拥有广泛的权力和责任。这不仅体现在现代公司法中，也体现在公司秘书日常事务的重要地位上。公司秘书并不仅仅是雇员，他可以在日常管理事务中代表公司签订合约。据此，可以认为公司秘书能够代表公司并拥有某些方面的权力，有权就公司的日常管理事务签订合同，比如雇佣雇员、订购车辆等。

从本质看，公司秘书的权力纯粹是行政管理性质的，公司秘书不能行使公司的业务管理权。"就公司秘书职位而言，毫无疑问，其在行使职权时，并不是对公司业务进行管理。因此，公司秘书不是在完成公司的日常经营管理。"⑤ 同时，公司秘书"在履行职责时，有权抵制来自股东、董事会或个人董事的任何干预。公司秘书与这些人不同，他没有义务负责公司的经营政策，他的职责只是行政管理，从而确保公司的经营

---

① CA 1985 S283.
② CA 1985 S283（2）.
③ Nicholas Grier, UK COMPANY LAW, JOHN WILEY & SONS, p. 427.
④ [1971] 2QB 771.
⑤ Per Pennycuid V. C. in Re Maidstone Building Provisions Ltd., [1971] 1 W. L. R, pp. 1085, 1092.

决定能够得以执行"①。在英美国家公司法中,公司秘书拥有众多的权力,② 例如,参加公司会议并作记录,签署某些公司文件(如资产负债表复本等),向有关人士发出通知,办理股份转让的证明,保存公司的各种名册、登记册,向有关机关呈送必要的报告,处理公司往来函件,等等。

概括起来,董事会秘书的主要职责包括:

(1)召集并组织公司的有关会议:组织股东大会、董事会等通常是董事会秘书的职责。董事会通常要指导董事会秘书在适当的时间、地点召集会议,并由董事会秘书作出相应安排。董事会秘书应当发出会议通知和日程、准备相关文件。在会议期间,董事会秘书应当记录会议情况,指导主持人完成会议议程,并在必要时提供指导和信息。在会议结束后,董事会秘书应当整理记录。考虑到会议记录是股东会或董事会决议内容的重要证据,董事会秘书对记录的整理无疑相当重要。

(2)确保决议的执行:董事会秘书的重要职责是确保董事会决议能够得到有效执行,这是一个要求具备控制安全问题能力而不是企业家才干(Flair)的职位。③ 实际上,由于董事会秘书或其部门很少创造利益,他们往往会关注一项特定交易的某些法律问题,因此,在许多机构中,董事会秘书并不受到重视。

(3)信息披露:董事会秘书依法负责公司有关信息披露事宜,并保证公司信息披露的及时性、合法性、真实性、完整性。在信息披露的过程中,董事会秘书应当协助董事会行使职权时切实遵守法律、法规、公司章程及证券交易所的有关规章制度。如果公司披露的信息违反有关规定,董事会秘书应及时提出异议,避免给公司或投资人带来损失。

鉴于董事会秘书制度所具有的优越性,大陆法国家纷纷引进该项制度并融入公司治理结构中,取得了良好的效果。《澳门商法典》第237

---

① L. C. B Gower, Principles of Modern Company Law (Fifth Edition), SWEET&MAXWELL, London, p. 163.
② 公司秘书的权力可能会因某些方面的原因而得到扩大,例如,公司秘书如由董事兼任时,董事可依章程大纲或细则的授权将其权力分给公司秘书去行使,或者公司章程大纲或细则直接赋予公司秘书较大的权力。
③ Nicholas Grier, UK COMPANY LAW, JOHN WILEY & SONS, pp. 426.

条规定：公司应当指定一名公司秘书，除首名公司秘书应当由股东在设立时即时指定外，公司秘书由管理机关从其成员中或公司雇员中指定及解任，秘书职务也可由公司为有关目的而聘用之律师出任。

在2005年《公司法》颁布之前，中国证监会已经通过部门规章的形式要求上市公司建立董事会秘书制度。[①] 该制度在促进公司经营、维护投资者利益方面发挥了重要的作用。正如学者指出，董事会秘书制度既具有对公司经营管理人员的制约功能和对公司股东、交易相对人的保护功能，又能与我国大陆法传统下的公司构架相容，该制度在我国公司法制上具有现实意义，可以作为一种制度创新的资源为我所用。[②] 2005年修订的《公司法》正式建立了董事会秘书制度。现行《公司法》第123条规定，上市公司设董事会秘书，负责公司股东大会和董事会会议的筹备、文件保管以及公司股东资料的管理，办理信息披露事务等事宜。

（二）董事会秘书的法律风险

随着中国证券市场的发展，董事会秘书制度也逐渐得以完善，董事会秘书的职能及作用日显重要。由于董事会秘书的职权主要反映在与交易所的联络、协调和组织上市公司信息披露事宜、与投资者及新闻媒体的联络、董事会内部的管理等方面，处在公司与外界的交汇点，也是公司与外界矛盾的交汇点，其履行职责情况的好坏直接关系到公司治理结构的完善与否。按照《境外上市公司董事会秘书工作指引》第2条规定：董事会秘书的主要任务是协助董事处理董事会的日常工作，持续向董事提供、提醒并确保其了解境内外监管机构有关公司运作的法规、政策及要求，协助董事及经理在行使职权时切实履行境内外法律、法规、公司章程及其他有关规定；负责董事会、股东大会文件的有关组织和准备工作，作好会议记录，保证会议决策符合法定程序，并掌握董事会决

[①] 董事会秘书制度在中国有关法律、法规上的认同，最早起源于国务院根据《公司法》第85条及第155条颁布的《关于股份有限公司境外募集股份及上市的特别规定》，该规定第15条明确了董事会秘书为公司的高级管理人员。而后国务院证券委、国家体改委颁布的《到境外上市公司章程必备条款》以及中国证监会颁布的《上市公司章程指引》，特别是上海和深圳证券交易所的《股票上市规则》中有关章节都确定了董事会秘书这一职位，并规定了其相应的职责和作用。

[②] 陈历幸："论我国公司秘书制度的建构"，载《法学》，2001年第4期，第59–62页。

议执行情况；负责组织协调信息披露，协调与投资者关系，增强公司透明度；参与组织资本市场融资；处理与中介机构、监管部门、媒体的关系，搞好公共关系。[1] 可见，董事会秘书承担了较重的责任，其职业风险也较大。作为公司的高级职员，董事会秘书与董事一样，处于公司受托人的地位，因此他必须谨慎勤勉地为公司服务，并不得密谋私益。

董事会秘书制度的优势在于他是公司大量具体经营活动的直接经手人和见证人，能够进行事中监督、微观监督，从而与股东和监事相配合，平衡向董事和经营者倾斜的权力，使公司的决策权、执行权、监督权更好的相互配合、相互制约。[2] 然而，董事会秘书制度在我国的执行情况似乎并不理想。2002 年，在上海上市公司董事会秘书协会的组织和协调下，上海证券报曾经对上海及江浙一带的董事会秘书进行了一次调查。根据有关问卷调查，董事会秘书在实际运作中的情况不容乐观。[3] 主要的表现为：（1）董事会秘书的地位不高；（2）董事会秘书作用的发挥不充分；（3）上市公司内部存在信息不对称性等。这些问题导致董事会秘书难以按照制度设计的初衷履行其职责。

近年来，我国董事会秘书制度不断完善。2013 年，上海上市公司协会发布公司治理系列实证研究报告，并对上市公司董秘制度研究与履职情况分析进行了分析。报告认为，自 1994 年境外上市的公司设立董事会秘书职位以来，上市公司董事会秘书制度已实施近 20 年，中国董事会秘书制度经历了从无到有、从不完善到逐步完善的过程。伴随中国资本市场的发展，上市公司董事会秘书的基本素质得到提高，任职能力不断增强，履职环境有所改善，已成为公司规范运作的重要窗口、公司治理效率的关键枢纽和股东之间沟通协调的良好渠道。其中，在关于董事会秘书的定位和作用的调查中，78.06% 的董秘认为其向董事会负责，只有极少数的选择了向总经理或大股东或委派机构负责。对于董事会秘书的角色，绝大多数人认为董事会秘书应致力于完善公司的治理结构、提高公司的透明度并致力于上市公司承担对投资者的责任。

---

[1] 1999 年 4 月 8 日中国证券监督管理委员会发布证监发行字〔1999〕39 号。
[2] 陈历幸："论我国公司秘书制度的建构"，载《法学》，2001 年第 4 期，第 59－62 页。
[3] "抽样调查显示：董秘还可发挥更大作用"，载《上海证券报》，2002 年 7 月 18 日。

目前，董事会秘书制度已经成为我国公司治理的重要制度，而与此同时，董事会秘书也面临着相应的民事责任风险。从董事责任保险的域外实践来看，董事会秘书可以基于保险合同的约定而纳入董事责任保险的范围，从而使董事会秘书能够借助于该项制度防范职业风险。作为保险人而言，在决定是否将董事会秘书纳入保险单时，应当着重考察董事会秘书本身的风险，尤其是董事会秘书在履行信息披露方面的职能、职责以及董事会秘书的独立性等。同时，保险人亦有必要考察董事会秘书的专业知识和职业经验。因为，董事会秘书只有很好地掌握公司法、证券法、上市规则，熟悉公司章程并掌握财务及行政管理方面的有关知识，才能有效地行使董事会秘书的职责，提供全面的专业意见，保障公司规范化运作。

四、从属子公司的董事和高级职员

在董事责任保险制度中，对于投保公司而言，总是希望将自己的某些从属子公司的董事和高级职员也纳入保险责任。对于保险公司而言，由于控股问题的复杂性，他们希望纳入保险责任的从属子公司能够为投保公司所完全控制，从而能够对风险加以准确地评估，有效地界定哪些从属子公司的董事和高级职员可以纳入保险责任。从我国的情况看，公司的兼并收购从无到有，数量和规模迅速扩大，控制权转移日益频繁。在这种情况下，保险人必须关注从属公司的控制权的变化，以便界定保险责任。

（一）因控制权而产生的被保险人界定问题

所谓控制权是指对公司的所有可供支配和利用的资源的控制和管理的权力。[①] 在资本市场上，公司之间的控制与被控制的角逐是再普通不过的现象。问题在于，当控制公司为其董事和高级职员投保责任保险时，处于从属或受控制地位的子公司的董事和高级职员能否纳入同一份保险单并与母公司的董事和高级职员同样地享有被保险人地位？

---

① 殷召良：《公司控制权法律问题研究》，法律出版社2001年版，第25页。

在考虑是否将从属子公司的董事和高级职员作为被保险人的问题时，应当考虑的首要因素是控制强度。关于控制强度，各国公司法、证券法规中通常要加以规定。从董事责任保险的通常惯例看，在从属公司的问题上，能够纳入董事责任保险责任范围的通常是投保公司能够完全加以控制的公司。"能够完全加以控制"可以从以下两个方面得到理解。

1. 应当是股份控制而不是合同控制

一般来说，控制企业与从属企业关系大致表现为两种类型：股份控制型和合同控制型。股份控制型，是一个企业占有另外一个企业一定股份而对另一企业可以实施直接或间接的决定性影响，控制企业与从属企业的关系是基于资产纽带。合同控制型，是指一个企业通过合同的约定而享有对另一个企业的指挥和支配权，从而在两个企业之间形成控制与被控制的关系。合同控制的典型例子是《德国公司法》第291条关于关系企业的规定。该条规定：一个股份有限公司或股份两合公司可以通过支配合同将其公司的管理置于另一个企业之下，或通过盈余转移合同将其全部盈余转移于另一个企业。

在合同控制的情况下，投保公司对从属公司没有资产方面的联系，而完全是基于合同的约定。无疑，这种控制是不牢固的，控制关系完全可能因合同约定发生变化而变化，这对保险人评估和控制风险是极为不利的。与合同控制相比较，股权控制则完全是建立在财产权利的基础上，除非投保人转让股权，控制关系一般不会发生大的变化。从实际情况看，对从属公司的经营管理人员进行控制几乎总是与控制公司基于股权的大小而形成的表决权的强弱分不开的。因此，只有在股权控制的情况下，保险人才能够有效地评估将从属公司的董事和高级职员纳入保险责任的责任风险。

2. 应当是绝对控股而不是相对控股

从母子公司的控制关系来说，子公司是相对于母公司而言的，子公司是指其一定数额以上的股份被母公司所控制或者根据协议受母公司实际控制的公司。从母公司对子公司控制的强度来看，可以分为绝对控股和相对控股两种类型。我国《公司法》及《上市公司章程指引》（2014年修订）规定，控股股东，是指其持有的股份占公司股本总额50%以上的股东；持有股份的比例虽然不足50%，但依其持有的股份所享有的表决权已足以对股东大会的决议产生重大影响的股东。实际控制人，是指虽不是公司的股东，但通过投资关系、协议或者其他安排，能够实际支配公司行为的人。这些标准为责任保险人计算保费、确定保限责任以及承担风险等问题提供了更多的依据。在董事责任保险中，保险人如果要承保子公司的董事和高级职员的职业责任风险，则必须考虑是按照何种标准来进行承保，是绝对控股还是相对控股？

从理论上讲，所谓相对控股，是指在有表决权股份相当分散的情况下，持有其他公司50%以下的表决权，但仍然能够控制股东会上的多数表决权并取得对子公司事务的决定权从而控制该公司。相对控股是根据有表决权股份的结构以及有表决权股东之间是否协调行动予以确认，因而有浓厚的个案认定和事后认定色彩。《美国公用事业持股公司法》（1935年）明确规定，任何公司已发行的有表决权的股票中，如果有10%或更多数量的股份为另一公司所掌握时，该公司为另一公司的子公司，即采用10%作为是否控股的标准；《美国投资公司法》（1940年）规定一家公司直接或间接持有25%股权者，则其为控股方。[①]

所谓绝对控股，是指控股公司持有其他子公司半数以上有表决权的股份或半数以上有表决权的资本数额，从而对子公司拥有绝对的管理和控制权。母公司依靠拥有其他公司达到决定性表决权的股份，而行使控制权或从事经营管理。控股公司不但拥有子公司在财政上的控制权，而且拥有经营上的控制权，并对重要人员的任命和大政方针的确定有决策权。公司的绝大多数董事席位均由控股股东把持，在股东会和董事会中控股股东有绝对的发言权。

从加拿大董事责任保险制度来看，保险公司对母公司控制子公司的强度予以特别关注。原则上，只有母公司对子公司有主导性的投票权时，如超过50%，子公司才可以视为母公司的分支机构，从而可以将被控制公司的董事和高级职员同样纳入被保险人的范围。[②]

---

① 殷召良：《公司控制权法律问题研究》，法律出版社2001年版，第9页。
② McCarthy Tetrault (Law Firm), Directors and Officer's Duties and Liabilities in Canada, Butterworths, 1997. p. 302.

笔者认为，我国保险业应当借鉴这一做法，将绝对控股情况下从属公司的董事和高级职员纳入责任保险责任，从而使保险人对责任风险能够尽可能地予以估算和衡量。主要理由是：（1）绝对控股的判断标准相对单一，基本不存在相对控股那样的个案认定和事后认定色彩，保险公司在评估风险时标准相对单纯；（2）从各国立法来看，如果子公司被母公司绝对控股，则子公司的行为一般视为母公司的行为。例如，根据《上海证券交易所股票上市规则》（2001 年修订本）的有关规定，上市公司直接或间接持股比例超过 50% 的子公司的某些行为（如收购、出售资产等），视同上市公司行为。（3）在某些经营活动中，被母公司绝对控股的子公司，甚至可以取得与母公司同样的经营资质。基于这些理由，如果保险公司根据母公司的申请，拟将母公司控制下的子公司的董事和高级职员列入保险合同范围，应当按照绝对控股标准来进行承保。

（二）控制权变化与重要危险增加的告知

危险显著增加的通知义务，是适用于财产和责任保险的一类诚实信用义务，它要求在财产保险合同履行过程中，投保人或被保险人应当将危险程度增加的情况，及时通知保险人，从而平衡保险人与投保人、被保险人之间的利益关系。[①]

当投保公司对从属公司的控制权发生变化时，意味着保险人可能承担的保险责任危险增加。因此，被保险人有义务将有关控制权变化的事实通知保险人。该项义务渊源于保险法上投保人、被保险人或者受益人的危险增加告知义务。我国《保险法》第 52 条规定："在合同有效期内，保险标的的危险程度显著增加的，被保险人应当按照合同约定及时通知保险人，保险人可以按照合同约定增加保险费或者解除合同。保险人解除合同的，应当将已收取的保险费，按照合同约定扣除自保险责任开始之日起至合同解除之日止应收的部分后，退还投保人。被保险人未履行前款规定的通知义务的，因保险标的的危险程度显著增加而发生的保险事故，保险人不承担赔偿保险金的责任。"

重要危险增加告知义务是保险法诚信原则的重要体现。保险的重要

[①] 王伟：《保险法》，格致出版社、上海人民出版社 2010 年版，第 71 页。

特征在于投保人以给付保险费为代价换得保险人承担约定的风险,从而在投保人与保险人之间实现风险的转移,而在全体投保人之间则形成风险的分散。因此,保险人承担的风险与投保人所交付的保险费具有对价关系。在保险合同的履行过程中,由于保险人所承担的保险标的物并不转移占有,风险处于不确定的状态,保险人对风险的控制极为有限。正如学者所言,"保险人无论于缔约时或定约后关于危险的掌握及控制于事实上几乎立于无能之地位"①。关于重要危险增加时,投保人或被保险人何以负有告知义务,我国学者认为,这主要是基于利益平衡的考虑:因为,保险标的的风险处于不断变化之中,保险合同缔结之初其承担的风险与合同履行中的风险可能会出现较大的差异。② 而保险合同又是继续性合同,若危险严重超出缔约时保险合同所承保的程度,则势必会提高保险事故发生的机率,而加重保险人的义务,破坏对价平衡。为此,当保险标的情况的变化严重增加了保险合同缔结之初所承保的风险时,保险法对相对人课以危险增加的通知义务,从而使保险人对危险增加的事实作出正确估量,决定是否继续承保或以何种条件继续承保,采取相应的措施控制风险。危险增加破坏了投保人与保险人间的对价平衡,而对价平衡被破坏的结果表面上不利于保险人,而实质上有害于由其他投保人组成的社会团体。因此在危险增加情况下,保险人若于通知后经重新估价风险后,认为可以继续承保,则理应根据对价平衡原则对风险增加的部分加收保险费,以回复对价平衡。增加保险费的权利旨在救济保险人因承担风险增加所受不利益。③

在典型的董事责任保险单中,通常要求明确公司控制权变化时的保险责任,从而解决在危险增加时对保险人的保护问题。例如,美国国际集团的保险单中规定:在保险期限内,如果:(1)记载公司合并(Consolidate with)或并入或者出售全部(或基本上全部)资产给其他个人、

---

① 江朝国:《保险法论文集》(一),瑞兴图书股份有限公司1997年版,第140页。
② 徐卫东、高宇:"论我国保险法上危险增加的类型化与危险增加的通知义务",载《吉林大学社会科学学报》,2002年第2期,第69-75页。
③ 徐卫东、高宇:"论我国保险法上危险增加的类型化与危险增加的通知义务",载《吉林大学社会科学学报》,2002年第2期,第69-75页。

组织或者一致行动的个人、组织（Acting in Concert）或者（2）任何个人、组织或者一致行动的个人、组织收购的证券代表了保单记载公司对董事50%以上的选举权，或者收购了此类证券的投票权（以上事件均简称为"交易"），那么，对于在交易日生效以前的不当行为，本保单仍应完全承保；但是对于交易生效日以后的真正或被指控的不当行为，都不能以本保单项下的任何条款要求保险人承保。[①] 在交易生效日后，保单如不中止，本保单项下的保费应当视为收购生效日时已缴纳。保单记载的公司也有权提出要求（应当在保单的发现期间内），保单记载的公司应当尽可能快地向保险人发出关于该项交易的书面通知，但最迟不得超过交易生效日后30天。

我国现行的保险实践也采纳了上述做法，对控制权变化前后的保险责任给予明确规定，并将是否继续承保的权利交给保险公司。平安财产保险公司的《董事及高级职员责任保险条款》第22条规定，"在保险期间内，被保险公司发生合并、兼并、分立、收购事宜或成立新的子公司，应及时书面通知本公司，本公司有权根据风险状况决定是否予以扩展承保；如本公司决定扩展承保，将办理有关批改手续，并根据风险状况补收相应的保险费"。这样，通过对被保险人在公司控制权发生变化以后的通知义务的规定，保险人得以有效地控制风险因素，公平合理地承担保险责任。

[①] AIG（National Union）1995 Basic D&O Policy Form 62335.

第四章 保险责任认定的一般条款

在职业责任保险制度中,保险人的保险责任通常是:在保单列明的追溯期或保险期限内,被保险人在一定区域内,在承办相关业务过程中,因疏忽或过失行为未尽其责任及义务,造成第三方利害关系人的经济损失。此等利害关系人首次在保险期限内向被保险人提出索赔,被保险人依法应承担经济赔偿责任,由保险人根据保单规定,在约定赔偿限额内负责赔偿。与其他职业责任保险相比,董事责任保险制度有其自身的特殊性。董事责任保险上的某些制度(如对董事和高级职员的补偿问题,公司与被保险的董事和高级职员的责任分摊等),与其他责任保险制度有很大的不同。在一定程度上,董事责任保险中保险人的责任认定需要更多地考察公司的治理结构、公司法律规则以及公司和董事和高级职员相应的法律关系。本章旨在运用有关保险理论,分析和比较有关保险条款,着重对董事责任保险认定上的一般规则进行论证。

第一节 承保基础

从责任保险的一般规律看,从责任事故隐患存在、发生或发现到受害人向被保险人索赔,可能间隔相当长的一段时间。保险人在承保责任保险时,可以采用以受害人在保险期限内向被保险人提出的有效索赔为基础审定保险责任(即期内索赔式责任保险),也可以采用以在保险期限内发生责任事故而引起的索赔为基础审定保险责任(即期内发生式责任保险)。由于期内索赔式责任保险的诸多好处(例如,保险人可以了解全部索赔的情况,对自己应承担的风险责任和可能支付的赔偿数额做出比较切合实际的估计），因而在现代责任保险制度中，期内索赔式责任保险得以广泛采用。董事责任保险通常也为期内索赔式，这是董事责任保险与其他责任保险近似的地方。然而，与其他董事责任保险所不同的是，在董事责任保险中，除被保险的董事和高级职员可以受到保险单的保护外，由于公司可以依照补偿立法、公司章程、合同的规定对董事和高级职员给予补偿，公司基于其补偿行为可以成为被保险人而获得保险保护。

一、期内索赔式责任保险

与其他的职业责任保险一样，在董事责任保险的分类上，一般可以按保险人承担保险责任的基础不同而划分为期内索赔式责任保险和期内发生式责任保险。

（一）期内发生式责任保险

期内发生式责任保险（on an Occurrence Basis），是指保险人承诺对被保险人因为约定事件的发生而产生的任何损失予以填补。但该约定的事件，仅以对第三人有所影响而在保险单约定的期间内所发生的事件为限。[1] 在期内发生式责任保险单项下，保险人仅对保险期限内发生的责任事故所引发的索赔承担责任，而不论受害人是否在保险期限内提出索赔。该保险方式实际上延长了保险责任期限，是一种"长尾巴"责任保险。

从当代董事责任保险制度的发展看，期内发生式的责任保险正在逐步退出保险领域。因为，在这种类型的责任保险中，保险人实际承担的责任要经过很长时间才能确定，保险事故的发生与否，或在多长时间以内发生都难以预测。对于保险公司而言，从事这种风险极不确定的保险业务，需要雄厚的实力和丰富的经验。在采纳期内发生式保险的情况下，保险公司的风险体现在：不能有效地评估损失率，提留准备金以及明确保险费；在举证问题上，如何证明被保险人的不正当行为发生于保

---

[1] 转引自 W. L. B Enright, Professional Indemnity Insurance, Sweet &Maxwell 1986, p. 87.

险单的有效期间，也颇费周折。由于保险人在保险单项下承担的赔偿责任要经过很长时间才能确定，而且因为货币贬值等因素，受害方最终索赔的金额可能大大超过责任事故发生当时的水平或标准。由于上述缺陷的存在，导致纯粹的期内发生式董事责任保险逐步退出了保险市场。

（二）期内索赔式责任保险

期内索赔式责任保险（on a Claim Made Basis），是指第三人向被保险人请求索赔的事实首次发生在责任保险单的有效期间，则保险人应对被保险人承担保险金给付责任的保险。[①] 期内索赔式责任保险的基本要素在于：(1) 被保险人有不正当的行为；(2) 不正当行为引发了第三人的索赔，并导致对第三人承担赔偿责任；(3) 第三人的索赔请求首次发生于保险单的有效期间。

考察发达国家和地区的董事责任保险制度，多以期内索赔式为主。[②] 其主要原因在于该类保险制度简明易行，如，保险公司可以相对有效地根据公司往年的经营活动以及索赔情况评估损失率，提留准备金以及明确保险费。更主要的是，由于保险责任是发生在保险合同有效期间因第三人索赔所导致的民事赔偿责任，被保险人比较容易提供责任事故发生的相关证据，保险人便于核实事故的基本情况，调查举证的过程相对简化。

需要注意的是，期内索赔式的董事责任保险对董事和高级职员的不正当行为将提供溯及既往的损失填补。那么，是否任何发生于保险单有效期间的索赔都归于责任保险责任？的确，期内索赔式董事责任保险的特点是：在保险单有效期间内，对董事和高级职员从事经营活动所导致的特定范围内索赔而承担的民事赔偿责任应由保险公司承担。期内索赔式责任保险的实质是将保险人承保的责任风险前置，从而有利于保险人了解全部索赔情况，对自己应承担的风险责任和可能支付的赔偿款项作出切合实际的计划。[③] 因此，倘不确定一个溯及既往的行为发生日期，

[①] 邹海林：《责任保险论》，法律出版社1999年版，第110页。
[②] Robert W. Hamilton, The Law of Corporations, 1996 West Group, p. 458.
[③] 尹田主编：《中国保险市场的法律调控》，社会科学文献出版社2000年版，第391页。

而任由董事和高级职员请求保险公司对其任何时间内实施的不正当行为承担保险责任，将增大保险人不可预知的风险。随着保险经营的科学化，为了有效地评估和风险程度，保险人往往通过采用追溯期间条款的方式，对责任保险的前置时间加以控制。这样，保险人就仅对从保险单开始的追溯日开始至保险期满日止发生的责任事故并于保险期限内提出的索赔承担责任。因此，董事责任保险单应当对发生在责任保险期间的保险事故的溯及既往期限问题加以明确，从而使保险人能够有效地权衡风险，公平合理地解决责任范围问题。国外的保险公司在签发董事责任保险单时，一般只采用期内索赔式保险方式。[①] 从制度优越性来权衡，以期内索赔式保险为董事责任保险制度的基础，是当代董事责任保险的一种发展趋势。从我国目前的董事责任保险产品来看，都采取的是期内索赔式董事责任保险。如，平安财产保险公司《董事及高级职员责任保险条款》第1、2条规定：本公司承担赔偿责任时，以被保险个人引起索赔的过错行为发生于保单约定的溯及日后，并且第三者在保险期限内首次向被保险个人提出索赔为限。我国保险公司的实践是完全切合于现代责任保险的发展趋势的。

二、保险责任

在现代董事责任保险制度中，发达国家还将公司对董事、高级职员在某些情况下的补偿问题结合起来考虑董事责任保险的制度设计。在典型的董事责任保险单中，保险责任（Coverage）通常分为两部分：第一部分，个人保险责任（或称保险责任A，Coverage A），该部分保险责任旨在对被保险的董事和高级职员致人损害的赔偿责任提供保险；第二部分，公司补偿保险责任（或称保险责任B，Coverage B），该部分保险责任只在公司对董事和高级职员的赔偿予以相应补偿后，才能由保险人在公司补偿范围内给予保险赔偿。此外，为了解决因证券诉讼而产生的赔偿责任和损失范围的分摊难题，保险公司创新了董事责任保险。在很多

[①] Vanessa Finch, Personal Accountability and Corporate Control: the Role of Directors' and Officers Liability Insurance, the Modern Law Review, vol. 57, Nov. 1994.

董事责任保险单中，投保人和保险公司可以约定公司实体保险责任（或称保险责任 C，Coverage C）。在这一保险责任中，根据保险单的特别约定，当公司及一名以上的董事和高级职员在证券诉讼中都成为被告时，公司的损失列入保险责任由保险公司承担。公司实体保险发展的最初目的是回应传统的董事责任保险在分摊问题上的难题。[①]

董事责任保险单包含个人保险责任和公司补偿保险责任的做法以《美国示范公司法》为代表。该法第 8.57 条旨在授权公司购买或延续不同种类的董事责任保险。关于该条的具体含义，制定者们作了如下的解释："本条授权公司代表董事、高级职员购买和延续保险单，以此对他们在履行职务，或单纯因其地位，或应公司要求从事某些行为而产生的责任予以保险；保险并不以公司是否授予董事、高级职员补偿为前提。这种保险，在董事、高级职员获公司补偿的范围外，当公司不能支付补偿费时，保险人对董事、高级职员提供保护，同时，为公司补偿董事、高级职员提供经济来源。"[②] 该条文不强调从保险事故的角度将董事责任区分为期内索赔式和期内发生式两类。如前所述，当代董事责任保险的发展趋势是以期内索赔式为主，期内发生式的董事责任保险极为罕见。顺应上述发展趋势，该条款并没有僵化地将董事责任保险作上述区分，而是允许保险人和投保人根据利益和风险的衡量，采用相应的责任保险类型。该立法所强调的是将公司对董事和高级职员的补偿纳入董事责任保险单的考虑范围。为了更加有效地对董事和高级职员提供个人保护，公司是否授予补偿不是董事和高级职员获得保险的必要前提；然而，基于保险单的约定，在公司对董事和高级职员提供补偿时，公司的补偿费用可以由保险人承担。

平安财产保险公司《董事及高级职员责任保险条款》第 1 条规定了董事和高级职员的个人保险责任。在该保险责任中，保险人"承保被保

[①] Ty. R. Sagalow, Esq., Directors and Officers Liability Insurance, NACD (National Associations of Corporate Directors), p. 58. 亦参见第四章第二节。

[②] Model Business Corporation Act: Official Text with Official Comments and Statutory Cross - Reference, adopted by Committee on Corporate Laws, Section of Business Law, American Bar Association, 1998, pp. 8 - 91.

险个人在其以被保险个人的身份执行职务的过程中，由于单独或共同的过错行为导致第三者遭受经济损失，依法应由被保险个人承担的赔偿责任"。

第 2 条的标题是"公司补偿保险"，该条规定"本保险承保被保险个人在其以被保险个人的身份执行职务的过程中，由于单独或共同的过错行为导致第三者遭受经济损失，且被保险公司依法应对其过错行为承担赔偿责任，本公司按本保单的约定，在被保险个人所受损失范围内对被保险公司负责赔偿"。上述保险单条款有失严谨，显然没有充分考虑"公司补偿"的法律含义。在该条款中，笔者并没有看出所谓公司补偿范围的真正意义。而且，该条款的逻辑也不清晰，其中至关重要的是被保险个人的损失与被保险公司对个人的赔偿责任之间，缺乏内在的逻辑关联。公司是对被保险的董事和高级职员进行赔偿，抑或是对受害第三人进行赔偿，其损失方能纳入保险合同范畴，界定不明。

笔者认为，《美国示范公司法》灵活地处理了董事责任保险的一系列难题，反映了董事责任保险制度的发展趋势，对我国有相当大的借鉴意义。在现行的公司立法之下，立法者并未提供任何制度设计允许公司对其董事和高级职员提供费用、损失方面的补偿。从长远来看，我国公司立法应当提供公司补偿这样的制度机制，以法律规定的公司补偿制度为基础，我国保险公司可以参照国外董事责任保险的成功经验，仿效《美国示范公司法》的做法进行制度创新，并将公司对董事和高级职员的费用补偿纳入保险责任，从而使董事责任保险制度对受害的第三人以及公司、董事和高级职员提供更全面、更妥当的保护。关于建立公司补偿制度的思路，笔者在本书第六章进行了讨论。笔者认为，我国建立公司补偿保险可以采纳如下做法：

（1）允许公司在其章程中规定补偿条款，即，公司可以通过章程规定补偿条款对因执行职务而遭受损失的董事和高级职员予以一定的经济补偿。董事责任保险合同可以包含公司对董事、高级职员的补偿问题，并使补偿问题与董事责任保险能够协同作用，共同对董事和高级职员提供保护。由于公司补偿董事、高级职员的费用可以纳入董事责任保险的范围，董事责任保险的保障范围得以扩张，这就使公司有了更大的积极性在章程中规定对董事和高级职员的补偿问题，并且在支付有关补偿费用后可以从保险公司获得保险金。这就促使被保险的董事和高级职员向受害人及时支付赔偿金，强化被保险人的保护力度。同时，由于公司对董事和高级职员补偿保险责任的存在，增加了公司先期对董事和高级职员予以补偿的积极性，从更大的范围上保护了审慎经营但仍导致对外承担赔偿责任的董事和高级职员，使董事和高级职员寻求董事责任保险保护的可能性增大，扩大了对董事和高级职员的个人保护。

（2）允许在同一份董事责任保险单中包含两类不同的保险责任，即，第一部分，对个人的保险责任，这一部分旨在对那些没有受到公司补偿的董事、高级职员所遭受的损失予以弥补；第二部分，对公司的保险责任，即公司可以依照章程的规定对其董事、高级职员遭受损失予以弥补后，相应地从保险公司获得补偿。但是，法律应当允许保险公司对这两类保险责任依照意思自治原则予以约定，即，对个人的保险和对公司的保险可以适用同一张保险单，也可以分开保险。如何处理这两类保险责任，主要取决于被保险人公司的章程规定以及保险公司的承保要求，法律不宜强行规定。同时，在近年董事责任保险的发展过程中，出现了第三种保险责任，即公司实体保险责任。该实体保险责任的目的是将被保险人扩展至为其董事和高级职员购买保险的企业实体。在证券领域中，实体保险责任成为了一种重要的保险责任。在本书第五章，笔者建议我国董事责任保险制度引入该保险责任。[1]

第二节 不当行为

如前所述，在现代社会中，董事和高级职员的责任呈现加重的趋势，公司和公司之外的第三方（包括股东、债权人、政府机构等）都有可能就董事和高级职员履行职务过程中的过错或疏忽行为提出诉讼。在董事责任保险制度中，并非任何第三方对董事和高级职员的提起的索赔

---

[1] 参见第五章第一节"赔偿责任和费用的分摊"。

均可以纳入保险责任，这就需要进一步考察董事和高级职员的哪些不当行为所导致的对第三人的民事赔偿责任属于保险责任范围。从国外的保险立法和实践来看，通常只有那些因董事和高级职员在履行职责时所实际发生的或者被他人指控的疏忽、错误、遗漏、过失或者其他违反义务的行为才可以纳入保险责任。而且，在第三人索赔发生后，董事和高级职员的义务与责任是确定保险人是否承担赔付责任以及赔付费用的根据。在董事责任保险中，董事和高级职员可以被纳入保险的个人行为称为"不当行为"（Wrongful Act）。可以由保险公司承保的不当行为，一般要求具备两个要件：一是履行职务的行为；二是主观上的过失。只有符合前述构成要件的个人民事赔偿责任，才能被纳入保险责任。当然，在特别情形下，出于保护受害人第三人利益的需要，在一定的情况下，即使被保险人主观上为故意或从事的是犯罪行为，保险人也有义务向受害人支付赔偿金，尽管这并非董事责任保险中的常态。在董事责任保险中，确定"不当行为"的范围是界定保险责任的基本前提。本节着重于讨论董事责任保险意义上"不当行为"的认定问题。

一、一般原则

在董事责任保险制度中，通常需要明确保险事故的范围。而在确定董事责任保险的保险责任时，又不得不涉及董事和高级职员不当行为这一术语的界定。可以说，不当行为这一术语的界定是支撑董事责任保险理论的重要基础。根据笔者对国外的责任保险制度的了解，不当行为这一概念，只存在于董事责任保险和受托人保险（Fiduciary Insurance）之中。在董事责任保险制度中，不当行为实际上是指董事和高级职员所从事的导致对第三人经济赔偿而又属于保险责任的经营行为。

在现代公司制度中，关于董事和高级职员义务和责任的规定是数不胜数的。对于经营者而言，其应承担的主要义务包括：注意义务、忠实义务；其应承担的责任则主要包括：对公司的责任，对第三者的责任（包括：竞争者、雇佣者等）。[①] 在董事责任保险制度中，以公司以外的

---

① 参见本书第二章。

第三者提出的索赔居多。然而，这并不意味着任何第三方对董事和高级职员的提起的赔偿均可以纳入董事责任保险的范围。

在判例法中，通常从地位和行为两方面对董事和高级职员在责任保险上的不当行为加以概括：（1）董事、高级职员在其职责以内，违反义务、过失、错误、不实陈述、引人误解的陈述、作为、不作为等行为；（2）仅因为其是公司董事、高级职员而对其提出的索赔要求。① 对于不当行为的具体界定，通常需要以保险合同的约定为根据。然而，保险合同当事人不得违反法律的强制性规定将不可保险事项纳入董事责任保险合同。

在一家美国保险公司的董事责任保险单中，不当行为被界定为：（1）公司的董事和高级职员等被保险人在其职责范围内的任何实际或被指控的行为、错误、疏忽、不实陈述、误导性陈述或违反义务；（2）仅因为其作为公司的董事或高级职员的地位而针对被保险人所主张的任何事项；（3）被保险人在外派公司的职责范围（Outside Capacity）的任何确实或被指控的行为、错误、疏忽、不实陈述、误导性陈述或违反义务；其中，在外派公司的职责是指被保险人作为外派实体的董事、高级职员、受托管理人、评议人（Regent）或者主管人员（Governor），但该职责只是应公司的书面具体要求而从事服务的期间内。② 此外，在董事责任保险单中包含实体保险责任的情况下，③ 不当行为将扩展至公司本身。在董事责任保险单中，公司的不当行为是指公司的任何违反义务、过失、错误、误导性陈述作为或不作为。在现代责任保险制度中，由于公司实体保险责任的引入，公司自身在证券诉讼中的责任也纳入了保险责任。④

---

① Johnston, Corporate Indemnification and Liability Insurance for Directors and Officers, 38 Bus. Law, 1993, 2017 (1978).
② Executive Risk (Aetna) 1995 Basic D&O Policy Form B 21117. Ty. R. Sagalow, Esq., Directors and Officers Liability Insurance, NACD (National Associations of Corporate Directors), p. 163.
③ 参见本书第五章。
④ AIG (National Union) 1995 Basic D&O Policy Form 62335. Ty. R. Sagalow, Esq., Directors and Officers Liability Insurance, NACD (National Associations of Corporate Directors), p. 103.

二、基本要件

由于董事和高级职员责任的多样性，对其责任形态难以一一列举。这就给责任保险意义上不当行为的界定带来了很大的不确定性。在大部分情况下，不当行为的界定可以通过除外责任的排除予以明确，或者通过概括方式加以原则规定。从责任保险的基本原理和国外董事责任保险的实践来看，笔者认为可以将不当行为的构成要件概括为以下两个方面。

（一）主观态度上以过失为主

不当行为是一个极其宽泛的概念，从行为表现上可以包括已经发生的或者正在被他人指控的不当行为，从主观上看，则包括过于自信过失、疏忽大意过失甚至故意行为。

对于被保险人的不当行为是否属于保险责任或除外责任，需要在保险合同中对被保险人的主观态度予以界定。但在约定不明的情况下，责任范围如何界定？笔者认为，在这种情况下，保险合同当事人应当参酌责任保险制度的基本原理，合理确定保险责任。对于经营过程中所产生的无过失赔偿责任或过失赔偿责任，如果保险单没有将其作为除外事项，原则上应当由保险人承担保险责任。对于董事和高级职员的故意甚至犯罪行为所导致的赔偿责任，除非保险单另有约定，否则不属于保险责任。因为：其一，董事责任保险制度是在董事和高级职员承担的风险责任日益增大的背景之下，立法者为促进董事和高级职员的积极性而采取的对经营人员的一种个人保护机制。这种机制的初衷是改善企业的经营效率，发挥经营人员的创新精神。对于那些在经营活动中利用职务便利从事恶意或故意行为并致人损害的董事和高级职员，不应允许他们将董事责任保险作为一种逃避责任的工具；否则，法律所具有的社会评价甚至制裁功能将丧失殆尽；其二，各国保险制度将故意甚至犯罪行为多归属于不可保事项，并在董事责任的排除条款中予以规定。从合同的整体和逻辑解释规则看，在董事责任保险未对不当行为加以规定时，应当理解为保险公司只将无过失或过失行为界定为保险意义上的"不当行为"。

值得关注的是，被保险人因故意或犯罪行为导致他人损失的行为是否绝对必须排除在保险责任以外？

在现代董事责任保险中，通常以被保险人违反注意义务的过失行为为承保范围。然而，从保险法理论和实践看，被保险人的故意或犯罪行为导致他人损失的行为并非都是保险的除外责任。如学者所指出，因被保险人的故意行为而引起的损害赔偿责任，保险人是否应承担保险给付责任不能一概而定。[①] 责任保险人在下列情形下不得以被保险人的故意行为为由拒绝承担保险责任：（1）无行为能力人引起的损害赔偿责任；（2）被保险人的故意行为所造成的意图外的损害；（3）被保险人的自卫行为所造成的损害；（4）个别共同加害人的故意行为；（5）第三人对保险人享有不附抗辩事由的直接请求权的；（6）对被保险人违法或犯罪行为造成他人损害，且保险单作出特别约定的情形。从英美法国家的实践来看，在特定的情况下，法院认为保险人负有为被保险人的故意甚至犯罪行为向第三人支付保险金的责任。

在 St. Paul Fire& Marine Insurance Company V. F. H, K. W[②]案件中（F. H, K. W 系母子关系；法院出于保护当事人隐私的考虑，在判例中以上述符号代替当事人姓名），涉案人员 McQuade 从 1979 年夏天到 1984 年秋天担任兄姐公司（Big Brothers/Big Sisters）执行董事。正如该公司的名称所显示，该公司有很多志愿人员担任大哥哥、大姐姐，他们的任务是给那些小弟弟、小妹妹们作出示范和表率，从而树立他们的信心。McQuade 的职责之一是监督项目的执行。更具体地说，McQuade 要同志愿人员以及儿童和他们的父母会面以便确定他们是否符合项目的要求，对大哥哥、大姐姐和小弟弟、小妹妹配对，向社会宣传该项目。以后，McQuade 有机会接触 K. W，并将自己作为兄长与 K. W 配对。从配对开始到其 1986 年被捕时，McQuade 对 K. W 进行了性虐待。1986 年，K. W 的母亲 F. H 对兄姐公司（Big Brothers/Big Sisters）和 McQuade 提起了损

---

① 邹海林：《责任保险论》，法律出版社 1999 年版，第 209 – 212 页。
② 55 F. 3d 1420 (9th Cir. 1995).

害赔偿诉讼。公司和 McQuade 都向保险公司提出了保险赔偿（Tender）的要求，保险公司接受了兄姐公司的保险赔偿要求，但是拒绝了 McQuade 的保险赔偿申请。在以后的诉讼中，阿拉斯加高级法院先行作了部分简易判决，认为公司不应当对性虐待承担法律责任。随后，F.H 同公司达成了协议并撤回了对该公司的起诉。以后，F.H 同 McQuade 达成了协议。根据协议，McQuade 在其认可判决中分别支付了 $969,721.25 和 $157,650.13 给 K.W 和 F.H，并且将其由于性虐待责任而应对保险公司所享有的权利转让给母子俩。相应地，K.W 和 F.H 不再根据认可判决要求 McQuade 支付赔偿。在 K.W、F.H 同 McQuade 达成协议以后，St. Paul 保险公司提起确认之诉（Declaratory），请求地区法院确认 McQuade 不是董事责任保险合同中所指的被保险人，并且 McQuade 也不能为其性虐待行为而获得保险；公共政策也不允许因被保险人的故意致人损害的行为而将第三方列为保险金的请求人。

  在地区法院审理过程中，法院认为：基于阿拉斯加的公共政策，性虐待行为禁止保险，本案中所涉及的保险单并没有对故意行为提供保险，因而判决支持保险公司的主张。第九巡回法庭在上诉中撤销了一审法院的判决。上诉法院认为：保险合同并没有将犯罪行为明确排除在保险责任以外。毫无疑问，为故意行为提供保险的确违反了公共政策，但是阿拉斯加法院并没有明确地说明这样一种例外，即，在被保险人的故意行为致使无辜受害人损害的情形下，如果保险合同在设计上的考虑是维护受害第三人的利益，则保险人向受害人赔付保险金并不违反公共政策。从案件的证据看，保险代理人明确地对被保险人表示过：本保险单包括对公司及其高级职员对儿童进行骚扰、调戏（Molestation）而提起的诉讼。因而，阿拉斯加法院并不禁止保险合同对性虐待行为的无辜受害者提供和支付保险金。在该案件中，法官考察了董事责任保险的性质，认定该保险单本质上是为第三人的利益而存在。在这种情况下，如果不令保险人承担保险责任，则损害的将是无辜第三人的利益。因此，法官赋予受害第三人对保险人享有保险金直接请求权。法院的判决体现了现代责任保险的发展趋势。当代责任保险的一个重要发展趋势是：责任保险对受害人利益的保护给予了特别的尊重。这是因为，在现代社会，责任保险已经成为一种高度社会化的风险保障工具，其根本目的就是要利用社会化的机制，实现分配正义。在法律规定或者保险合同约定情形下，受害第三人享有保险金直接请求权，有利于保护受害人的利益。

目前，各国都比较注意通过采取一系列利益保障机制，使受害人的利益能够在责任保险中得到直接或者间接的保护，在这种情况下，责任保险具有了很强的公益性，成为保护受害人的利益的一种重要机制。

我国 2009 年修订《保险法》时，借鉴了国际立法经验，并根据我国的国情，淡化了合同相对性立场，更加注重发挥责任保险对第三人的保护作用。关于对第三人利益的保护，《保险法》第 65 条规定："保险人对责任保险的被保险人给第三者造成的损害，可以依照法律的规定或者合同的约定，直接向该第三者赔偿保险金。责任保险的被保险人给第三者造成损害，被保险人对第三者应负的赔偿责任确定的，根据被保险人的请求，保险人应当直接向该第三者赔偿保险金。被保险人怠于请求的，第三者有权就其应获赔偿部分直接向保险人请求赔偿保险金。责任保险的被保险人给第三者造成损害，被保险人未向该第三者赔偿的，保险人不得向被保险人赔偿保险金。"根据前述立法，我国在不同的层面构建了较为完整的对受害第三人的利益保护规则，体现了责任保险的发展趋势。[①] 因此，基于责任保险的功能，董事责任保险不仅可以作为董事和高级职员的风险转移机制，也可以对受害第三人提供有效的保护。

（二）行为上与职务行为紧密关联

1. 普遍性做法——履行职务中的个人责任

从各国董事责任保险的实践看，不当行为的界定总与"被保险人的职责"（Insured Capacity）紧密相关，即被保险的董事和高级职员致他人损害的行为必须发生在保险合同所界定的职责范围之内；超越了合同所规定的职责范围，则保险公司不承担保险责任。董事和高级职员的所谓"不当行为"是认定保险责任不可或缺的要件之一，董事和高级职员

---

① 王伟：《保险法学》，格致出版社、上海人民出版社 2010 年版，第 222 - 224 页。

的行为如果超越了其职责范围,则不属于保险责任范围。

在董事责任保险制度发达的国家,保险合同对于不当行为的界定始终围绕着"被保险人的职责"这一概念展开,它实际上确定了可获保险赔偿的董事和高级职员的行为标准。在 National Union Fire Ins. Co 诉 Jordach Enters. Inc. [1]一案中,佐丹公司的董事、高级职员另外开办了一个企业并以个人名义为该企业的贷款予以担保。生意失败后,贷款人对佐丹公司的董事、高级职员提起诉讼,这几名董事、高级职员遂要求保险公司按照董事责任保险合同给予赔偿。保险人即提起确认之诉,要求法院裁决董事、高级职员的行为不属保险责任。法院支持保险公司的主张,认为:这几名董事、高级职员的行为不属佐丹公司的职责范围,而完全是个人之行为。

2. 实证分析——非正式的职责

对于被保险人的职责行为,保险单必须予以准确界定。在这个问题上,需要考察的重要问题之一是:不当行为是否只能与被保险人的正式职务相关? 在 Ratcliffe v. International Surplus Lines Ins. Co.[2] 一案中,原告公司是一封闭公司,其部分股份进行了信托。被告的某些高级职员是这些信托股份的受托人。该公司购买了董事责任保险单。之后,一名高级职员被提起诉讼。保险公司认为其不应当承担保险责任,因为被指控的行为不是该人作为一名公司职员的正式职责。法院认为,根据保险单"不当行为"的定义,保险责任并非只局限于正式职责而为的行为。根据保单的记载,不当行为是"公司的董事和高级职员等被保险人在其行使个人或集体职责范围内的,或仅是因为他担任公司董事或高级职员,不被保险单的条款及条件所排除在外的任何确实或被指控的错误、不实陈述、误导性陈述或疏忽或过失或违反义务"。该保险单的定义是从宽泛的意义上来界定保险责任,并没有将保险责任界定为行使董事或高级职员的正式职责。被保险人也辩解道,即使其担任受托人或受托人的代理人,其行为也是在行使公司职员的职责,因为该公司成立的一个重要目

---

[1] National Union Fire Ins. Co V. Jordach Enters., Inc. 652 N. Y. S. Zd 966 (N. Y. App. Div. 1997).

[2] 550 N. E. 2d 1052, 194 Ill. App. 3d 18, 141 Ill. Dec. 6.

的就是提供信托服务。法院认为该高级职员被指控的行为应当给予保险，因为：（1）该索赔是直接针对该职员的职责行为；（2）该职员存在违反受托人义务的行为，而该行为与其作为公司职员的义务是密不可分的。

笔者认为，上述判决准确地说明了什么是职责行为。在现代公司中，尽管存在着专业化分工，但这种分工绝对不是要将董事和高级职员束缚在一个固定的岗位上。因此，只要是属于被保险人工作范围内的事务，尽管该事务不是该被保险人的正式职责，董事和高级职员的行为也应当视为董事责任保险中的保险责任。不考虑被保险人是否履行非正式的职责，是一种片面的认识。除非董事责任保险单另有约定，被保险人履行非正式职责的行为应当属于保险责任。

3. 实证分析——股东的行为

在董事责任保险单中，只有董事和高级职员的个人赔偿责任才能纳入保险责任。在股东同时兼任董事或其他高级职员职位时，必须严格区分其行为的性质。股东为获取个人利益而遭受损失的，不能纳入董事责任保险的保险责任。

在 Olson v. Federal Ins. Co. 案件中，① 奥尔森农场向联邦保险公司购买了为期三年的董事责任保险（自 1983 年 3 月 23 日至 1986 年 3 月 23 日），保险责任包括两部分：（1）奥尔森农场的董事和高级职员；（2）奥尔森农场自身。奥尔森及其弟拥有包括奥尔森农场、注册（certified）蛋业农场公司、夏季牧场公司以及在纽约的一些财产。奥尔森是奥尔森农场的大股东和董事会成员（但不能控制董事会），其弟也是该农场的董事。注册蛋业农场公司属于两兄弟所有，但并非奥尔森农场的子公司。注册蛋业农场公司只是向奥尔森农场提供鸡蛋，根据有关合同，蛋业农场公司归奥尔森农场管理和经营。以后，奥尔森及其弟在蛋业农场的管理、运营及所有权等问题上发生争议。其弟即于 1985 年 2 月 1 日起诉奥尔森。该诉讼成为以后奥尔森向联邦保险公司要求保险赔偿的四起诉讼中的第一起。

---

① Cal. App. 2 Dist, 1990, 268 Cal. Rptr. 90, 219 Cal. App. 3d 252.

在两兄弟的诉讼之前，奥尔森农场正因为蛋业无利可图而陷入财政困难。原告认为：困难只是暂时的。但是农场董事会却盘算着变卖该公司的部分下属企业，奥尔森当然极力反对。董事会还威胁：如果蛋业农场不能同其弟和解，农场将取消同蛋业农场的管理合同。董事会对上述问题的意见清楚地记载于董事会记录。最终，董事会未能说服奥尔森兄弟和解。董事会开始与西南石油天然气公司（WINN公司的子公司）谈判收购奥尔森农场。奥尔森决心要阻止该收购，并且决定要采取一定的措施排挤董事会中的反对派。奥尔森遂在加利福尼亚州和亚利桑那州分别提起诉讼，这是奥尔森要求联邦保险公司保险赔偿的四起案件中的另外两起。同时，奥尔森申请禁令阻止西南石油天然气公司的收购。奥尔森并收集了足够的委托投票权罢免农场的董事会并欲组建新的董事会。由于前任董事会拒绝承认新的董事会，奥尔森遂在特拉华州提起诉讼以便使新董事会获得承认，该诉讼是奥尔森要求联邦保险公司保险赔偿的第四起案件。以后，上述案件均和解。奥尔森因要求联邦保险公司对其支付的四起案件中的律师费用给予保险赔偿而产生纠纷，奥尔森遂提起保险诉讼。应当注意的是，联邦保险公司的保险单中并没有设定"董事会成员相互诉讼排除"[①]的条款。法院认定在董事责任保险单下，奥尔森不是以农场董事的身份而是以农场股东的身份而提起诉讼，不属于被保险人，故保险公司不应当承担保险责任。

笔者认为，上述判决实际上考察了公司法的规定，区分了被保险人行为的性质是股东行为还是董事行为。实际上，在公司法上股东权从受益的性质分为共益权和自益权。共益权是股东依法参加公司事务的决策和经营管理的权利；自益权则是股东出于自身利益，依法从公司取得利益、财产或者处分自己股权的权利。而董事的权利或权力，可多由公司章程溯源，董事所掌握的权力并不旨在谋求个人的利益，而是为他人谋福利。董事责任保险的被保险人是董事和高级职员，而不是股东。在前述案件中，奥尔森起诉和被诉都是基于其在公司中的股东地位，而不是基于其作为董事的职责，因而不能要求获得保险赔付。

---

① 参见本章第四节关于"除外责任"的有关讨论。

三、职责行为进一步界定的几点思考

(一) 我国现行法律的理解

董事责任险要求被第三人指控或索赔的行为属于被保险人履行职务的行为。然而，对于职务行为而言，除非有法律明文规定应由个人承担责任，其有关的权利和义务均由董事和高级职员所在的公司承受。

从法律传统上看，大陆法国家民法上极其强调所谓的"职务行为"，即董事和高级职员职责范围以内的行为原则上由企业承担相应的责任。在我国，职务行为由法人承担责任的基本依据是《民法通则》第43条[①]的规定。在司法实践中，企业法人的法定代表人和其他工作人员，以法人名义从事的经营活动，给他人造成经济损失的，应当由企业法人承担民事责任。因此，董事和高级职员因职务行为而造成对第三者的损害，公司应当承担法律责任。实际上，在我国的立法中，鲜有经营者个人因从事授权范围内的行为而对外承担赔偿责任的条款。例如，在我国《公司法》中，董事和高级职员对债权人不承担直接责任并且不需要单独考虑债权人的利益；如果董事的行为严重地影响债权人的利益并使其遭受重大损失，债权人也不能直接对董事和其他高级职员提起诉讼。在这里，公司的独立人格和有限责任形成了公司的"面纱"，这一"面纱"将公司股东、董事以及其他高级职员分离开来，使公司的董事和高级职员与债权人之间不发生任何直接的法律关系。然而，法律将公司的"面纱"绝对化的恶果是显而易见的，这使公司的股东、董事以及其他高级职员完全可能滥用法律所赋予的权利损害债权人的利益。

随着市场经济的不断发展，个人从事职务行为的赔偿责任均归属于法人的观念正在受到挑战。在某些特定情况下，法律要求董事和高级职员在特定情形下对第三人承担个人赔偿责任。例如，《日本商法》第66条规定"董事执行职务有恶意或重大过失时，对第三人负连带损害赔偿责任"，根据这一条款，在公司经营状况恶化时，董事应当保证善意经营，保证债权

---

① 该条规定：企业法人对它的法定代表人和其他工作人员的经营活动，承担民事责任。

人合法利益的实现。如果董事在即将破产或倒闭的情形下，仍然大量贷款或进货，导致第三人重大损失时，董事应当承担连带责任。

在本书第二章，笔者已对董事和高级职员的民事赔偿责任问题进行了充分阐述，此不赘述。

（二）法人目的范围的考察

在公司法发展的早期，立法者及法官对公司从事经营活动的范围以及经营管理人员超越业务范围的行为的效力给予高度重视。越权行为无效是早期公司法的一项重要原则。在英美公司法中，越权（Ultra Vires）的原意是指人的行为超越其法律能力。它通常有三种含义：（1）公司所从事的交易超越了公司章程所规定的经营目的，其不具备作此行为的法律资格；（2）公司董事所从事的交易，虽然在公司章程目的条款的范围内，但明显超越了其职权范围；（3）越权行为还被用来泛指公司任何违法、不合程序以及虽属董事权限以内、但脱离公司正当的主要目的，以及基于一些自私或不良动机的行为。

随着市场经济的发展，出于保护交易安全的需要，公司立法逐渐废弃了该项原则。然而，废除越权无效原则仅仅是否定了越权行为的对外效力而已，公司章程仍然为公司划定了相应的活动空间，它具有在公司内部规定董事、董事会及其他公司机关权限及推进事业方向的意义。因此，董事和高级职员超越章程目的事业范围从事越权行为，仍违反了其对公司应承担的注意义务。

我国原公司立法对经营范围的问题作出了比较严格的限制。1993《公司法》第 11 条规定："公司应当在登记的经营范围内从事经营活动。公司的经营范围由公司章程规定，并依法登记。公司的经营范围中属于法律、行政法规限制的项目，应当依法经过批准。"第 42 条规定："企业法人应在核准登记的范围内从事经营。"这些规定实际上限制了公司的经营活动空间。2005 年修订的《公司法》对此进行了修改，允许公司在章程中规定或者变更经营范围。现行《公司法》第 12 条则规定："公司的经营范围由公司章程规定，并依法登记。公司可以修改公司章程，改变经营范围，但是应当办理变更登记。公司的经营范围中属于法律、行政法规规定须经批准的项目，应当依法经过批准。"

在责任保险中，规范公司目的的公司章程等应当成为判断董事和高级职员是否是履行职务的重要根据。然而，章程不可能穷尽公司的一切经营范围，这需要公司采取一种灵活的机制，使用弹性经营目的条款，这才是一种比较可行的办法。① 一般而言，法定代表人及其授权之董事应在经营目的性条款以内从事交易活动，即使其经营目的性条款载明的范围狭小，法定代表人及其授权之董事也应在此范围内活动。如果法定代表人及其授权之董事要想从事一项新的活动，必须首先经过法定程序，对其章程所规定的经营目的性条款进行修改，重新登记后，才能改变其行为的性质。在这种情形之下，董事和高级职员是否是履行职务就基本上有了依据。

（三）几点建议

我国董事责任保险中不当行为之认定必须以董事和高级职员所从事的职务行为为前提，至于具体的行为种类，则可由保险单约定。在具体的制度设计上，笔者建议：

（1）对于董事责任保险上的"不当行为"概念加以界定。由于该定义不可能对所有的行为加以列举，原则上，保险单只需对不当行为加以规定即可。保险单对"不当行为"界定的要点是：不当行为是指董事和高级职员因为注意义务的违反而导致第三人提起赔偿；董事和高级职员超越章程规定的职责范围或违反公司上的忠实义务，或存在其他故意或犯罪行为，保险公司不承担保险责任。在界定"不当行为"时，可以考虑由投保人在投保前将章程作为合同的附件，从而使保险人能够明确董事和高级职员的职责范围，更加准确地衡量风险程度，确定保险费率。并且，投保人应当如实向保险人披露公司经营者以往对外赔偿的历史，从而为保险人评估风险提供相应的根据。投保人还应当承诺，当提供的信息有严重失误导或重大遗漏致保险人对风险的评估严重不足，保险人有权扣减保险金或要求增加保险费。

（2）加强对董事责任保险除外责任的规定。笔者认为，除概括性地界

---

① 黄来纪："防治董事越权初探"，载《上海社会科学院学术季刊》2000年2月，第106-113页。

定不当行为外,对董事责任保险除外责任的规定更加重要,这对确定保险事故的性质具有实质判断的效果。因为,通过排除部分事项,可以推定其他事项在上述第一条的定义内是否属于董事责任保险的保险责任。

（3）参考国外立法例,笔者认为：董事责任保险立法在对职责范围予以界定时,可以着重考虑以下四个方面的问题。

①律师的行为：在某些公司中,董事或者高级职员兼任公司的法律顾问,于此情形,律师的行为显然不包括在董事责任保险的范围之内。

②普通行政人员的行为：公司中某些只负责行政事务的经营人员,如：负责信息或计算机的控制的人员,亦不属于董事责任保险意义上的董事和高级职员,不能纳入保险合同享受保险利益。

③股东的行为：有时,董事由股东所担任,在确定其是否以董事名义行事时,也带来了一系列的不便,其行为有时很难截然区分为股东的行为、董事的行为,在这种情况下,有关人员的行为认定往往取决于相关的事实、法律理论或者第三人提出请求之性质,并没有统一的规则。

④担任多项职务行为：当董事和高级职员于两个以上的公司任职时,其职责之间难免相互重叠,尽管法律上对经营者在多家企业任职并无严格的限制。在董事责任保险合同中,董事和高级职员在一个公司的行为可以作为其获得董事责任保险利益的根据,但是其在其他公司中的行为则不属于保险责任。

第三节　索赔和损失

从一般的含义看,英语中"索赔"（Claim）一词的基本含义是要求或索要应得之权利或财物,如：要求损害赔偿（Claim for Damages）,对某事主张权利（Claim Right to sth）；此外,索赔还包括声称、宣称等含义（State or Declare sth as a Fact Without Being to Prove It）[1]。从最宽泛的意义上说,保险法上的索赔是指第三人针对被保险人的一种主张。[2] 在

---

[1]《牛津高级英汉双解词典》（第四版）,商务印书馆、牛津大学出版社1997年版,第244页。
[2] Malcolm A. Clarke, Law of Insurance Contracts（Third Edition）,何美欢、吴志攀等译,北京大学出版社2002年版,第417页。

责任保险中，第三人的索赔请求，是保险公司支付保险金的前提和依据，无请求则无保险。同时，责任保险人最终承担保险责任也以被保险人对第三人赔偿责任的确定为要件。作为责任保险的一般规则，被保险人在其致人损害的事故发生后，应当及时通知责任保险人。被保险人在面临第三人的索赔时，并不当然享有对保险人请求保险赔偿的权利。被保险人的赔偿责任的认定，取决于有关机关对索赔之判决、调解或者经保险人同意的和解。[①] 本节主要对第三人索赔的界定因素、索赔通知、索赔方式、保险人对和解及抗辩的控制、被保险人损失等问题进行分析。

一、概述

（一）典型的界定

董事责任保险所指的索赔，是指第三人发动了要求董事和高级职员承担经济赔偿责任的诉讼、行政程序或其他程序，从而导致董事和高级职员承担个人赔偿责任。因而，董事责任保险的首要问题是审查第三人有无对董事和高级职员提出索赔请求，这些请求是否足以产生保险人的保险义务。[②] 被保险人依法须负的赔偿责任，本质上属于民事赔偿责任，因欺诈或其他刑事违法行为所引起的责任一般被排除在外。但是，在刑事或者行政程序中发生的律师等抗辩费用，或者在刑事或者行政程序中发生的赔偿责任，则仍然可以理解为具有民事赔偿性质。对于这样的损失是否列为保险责任，需由保险合同双方当事人予以约定。

从责任保险的角度看，在索赔问题上，通常需要对下列问题进行重点考察：(1) 索赔的内容和性质是否属于保险责任。(2) 索赔是否产生于保险期间。(3) 如果存在这样的索赔，索赔的基本范围有哪些？前述

[①] 一般来说，被保险人承担保险责任或可能导致赔偿责任的认定依据主要有：(1) 判决书；(2) 行政机关的责任认定；(3) 行政处罚；(4) 调解或和解；(5) 被保险人自愿承担。参见郭宝明、鞠维红：《保险索赔理赔规则》，人民法院出版社2001年版，第299页。

[②] 广义上的索赔可以包括公司股东、雇员或其他董事等对其一特定董事之赔偿要求，然而由于董事责任保险制度中除外事项的存在，公司、大股东或同为被保险人的董事、高级职员对特定董事、高级职员之索赔常为保险之约定除外事项。

问题的关键是界定第三人的索赔请求。在董事责任保险单明确规定了上述问题时，则应适用保险单的规定。

在现代董事责任保险单中，索赔一词通常有明确的界定，然而，保险单"索赔"含义如不明确，法官通常运用自由裁量权采用法律解释方法弥补保险条款之漏洞。对于保险合同的解释，我国《保险法》《合同法》均作出了明确的规定。同时，索赔的界定一般都会在格式合同中进行界定或解释。这些解释形成了一种行业惯例，可以作为对合同解释的一种渊源。通常，英美法国家保险公司对索赔的典型定义是：①要求金钱赔偿的书面索赔要求；②经由送达诉状或其他类似的请求书而产生的民事诉讼；③经由送达刑事起诉书而产生的刑事诉讼；④经由送达指控通知、正式调查令或其他相似文件而产生的正式的行政或监管程序。

（二）考虑的重要因素

在我国，责任保险是以被保险人对第三者依法应负的赔偿责任为保险标的的保险。我国现行《保险法》没有对责任保险意义上的"索赔"予以解释。参照保险立法及典型的董事责任保险单条款，"索赔"的界定应当考虑以下两个因素。

1. 索赔性质

在董事责任保险单下，"索赔"的性质应当是金钱要求，如果第三人的索赔不是要求董事和高级职员承担经济责任，支付一定的货币，而是要求其履行或不履行一定的行为，亦不属责任保险意义上的"索赔"。严格说来，只有导致经济赔偿责任的请求才是董事责任保险意义上的索赔。从期内索赔式责任保险的特征来看，索赔是对合法权利的要求或主张，即第三人对董事和高级职员应该享有现实的权利，他们据此可以要求董事和高级职员予以经济赔偿，相应地，董事和高级职员因之遭受的损失可以依保险合同要求保险公司赔偿。如果第三人所享有的并非现实的权利，而是某种未来的利益，其发生与否、赔偿金额等尚不确定，其对董事和高级职员提出某些要求，不能视为董事责任保险上的"索赔"。例如，第三人声称或威胁要董事和高级职员承担责任，则不属法律意义之索赔，因为这样的声称并不能证实其权利的存在，也不会导致董事和高级职员遭受损失。

无疑，民事索赔将导致董事和高级职员的个人赔偿责任。从私法意义上看，责任保险的标的通常为侵权责任，但又不局限于侵权责任。在保险合同特别约定的情形下，责任保险的标的亦可以包括被保险人所应承担的合同责任以及其他法律上的责任。在我国的董事责任保险制度中，对第三人索赔的含义亦可作此解释。

如前所述，在英美法国家的公司法和其他特别法中，对董事和高级职员课以责任并不局限于民事程序或诉讼中。在前面笔者所概括的英美法国家具有典型意义的董事责任保险单中，将有关的刑事、行政程序和诉讼等也纳入了"索赔"这一概念中。笔者认为，其主要的原因在于，在英美法国家，导致董事和高级职员承担个人赔偿责任的程序并不仅仅局限于私法意义上的民事索赔程序。在某些刑事、行政程序中，国家也往往要求董事和高级职员承担相应的赔偿责任。[①] 既然董事和高级职员在刑事、行政程序和诉讼中可以被判决承担相应的赔偿责任，或者需要支付相应的律师费用，对此种赔偿责任给予保险就在情理之中了。但是，没有导致个人承担经济赔偿责任的刑事、行政监管程序不构成董事责任保险意义上的"索赔"。判例法原则上支持这种观点，例如，在 Abifadel 诉 CIGNA Ins. Co.[②] 一案中，加利福尼亚州法院认为，原告 Abifadel 要求 CIGNA 保险公司承担董事责任保险的事由不属于保险单中对"索赔"的界定。在这起案件中，有关的监管机构对银行运作中的某些缺陷提出了一份审查报告，然而，这份报告并没有要求银行的董事和高级职员支付款项、提供服务或承担法律责任，此外，也没有表示将对银行的董事和高级职员提起有关的行政处理程序。据此，监管机构的报告不是董事责任保险意义上的"索赔"。

笔者认为，我国保险当在对索赔界定时，需要考虑刑事或行政程序、诉讼是否可以认定为责任保险意义上的索赔。在我国现有的董事责任保险单中，显然没有考虑到国情的差异，而原样照搬了英美法国家的董事责任保险单，将行政监管和刑事程序也纳入了"索赔"的范围。平

[①] 参见第二章。
[②] Abifadel V. CIGNA Ins. Co. Rptr. 2d 910 (Cal. ct. App. 1992).

安财产保险公司《董事及高级职员责任保险条款》第33条将索赔界定为:(1)以金额偿付损失的书面要求;(2)以传票送达开始的民事诉讼程序;(3)以传票送达开始的刑事诉讼程序;(4)以正式通知、调查命令或类似文件开始的行政或监管机关的调查程序。尽管我国学者对个人在刑事、行政程序中承担个人赔偿责任偶有论证,[①] 但考察我国现行立法,并无国家机关在刑事、行政程序和诉讼中要求个人对国家承担赔偿责任的条款规定。平安保险公司引入上述条款尽管与普通法国家典型的责任保险单完全"接轨",也具有一定的创新意义,但该创新可能存在与我国的法制背景不能相容的问题,显得过于超前而不能与我国的实际"接轨"。

笔者认为,公权力机关在刑事、行政程序中要求个人承担赔偿责任的问题在我国还是一个崭新的领域。在我国现行立法还没有规定基于行政、刑事程序而导致个人赔偿责任的情况下,保险公司对于索赔的定义不应当过于宽泛,否则就会使制度的设计脱离本国的国情而不具有可执行性。因此,保险企业应当考虑这样的现实性问题,在设计保险单时,不应当将刑事、行政程序和诉讼等作为董事责任保险意义上的"索赔"。

2. 索赔地点

在认定第三者的索赔要求是否符合董事责任保险的责任范围时,行为的发生地以及索赔请求提出地是否均应当在本国境内?这一问题的提出是与国际经济贸易全球化趋势密切联系的。在我国加入世界贸易组织后,董事责任保险的被保险人既有内资企业,也有外资企业。无论何种企业形态,都可能涉及国际化经营的问题,并引起企业人才的全球化流动。加之,由于各国法律体系的不同,导致董事和高级职员承担责任的情形或责任方式存在很大的不同,保险企业难以准确预测风险的大小,也难以对抗辩以及和解加以控制。在这种情况下,位于境内的企业及其海外公司的董事和高级职员是否都可以纳入董事责任保险合同的保险责任?由境外的权利人依据境外法律提起的索赔是否属于保险责任?这些问题应当引起保险业的关注。实际上,随着我国海外上市公司及其董事、高级职员频频在国外被诉(如,中国人寿保险公司及其董事长、总

---

① 例如,学者们对民事公诉制度的讨论中就涉及了这样的内容。

经理在美国被投资者起诉),对索赔地点的限制就成为保险公司经营董事责任险必须考虑的重要环节。

笔者认为,在我国董事责任保险发展初期,保险业不应当过分扩大保险责任。对于来自于董事和高级职员法律责任较为沉重的国家和地区的索赔,保险公司的承保则需尤为慎重。笔者的建议是:保险企业对索赔作出界定时,可以规定被保险人引发第三人索赔的行为应当发生在我国境内,并且,该项索赔请求应当在我国境内提出。通过这两个条件的限制,保险企业可以有效地控制风险,对索赔案件的性质以及进展情况予以把握,并对被保险人的抗辩过程加以必要的控制,从而有效地防范被保险人在应诉索赔时可能产生的道德风险。因此,在董事责任保险合同中,保险公司应当针对被保险人的风险状况、所在国的法治环境等诸多因素,对索赔地点进行界定。如:太平洋财产保险公司《董事和高级管理人员责任及公司补偿保险(C款)》第8条"新子公司自动承保"约定,本保险合同自动扩展承保在保险期间内成为子公司的任何实体,但该实体应符合下列各项条件:1)总资产不超过投保人于起始日合并资产的50%;2)有价证券未在美国、加拿大或两者的任何领土或属地上市。

二、索赔的通知

保险事故的通知义务,为被保险人之法定义务。被保险人通知有关索赔的目的,在于使保险人能够及时获得索赔的相关信息,并及时地对有关索赔进行调查,迅速查明损失的原因和程度,不致因时间的延误而导致证据的灭失或难以获得,并使保险人能够及时参与抗辩或控制索赔过程。这就有利于有效抗辩或达成和解,或者及时采取相应的减损措施,维护保险人和被保险人的合法利益。总的来看,被保险人切实履行索赔事实的通知义务,具有以下作用:(1)有利于保险人适时参加索赔的抗辩或者和解;(2)标志着保险人的抗辩与和解开始;(3)有利于明确保险人和被保险人在索赔程序中的地位。[①] 在技术处理上,被保险人

---

① 邹海林:《责任保险论》,法律出版社1999年版,第298页。

应当将有关的索赔事项通知保险公司,包括:第三者索赔的书面文件或有关的法律文书,并对案件的性质、发生经过等作出说明;同时,董事和高级职员应当尽力采取一切合理措施减小或避免损失程度,包括收集有关材料和证据,积极抗辩。这样做的目的是促使被保险人及时将有关索赔情况告知保险公司,从而使保险公司能够明确索赔的性质和争议焦点,并配合被保险人提出抗辩主张。①

(一) 通知期限

原则上,当被保险人意识到有可能导致责任的事件发生时,应当在保险期限内,在合理的期间内发出通知。在保险单明确规定期限的情况下,被保险人应当遵从通知期限。保险的范围取决于索赔请求的性质以及保险人知悉保险事故的时间,如果被保险人未在合理期限内尽通知义务,导致证据灭失或事故原因、性质无法认定的,则保险人可以拒绝进行保险赔偿;如果逾期通知没有影响保险公司对事故性质、损失程度的认定等,只是增加了保险公司相关费用的损失,则保险人不得拒绝赔偿。在保险单明确约定通知期限的情况下,被保险人原则上不得要求延展通知的期限,这在期内索赔式的董事责任保险中尤为重要。

当被保险人确实必须通知承保人,通知所包含的消息初步取决于索赔的含义。在保险事故实际发生时,被保险人或者受益人应当按照保险条款的规定,向保险人提交保险单以及与确认保险事故的性质、原因以及损失程度相关的单证。通知必须在被保险人获得相关信息后的合理时间内作出,而且,如果索赔发生在保险期限内,尽管被保险人在合理时间内但在保险期限外作出通知,仍应视为其履行了自己的义务。② 如果存在保险意义上的索赔,它必须处在保险期内。在许多案例中,一旦"索赔"的含义被确定,索赔时间将是明显的。但在其他案例中,确定

---

① 实际上,在责任保险制度上,通常要求被保险人通知影响到被保险人的索赔。这样做的目的是使承保人在追查和搜集证据变得困难以前就可以较早地调查索赔,为承保人和被保险人的利益而控制诉讼,而且采取步骤以防范未来责任。Malcolm A. Clarke, Law of Insurance Contracts (Third Edition),何美欢、吴志攀等译,北京大学出版社2002年版,第417页。

② Malcolm A. Clarke, Law of Insurance Contracts (Third Edition),何美欢、吴志攀等译,北京大学出版社2002年版,第417页。

一项争议或者投诉发展为保险责任内的索赔时点可能是非常必要的。各种可能包括：(1) 发生可能引起随后的伤害和责任的事态；(2) 发生可能产生索赔的事态；(3) 发生很可能产生索赔的事态；(4) 通知被保险人情况 (2)，也就是仅仅指控；(5) 通知被保险人情况 (3)；(6) 起诉被保险人。[1] 平安财产保险公司《董事及高级职员责任保险条款》第13条规定："被保险人在接到第三者就其过错行为提出的索赔请求时，应在保险有效期内，及时通知本公司，并按本公司的要求提供索赔文件或材料。在保险期限内或保险人扩展发现期内，被保险人如果得悉可能引起索赔或损失的状况后，及时书面通知本公司的，则在此以后因该状况引起的索赔视作第三者在保险期限内或扩展发现期内提出的索赔。"

我国《保险法》第21条规定"投保人、被保险人或者受益人知道保险事故发生后，应当及时通知保险人"，该条没有对具体的通知期限予以明确。从国外的董事责任保险来看，保险企业通常要求被保险人在一定的期间内（30~60天不等）发出索赔通知。在保险单没有明确约定通知期限的情况下，被保险人应在合理的一定期限内通知保险人。平安财产保险公司《董事及高级职员责任保险条款》第23条规定"被保险人接到第三者的索赔申请或可能引起索赔的信息时，应及时书面通知本公司，并尽力采取一切合理措施以避免或者减少损失程度，包括搜集有关材料和证据，积极抗辩"，该条款没有明确规定索赔的通知时限。

与期内索赔式责任保险所不同的是，在采用期内发生式董事责任保险时，被保险人除对已发生的索赔事件通知保险人外，亦有义务对潜在的诉讼或索赔发出通知。当有关的事件被认为有可能产生争讼但并未实际发生时，这种通知能够提供一种机制从而延展保险责任，因为，这能使当事人意识到保险期满后，第三人仍有可能对董事、高级职员提出权利要求。在期内发生式董事责任保险中，这样的通知更有利于保护保险

---

[1] Malcolm A. Clarke, Law of Insurance Contracts (Third Edition)，何美欢、吴志攀等译，北京大学出版社2002年版，第417页。

人的利益，使其有可能同投保人或被保险人通力合作，寻求适当的解决方式，如促使被保险人与第三人和解，或预提有关的保险基金。

（二）通知方式

对于第三人的索赔或潜在的索赔，被保险人应当向保险公司的理赔有关部门提交通知，即通过正式的索赔渠道提出。至于董事和高级职员以何种方式通知，并没有特别的限制。当被保险人迟延提交通知时，保险公司可以不予承担保险责任，也可以不予支付抗辩费用。被保险人或受益人及时向保险人发出保险事故通知，并提交有关单证，应当视为其提出了给付保险金的请求。平安财产保险公司《董事及高级职员责任保险条款》第14条规定："被保险人索赔时，应向本公司提供下列文件或材料：（1）保险单正本；（2）第三者索赔的书面文件或有关法律文书；（3）被保险董事或高级职员的过错或被第三者推定为过错的行为性质及情况说明；（4）本公司要求的其他材料。"

在期内发生式董事责任保险的通知中，通知的事项亦应当是在保险合同中明确指出的不正当行为。通知的内容应当包括不正当行为的性质、第三人索赔或潜在索赔的性质、索赔者或者潜在索赔者的姓名、被保险人首次意识到这样的索赔或情形的方式，以及其他合理的信息，另外通知应以书面方式作出。[1] 这样的通知给被保险人提供了较好的救济，使其能在保险期届满后仍可获保险。

此外，被保险提供的索赔单证应当具有完整性，除非保险人特别要求，被保险人、受益人提供的索赔单证只限于保险条款规定的形式、种类、范围等，并仅限于投保人、被保险人、受益人所能提供的范围。

三、对董事和高级职员提出索赔的主要方式

典型的董事责任保险主要是期内索赔式责任保险，即第三人向被保险人请求索赔的事实首次发生在责任保险单的有效期间，则保险人应对被保险人承担保险金给付责任的保险。期内索赔式责任保险基本要素在

---

[1] Zurich Policy Form U – DOB 100 – A（ed. 5/93）.

于：因被保险人的不当行为而引发了第三人的索赔，从而导致被保险人对第三人承担个人赔偿责任；同时，第三人的索赔请求首次发生于保险单的有效期间。在索赔的方式上，主要有民事、刑事、行政程序或诉讼。如前所述，笔者认为在我国将刑事、行政程序或诉讼列入董事责任保险意义上的索赔尚缺乏一定的现实基础。因此，在我国董事责任保险的制度设计上，应当侧重于将有关的民事诉讼和其他民事程序纳入索赔的含义中。当受害人向侵害行为人主张损害赔偿权利时，必须有相应的程序法方面的法律依据。

结合国外的有关立法，笔者将第三人对董事和高级职员索赔可能采取的主要程序概括如下：

（一）单独诉讼和共同诉讼

单独诉讼，即个人基于其权益受到侵害的事实而以本人名义提起的诉讼。关于共同诉讼，《民事诉讼法》第53条规定："当事人一方人数众多的共同诉讼，可以由当事人推选代表人进行诉讼。代表人的诉讼行为对其所代表的当事人发生效力，但代表人变更、放弃诉讼请求或者承认对方当事人的诉讼请求，进行和解，必须经被代表的当事人同意。"

最高人民法院于2002年1月15日发布《关于受理证券市场因虚假陈述引发的民事侵权纠纷案件有关问题的通知》，该通知第4条特别规定，人民法院应当采取单独或者共同诉讼的形式受理证券索赔案件。

（二）集团诉讼

集团诉讼，是指当事人一方或者双方为庞大集团的诉讼，在起诉或应诉时，该集团人数还不能确定，但诉讼的结果对所有参加和未参加诉讼的当事人都发生效力，其他权利人均可依据该判决要求实现自己的权利。这种诉讼方式的侧重点不仅在于解决提起诉讼的当事人之间的纠纷，而且还要判断事件本身的是非曲直，在一个诉讼中解决一类当事人的共同问题。我国现行法律仅建立了代表人诉讼制度而没有建立集团诉讼制度。

集团诉讼的制度价值在于无须所有的权利人都参加诉讼，只要有一部分人提起诉讼,则未参加诉讼的权利人也可以直接依据法院对该案件的判决实现自己的权利,能够极大地降低当事人的诉讼成本,提高诉讼效率。因此,集团诉讼被认为是一种高级形态的多数人诉讼方式,特别适用于人数众多的证券民事诉讼案件。从某种程度上讲,集团诉讼是将公益与私益结合在一起的诉讼形式,集团诉讼的震慑效果和社会功能已经远远超过了对个人权利救济的关注,具有极强的社会政策意义。[①] 从各国证券立法看,立法者往往考虑到普通投资者与上市公司证券违法行为人之间力量悬殊,应当鼓励投资者运用高效率的诉讼制度起诉违法行为人,从而切实保护投资者的合法权益,因此集团诉讼成为一种普遍采用的办法。

然而,由于现行立法在集团诉讼制度上的缺失,加之司法机关缺乏审理证券诉案件的经验等因素,最高人民法院在《通知》中,仍然要求人民法院采取单独或者共同诉讼的形式而不以集团诉讼的形式受理证券诉讼案件。

(三) 股东派生诉讼(Derivative Action)

所谓股东派生诉讼,是指由一个或多个股东代表公司所提起的旨在救济或防止他人对公司损害行为的诉讼。[②] 派生诉讼起源于英美法系的司法实践,属衡平法上的创设。目前,大陆法国家的公司法中也普遍规定了该项制度。我国2005年《公司法》第152条首次规定了股东派生诉讼制度。现行《公司法》第152条规定:"董事、高级管理人员有本法第一百五十条规定的情形的,有限责任公司的股东、股份有限公司连续一百八十日以上单独或者合计持有公司百分之一以上股份的股东,可

[①] 在我国的有关证券纠纷案件中,曾经有人试图引进集团诉讼的方式。2001年6月,在亿安科技股价操纵事件中蒙受损失的百余位股东决定委托北京中伦金通律师事务所律师团为自己挽回损失,起诉操纵"亿安科技"股价的广东四家投资顾问公司。9月20日,363名投资者的"诉讼代表人"向法院递交诉状,以联合操纵股价为由起诉亿安科技等被告,要求其承担民事赔偿责任。该律师事务所自2001年5月中旬发出《关于向亿安科技股东征集委托拟依法要求民事赔偿的公告》,蒙受损失的股东可以到律师事务所登记。据相关新闻报道:"这是我国证券界首例民事赔偿共同诉讼案,也开了证券司法审判集团诉讼的先例。"参见"我国证券界首例民事赔偿共同诉讼案 亿安科技百余股东索赔",载《文汇报》,2001年6月2日。

[②] Robert W. Hamilton, the Law of Corporations, WEST GROUP, 1996, p.459.

以书面请求监事会或者不设监事会的有限责任公司的监事向人民法院提起诉讼；监事有本法第一百五十条规定的情形的，前述股东可以书面请求董事会或者不设董事会的有限责任公司的执行董事向人民法院提起诉讼。监事会、不设监事会的有限责任公司的监事，或者董事会、执行董事收到前款规定的股东书面请求后拒绝提起诉讼，或者自收到请求之日起三十日内未提起诉讼，或者情况紧急、不立即提起诉讼将会使公司利益受到难以弥补的损害的，前款规定的股东有权为了公司的利益以自己的名义直接向人民法院提起诉讼。"

派生诉讼制度是随着对股东权保护的加强而逐渐发展完善的。在商事公司中，股东作为出资人，公司的经营状况如何直接关系到其获利的多少。要求董事和高级职员善尽职守，服从于公司的最佳利益，为股东谋取利益，是股东投资于公司的本意。然而，公司成立后，股东的权益可能会因董事和高级职员行为而受到直接或间接侵害。由于种种原因，公司的董事会对这种损害行为可能没有动力予以追究，这将最终损害股东利益。为了防止此种情况的发生，英美法国家遂借助于判例创设了股东派生诉讼制度，允许股东在公司权益受到董事、高级职员侵害的情况下，代表公司提起派生诉讼。

考虑到在现代公司中，董事会紧紧控制着公司的经营和日常事务，作为公司投资者的股东，其权利反而得不到重视。因此，股东派生诉讼机制的创设，有利于防止董事滥用职权，侵害公司和小股东的合法权益。作为保护股东利益的一种制度安排，股东派生诉讼的主要功能是：(1) 事后救济功能：即在公司利益受到董事、高级职员及控股股东的非法侵害后，通过股东提起派生诉讼的方式，来及时获得经济赔偿或其他非经济救济，以恢复公司及其股东的原有合法权益。(2) 事前抑止功能：即股东派生诉讼制度的存在，增加了公司内部人从公司谋取不当利益的风险成本，起到了预先制止该类行为的作用。[①]

股东派生诉讼制度是对董事和高级职员的一种有效制约，有利于追

[①] 张明远：《证券投资损害诉讼救济论——从起诉董事和高级职员的角度进行的研究》，法律出版社2002年版，第180页。

究董事和高级职员对公司的个人赔偿责任。股东派生诉讼与股东的直接诉讼具有不同的价值。① 与直接诉讼相比较，派生诉讼的适用范围主要是要求追究董事滥用公司财产责任，要求董事返还不适当的公司分红，要求董事承担因重大过失等违反其对公司应承担的受信托义务致使公司利益受到损害的责任，以及追究公司控股股东违法将其出售股票的溢价归入公司的诉讼等。②

（四）不公正对待行为矫正之诉

不公正对待行为矫正之诉（以下简称不公正对待之诉）是普通法上一项法定的救济权利。目前，我国尚未建立该项制度。不公正对待之诉的主要目的，侧重于要求公司的董事和高级职员纠正不恰当的行为。其基本含义是，如果公司的行为（Corporate Conduct）压制，或不公正地损害，或不公正地无视有关利害关系人（Stake Holders）的利益，如，证券持有者、债权人、董事或其他高级职员等，则权利人可寻求广泛的救济。由于公司之行为是通过董事或高级职员个人而作出，因此，在不公正对待之诉中董事或高级职员的决定常常受到司法审查。在很多情况下，董事和高级职员即使尽到了合理的注意并出于善意而作为，他们的行为仍可能导致对利害关系人的不公正对待而引发不公正对待之诉，从而使公司及董事、高级职员承担个人责任。因此，董事和高级职员的决策必须慎重考虑利害关系人的合理期望，从而使公司的决策活动更为妥当和公正。

1985 年《英国公司法》第 459 条规定股东可以提起不公正对待之

---

① 本质上，股东派生诉讼和直接诉讼的差别是明显的，主要有：（1）派生诉讼所要救济的是被他人侵害的公司权利，在股东直接诉讼中则为被侵害的股东个人权利。（2）在派生诉讼中，无论公司还是股东个人都不是不法行为的受害者；而直接诉讼的情况是，股东个人是不法行为的直接受害者，公司作为一个整体，是否受到了损害则不一定。（3）派生诉讼的诉因与股东个人无直接关系，原告股东所依据的实体意义上的诉权属于公司，原告股东只是以代表人的资格，代公司行使原本属于公司的诉权；但在直接诉讼的情况下，诉权是专属于原告股东个人的，其他股东无权介入或干涉。（4）在派生诉讼中，直接的利害关系方并不是原告股东，而是其所在的公司，或者说是作为一个整体的股东，因此任何金钱赔偿都应支付给公司而非原告个人；直接诉讼中的利害关系方为原告本人，任何赔付也都由其个人享有，与公司和其他股东无关。（5）派生诉讼在程序方面有着不同于直接诉讼的特殊要求。张明远：《证券投资损害诉讼救济论——从起诉董事和高级职员的角度进行的研究》，法律出版社 2002 年版，第 178 页。

② Robert W. Hamilton, the Law of Corporations, WEST GROUP, 1996, p. 461.

诉。该条规定，公司的任何股东成员都可以根据正在进行中的或已经完成的公司事务，该事务对全体或部分股东（至少包括他本人）的利益来说是不公正、有害的，或者公司的任何已经发生了或可能发生的作为或不作为（包括以公司名义进行的所代表公司）是有害的或将来是有害的，向法院申请令状。1985年《英国公司法》第461条继而规定了对不公正行为的救济，法庭根据申请人的申请，可以发出如下令状：（1）约束公司事务将来的经营运作；（2）对公司继续作为的限制和对不作为的纠正；（3）授权法庭指定的人按照法庭所指示的条件，以公司的名义及代表公司提起民事诉讼；（4）变更登记或章程；（5）要求公司的多数股东购买少数股东的股份。如果由公司购买少数股东的股份，则公司资本相应减少。《加拿大商事公司法》第241（2）条规定，如果法院确信，就公司的任何人或关联人而言，其作为和不作为产生的结果、业务或事务进行的方式、董事会权力行使的方式造成压迫性的，或不公平地妨碍或漠视了证券持有人、债权人、董事或高级职员的利益，法院基于有关人员的申请可以责令纠正被申诉的事项。

（五）公益诉讼

公益诉讼制度，是指任何组织和个人都可以根据法律法规的授权，对违反法律、侵犯国家利益、社会公共利益的行为向法院起诉，由法院追究违法者法律责任的制度。公益诉讼起源于罗马法。发展到今天，美国已成为现代公益诉讼制度比较健全的国家。1863年，美国制定了《反政府欺骗法》，该法在1986年经修改后又规定任何个人或公司在发现有人欺骗美国政府，索取钱财后，有权以美国的名义控告违法的一方，并在胜诉后分得一部分罚金。我国2012年修订的《民事诉讼法》第55条规定了公益诉讼制度，即"对污染环境、侵害众多消费者合法权益等损害社会公共利益的行为，法律规定的机关和有关组织可以向人民法院提起诉讼"。

可以说，现代公益诉讼制度为适应、协调社会生活中的各种公益纠纷的解决，其自身也发生了很多的变化，在诸多方面突破了传统的民事诉讼理论束缚。特别是作为环境公害纠纷的程序救济手段，公益诉讼日益显示出与环境法的适应性，甚至反过来对环境立法和环境政策的制定产生影响。① 如前所述,美国和加拿大的环境法已对环境公益制度作出了较为完备的规定。在环境执法领域,解决环境公害的救济方式由禁止实施环境侵权行为(发布禁止令状停止侵害、排除妨碍、消除危险)拓宽到注重判决环境侵权损害的赔偿,即,现代各国一方面注重应当事人的请求,发布禁止令状,排除环境公害的侵权行为;另一方面,将环境公害所造成的财产损失和精神损失纳入诉讼中一并解决,尽管这些损失是"少额多量"的。② 董事和高级职员在此类公益诉讼中有可能因其违法行为而承担有关赔偿责任。

(六) 民事公诉

民事公诉制度是指因社会公共利益遭受损害,但又无人提起诉讼时,由相应的国家机关提起公诉,以对损害社会公共利益的当事人追究其民事责任。民事公诉的典型例证是美国法上的反垄断诉讼程序。垄断不仅侵害合法经营者的利益,而且损害消费者和国家的利益。因此,由相关机关作为国家利益的代表对垄断行为提起民事公诉是有其根据的。1890年美国国会通过了第一部反托拉斯法,即《谢尔曼法》,1914年又制定了《克莱顿法》,以此相补充,规定对托拉斯的行为除受害人有权起诉外,检察官也可提起民事诉讼。在美国反托拉斯法中,对违反反托拉斯法行为的处理,主要有罚款、监禁、赔偿、民事制裁、强制解散、分离、放弃等。这其中也不排除公司或董事、高级职员的个人责任。目前,我国尚未建立民事公诉制度。在我国现行法律体系中,建立一种纵横性质兼具的民事公诉程序,有利于促进我国市场经济的健康发展。

四、保险人对抗辩、和解的控制

董事责任保险意义上的抗辩,是指作为被保险人的董事和高级职员依法应对第三人承担损害赔偿责任时,被保险人必须依照法律规定或者约定的减免责任事由,抗辩第三人之索赔。董事责任保险意义上的和解,则是指被保险人与第三人可就有关的索赔问题相互协商,妥善地解

---

① 王红岩、王福华:"环境公害群体诉讼的障碍与对策",载《中国法学》1999年第5期。
② 王红岩、王福华:"环境公害群体诉讼的障碍与对策",载《中国法学》1999年第5期。

决双方的争议。此外，因抗辩与和解费用的负担归属所涉及的问题，无非在于确定该费用是否属于责任保险范围。原则上，除非保险单另有规定，抗辩与和解费用属于责任保险范围由保险人负担。① 在董事责任保险中，保险人向被保险人预支抗辩费用以及对保险人对抗辩、和解的控制是索赔过程中的两个重要问题。

（一）保险人预支抗辩费用问题

在董事责任保险制度中，保险人是否对董事和高级职员提供抗辩费用将直接影响到抗辩的效果。大多数保险公司的保险单，都提供抗辩费用的保险责任。抗辩费用保险责任的好处在于使被保险人能够：（1）在保险人同意时，依被保险人的愿望聘请律师；（2）控制诉讼的抗辩过程。② 在美国，许多董事责任保险的承保人提供抗辩费用补偿的保险责任。从典型的董事责任保险制度看，抗辩费用的预支与否可以由投保方和保险人在保险单中约定，法律不作强制性规定。基于意思自治的原则，董事责任保险合同当事人可以设定有关条款，约定董事和高级职员在抗辩时，有权要求保险人酌情预支被保险人所需要的一部分或全部抗辩费用。在索赔没有终结前，保险人没有义务补偿被保险人的抗辩费用。这样的约定的主要理由在于：一方面，在索赔终结前，不可能确定有关事项属于保险除外事项；另一方面，美国各州公司法允许公司向董事和高级职员支付抗辩费用并非最终支付，而只是预先支付。同时，保险人往往也会以保险单中记载保险人可以选择预支抗辩费用这样的条款否认其预先支付抗辩费用的义务。然而，在一些判例中，为了更加充分地保护被保险人的利益，法官也开始采纳这样的观点，即，即使当事人没有明确约定抗辩费用的预支，但除非保险人能够证实属于除外事项，否则保险人应当同时向被保险人提供抗辩费用的补偿。③ 因此，在保险

---

① 通常，董事责任保险单通常可以以两种方式为被保险人提供抗辩问题上的保险责任，即，（1）抗辩费用保险责任（Defense Expense Coverage），指的是为被保险人所支付的抗辩费用的补偿；（2）抗辩义务保险责任（Duty to Defend Coverage），要求保险人为被保险人进行抗辩。

② Practising Law Institute Litigation and Administrative Practice Course Handbook Series Litigation, October 1, 1988, Securities Litigation 1988, pp. 559 – 560.

③ Practising Law Institute Litigation and Administrative Practice Course Handbook Series Litigation, October 1, 1988, Securities Litigation 1988, pp. 560 – 561.

单没有关于费用的明示条款的情况下,被保险人在为索赔抗辩中合理发生的费用同样可以基于法定的原因而归于责任保险范围。

从我国现行保险制度看,对保险人是否应当向被保险人或受益人预支抗辩费用无明确规定。我国《保险法》第66条规定"责任保险的被保险人因给第三者造成损害的保险事故而被提起仲裁或者诉讼的,被保险人支付的仲裁或者诉讼费用以及其他必要的、合理的费用,除合同另有约定外,由保险人承担"。依照这一规定,有关的抗辩费用属于责任保险范围,但这样的抗辩费用是否应当预支则只能取决于保险单的约定。从实际情况看,第三人对董事和高级职员所提出的索赔数额往往较大,甚至超过了董事和高级职员的负担能力。考虑到我国经济发展的实际情况以及企业的经营管理者赔付能力有限的现实,为了更好地达到激励经营者的目的,董事责任保险单可以约定保险人向被保险人预支抗辩费用的义务。当保险人所支付的抗辩费用超过保险单约定的赔偿范围时,被保险人应当将超过部分的金额返还给保险人。

(二) 保险人的索赔参与权问题

依照保险法一般原则,在董事责任保险制度中,保险人可以对被保险人与第三人的索赔、和解加以适当的控制,防止被保险人为减轻自己的赔偿责任,而任意作出妥协、让步、损害保险人的利益。依我国保险法,在被保险人与第三人和解、承认赔偿责任等情形下,保险人享有索赔参与权。《保险法》第61条明确规定:"保险事故发生后,保险人未赔偿保险金之前,被保险人放弃对第三者请求赔偿的权利的,保险人不承担赔偿保险金的责任。保险人向被保险人赔偿保险金后,被保险人未经保险人同意放弃对第三者请求赔偿的权利的,该行为无效。"平安财产保险公司《董事及高级职员责任保险条款》第15条规定:"发生本保险单项下的索赔时,未经本公司书面同意,被保险人或其代表方不得作出任何承诺、出价、付款、约定、承认责任或赔偿。在必要时,本公司有权以被保险人的名义接办对诉讼的抗辩或索赔的处理,被保险人应提供必要的资料和帮助。"

保险人有权对被保险人与第三人的索赔、和解加以适当控制,是由保险法的性质所决定的。因为,在责任保险中,被保险人与第三人的抗辩及和解直接关系到保险人的利益，保险人对被保险人的损失是否予以补偿，补偿的范围有多大，均取决于第三人对被保险人索赔的结果。于此情形，法律允许保险人对被保险人与第三人的索赔、和解加以适当的控制，并在保险合同中赋予其索赔参与权，使其可以参加或者干预有关索赔及和解过程，防止被保险人无原则地妥协，任意放弃自己的合法利益，最终损害保险人的利益。索赔参与权旨在授予保险人相应的权利以保护其合法利益，其行使与否完全取决于保险人。学者认为，保险人行使索赔参与权的方式应由双方约定，保险人可以以被保险人的名义，对第三人的索赔要求予以抗辩或达成和解。[1] 保险人控制被保险人与第三人的和解过程，对于维护保险人的利益有重要的意义。在董事责任保险中，被保险人与第三人的和解必须取得保险人的认可，这是其获得保险金的一个前提。如果董事和高级职员未经保险公司同意擅自与第三人和解，保险人可以拒绝向董事和高级职员赔偿赔偿金。因此，被保险人与第三人可能达成和解时，应当向保险公司提供足够的信息，使保险人有机会评估和解方案，从而与被保险人相互协作，妥善解决索赔问题。

应当注意的是，在国外董事责任保险制度中，大多数保险单并不强求保险人参与抗辩、和解的过程，即保险人并不对保险合同内发生的索赔或潜在索赔承担抗辩与和解责任，保险人是否参与有关第三人的索赔实则是保险人的一种决定权。在 American Gas. Co 诉 Federal Deposit Ins. Corp[2] 一案中，双方当事人在保险单中就损失及选择抗辩权作出了约定，然而并没有要求保险人必须参与抗辩，法院对此予以解释道："选择抗辩条款只是为保险人预支抗辩费用提供了一种自由裁量权，而不是强制要求其抗辩。"因此，选择抗辩权条款的存在，并不排除保险人预支被保险人抗辩费用的义务。

保险人对抗辩、和解的控制并不等同于保险人的抗辩义务。所谓保险人的抗辩义务，是指第三人对被保险人起诉索赔时，保险人为被保险

---

[1] 邹海林：《责任保险论》，法律出版社1999年版，第264页。
[2] American Cas. V. Federal Deposit Ins. Corp, 677 F. Supp. 600（N.D Iowa, 1987）.

人的利益而应承担的索赔抗辩义务。保险人直接为被保险人提供抗辩通常基于保险单的约定,这也是法院认定保险人存在抗辩义务的重要根据。在英美法国家的保险法中,在保险单没有约定时,保险人是否应当承担抗辩的义务(duty to defend)并无一致规定。依美国法,在责任保险单没有约定的情况下,保险人应当为了被保险人的利益而承担抗辩义务,英国法则并未规定保险人的此项义务。通常,当保险单没有约定保险人的抗辩义务,但保险单给被保险人一种合理的期望时(即保险人将提供抗辩),美国法院倾向于保险人有抗辩义务。[1]

鉴于董事责任保险制度中的抗辩与和解问题关系到保险人和被保险人的利益平衡,国外董事责任保险对抗辩过程中的重要问题都予以了特别关注。按照国外学者的理解,董事责任保险在抗辩过程中的主要关注点是:(1)保险人是否有抗辩索赔的义务以及支付损失赔偿的义务?(2)谁可以选择律师或同意对律师的选择?何时决定?(3)保险人是否应当在诉讼费用发生时支付相关的费用,还是在索赔程序终止后支付?(4)在当事人之间是否存在费用分摊?(5)谁有权和解?(6)保险人与被保险人在保险责任发生争议时,如何解决?[2]

我国现行责任保险立法已考虑到对保险人利益的维护,允许保险人对被保险人及其与第三人的索赔、和解加以适当的控制,以维护保险人的利益。参照我国现行立法,笔者认为:就董事责任保险而言,保险人对被保险人、第三人索赔抗辩过程加以适当的控制是保险人的法定权利。然而,保险人在哪些事项中可以介入、介入的程度如何,均需要当事人在保险单中加以明确。此外,考虑到我国现行立法并未要求保险人为了被保险人的利益而承担抗辩义务,借鉴国外的董事责任保险合同实践,笔者认为:保险合同可以约定,保险人可选择不承担对被保险人抗辩的义务,从而便于被保险人根据具体案情采纳合适的抗辩方式。

---

[1] Practising Law Institute Litigation and Administrative Practice Course Handbook Series Litigation, October 1, 1988, Securities Litigation 1988, p. 566.

[2] Ty. R. Sagalow, Esq., Directors and Officers Liability Insurance, NACD (National Associations of Corporate Directors), p. 33.

五、因索赔所致的损失

在责任保险的成立要件中，损失的界定也极为重要，没有损失，则保险公司没有补偿的义务。依我国《保险法》体例，责任保险被列入财产保险合同中。按照这一体例，责任保险的标的应是指被保险人的消极权益，即被保险人对他人的损害赔偿责任。相应地，董事责任保险中的"损失"即指被保险人对第三人所应承担的损害赔偿。

在董事责任保险制度中，损失的定义应当与"不当行为""索赔"两个概念综合起来考虑。就保险公司的责任而言，其只对损失负责，而不对董事和高级职员的不当行为负责，在不当行为没有造成损失的情况下，保险公司不予赔偿；就第三人的行为而言，其基于合法的权利而要求董事和高级职员承担责任，只是一种法律上的或然性，尚没有经由有关机关裁决而成为一种现实的责任。因此，董事责任保险制度只对因第三人索赔造成的董事和高级职员的经济损失予以补偿。

就损失的法律含义而言，董事和高级职员依法对第三人应予负担的损害赔偿金，或和解、判决中所应支付的赔偿额应当纳入损失范围。在董事责任保险单中，损失的范围应当明确约定，以便在保险事故发生时确定保险赔偿的范围。一般而言，保险公司亦经常在保险单中对不属于董事责任保险责任的"损失"予以规定。董事和高级职员致人损害导致赔偿的事项中，不属于保险责任的典型情况有：（1）被保险人被免除赔偿的部分；（2）依法所应支付的税金、罚款、罚金；（3）惩罚性的损害赔偿金；（4）按照保险单的解释，依法不予保险的事项。前述的损失除外事项明确地表明，为了维护社会公共利益，法律禁止对故意或恶意之行为，欺诈或公然违法、犯罪行为等给他人造成的损害给予保险。然而，刑事案件中董事、高级职员在抗辩过程中所支付的费用是否可以视为损失则殊有疑问。在国外的立法中，允许保险人与投保人约定刑事案件中律师费的保险赔偿问题。在 Polychron 诉 Crum & Forster Ins. Co[①] 一案中，法院认为："刑事案件中有关的辩护费用可以视为保险合同中的

---

① Polychron V. Crun & Forester Ins. Co 916 F.2d 461 (8th Cir 1990).

损失,法律将罚款、罚金等排除在保险责任外并不意味着辩护律师的辩护费用也被排除在外,在被保险人被宣告无罪时,则尤其如此。"

平安财产保险公司《董事及高级职员责任保险条款》第33条将损失界定为"被保险人因本公司承保范围内的过错行为而依法应负的全部赔偿金额,该赔偿金额可能是一次索赔提出的,也可能是保险期限内或保险扩展发现期内的所有索赔提出的,上述金额包括但不限于损害赔偿、判决给付、和解金额、费用、诉讼费用。损失不包括下列事项:(一)被保险公司(包括其董事会或董事会设立之委员会)为调查或评估索赔案件或可能发生的索赔案件所发生的费用;(二)依法应缴纳的罚款或其他惩罚性违约金;(三)依法不得投保的部分"。第33条对诉讼费用的界定为"为辩护或调查索赔案件所发生的合理支出(包括但不限于律师费或专家鉴定费)、费用(被保险公司的董事、主管、员工的薪劳、固定薪资及加班费以外的费用)及为提出上诉、担保或支付保证金所导致的费用支出"。

在我国董事责任保险的制度设计上,笔者提议参照对"不当行为"的界定方式,对损失的含义作出约定。考虑到与我国的现行法律制度的协调,对损失可以作如下的界定:保险单项下的损失,是指根据人民法院的生效裁判文书,或仲裁机关的裁决书,或董事和高级职员与受害人所达成的并经保险人认可的和解协议,由被保险人对第三人承担的损害赔偿金以及合理的抗辩费用(如律师费、差旅费、鉴定费、邀请证人作证的费用等)。当然,这样概括性的界定,并不能彻底解决董事和高级职员的损失认定问题。为了更为妥当地协调保险人和被保险人的利益,董事责任保险合同还应当强调损失的除外事项,从而使除外事项成为判断损失范围的准则之一。在双方当事人对损失的认定发生争议时,如果合同中没有明示排除的条款,保险人应当对董事和高级职员的损失予以赔偿,从而更加周全地保护董事和高级职员的利益。

第四节 除外责任

投保人与保险人签订董事责任保险合同后,保险人应依合同的规定，对被保险人致人损害的赔偿责任予以保险赔偿。然而，保险人的赔偿范围，以法律的规定或合同的约定为限。若被保险人致人损害的赔偿，依照法律的规定或保险单的约定不属于保险责任范围的，则为董事责任保险的除外责任（Exclusions）。具体而言，除外责任是保单列明的不负赔偿责任的范围。除外责任可以以列举的方式在保单中写明除外事项；也可以以概括的方式予以约定，凡未列入承保范围的事故均为除外责任。除外责任是董事责任保险制度的一个重要内容，它直接关系到保险人的保险责任。除外责任通常包括法定除外责任和约定除外责任两类。就法定除外责任而言，为了防止保险对现有法律秩序的冲击，削弱法律的制裁功能，法律规定了某些除外事项。就约定除外事项而言，哪些事项应当排除在保险责任以外，通常取决于保险人对风险的评估以及投保人所支付的保险费金额，对于风险较高的责任事故，保险人和投保人可以约定排除。在除外责任问题上，董事责任保险与其他类型的责任保险有相同之处，然而，由于董事责任保险的目的所决定，董事责任保险除外责任与公司的运作密切相关，同董事、高级职员履行职务的行为密切相关。典型的董事责任保险除外责任大体包括：（1）道德风险除外责任；（2）被保险人互诉除外责任；（3）应由其他类型保险单赔偿的事项；（4）因期内索赔式保险性质的除外责任；（5）保险人不愿承保的其他事项等。

一、道德风险除外责任

道德风险是指被保险人因受保险之保护而滥用其权利，并故意创造了某种风险或责任。道德风险不属于保险危险的范畴，保险人对之不承担保险责任是保险法上公认的准则，具有强行法的特征，不得以当事人的约定排除其适用，我国现行《保险法》对此类除外责任予以肯定。[①]

[①] 我国《保险法》第27条明确规定，未发生保险事故，被保险人或者受益人谎称发生了保险事故，向保险人提出赔偿或者给付保险金请求的，保险人有权解除合同，并不退还保险费。投保人、被保险人故意制造保险事故的，保险人有权解除合同，不承担赔偿或者给付保险金的责任；除《保险法》第43条规定外，不退还保险费。保险人可以采取的前述救济措施，是典型的因道德风险产生的除外责任。

在董事责任保险中,有关道德风险的除外责任主要包括:

(一) 不诚实行为

从责任保险制度的角度看,所谓不诚实行为,是指被保险人所实施的故意、恶意、犯罪或其他非诚实的行为所导致的保险事故。从各国立法看,不诚实行为不保是保险法的通例。在董事责任保险制度上,被保险人因故意或犯罪行为致使第三人损害的,保险公司不承担保险责任。然而,问题在于:如果司法机关没有明确认定董事和高级职员的行为属于不诚实,而保险人认为被保险人的行为属于不诚实的除外责任,被保险人如对此提出异议,应当如何处理?笔者认为,由于不诚实这一术语内涵的含糊性以及外延的不确定性,除非司法机关对被保险的董事和高级职员行为的不诚实行为予以明确认定,保险人不得引用不诚实除外规定排除保险责任。

从国外的保险实践看,为了及时解决当事人在认定不诚实行为上的分歧,保险公司在承保董事责任保险时,往往在合同中明确约定以法院的裁判文书作为认定被保险人不诚实行为的最终根据;在法院的裁判文书没有认定被保险人行为为不诚实的情况下,则应遵循保险法的一般原则,按照有利于被保险人的原则解释。美国一家保险公司在其董事责任保险单中这样表述:"不诚实的除外责任是指董事和高级职员的不诚实行为导致了第三人之索赔,董事、高级职员由此而遭致的损失应予排除。在他人指控董事、高级职员不诚实的索赔案件中,如果被告的主观意图对责任保险合同有重要意义,但是判决或其他裁判文书并没有确定董事、高级职员有不诚实之故意且积极从事了不诚实行为,则其仍应受到保险合同的保护。"[①]

上述做法的优点在于,保险合同将司法裁判文书作为不诚实行为的认定根据,从而及时有效地解决了当事人援引该项除外责任可能产生的分歧。因为,诚实或不诚实是对人的主观心态进行的判断,在不诚实行为并非显而易见可以作出明确判断的情况下,当事人之间对合同条款的解释会产生较大分歧。因此,依照不利于保险人的解释原则认定不诚实

---

① Old Republic Policy Form ORUG – 17(Ed. 2/86).

行为除外，是符合保险法规定的。如果司法机关未对被保险的董事和高级职员的行为性质作出明确裁决，导致保险公司和被保险人对某一索赔事件中是否构成不诚实行为有不同的见解时，依照格式合同的解释原则，应当作出对保险人不利的解释，即保险人不得援引不诚实的除外责任免除其保险责任，从而更好地维护董事和高级职员的合法权利。

（二）忠实义务的违反

忠实义务要求董事和高级职员积极维护公司利益，禁止从事损害公司利益的行为。在现代公司制度中，董事和高级职员的忠实义务是其履行职责的重要基础。在董事责任保险中，对忠实义务的违反均作为保险的除外事项。通过把违反忠实义务的情形列入除外责任，可以有效地防止董事和高级职员为谋取个人私利而损害公司或股东利益的道德风险，这对于促进董事和高级职员恪尽职守，谋求公司的最大利益，无疑具有重要的意义。因此，考察董事和高级职员是否履行了忠实义务是认定保险责任的依据。

董事和高级职员违反忠实义务而作为除外责任的情形主要有：

1. 自我交易

在现代的董事责任保险中，大多规定：董事、高级职员以权谋私，获取利益并致他人损害时，保险人可不予赔偿，以最大限度地减少利益冲突。在国外的董事责任保险制度中，典型的利益冲突除外责任包括如下情形：（1）第三人的索赔要求是基于董事、高级职员获得了其本不应该获得的个人利益或好处，从而违反了法律的规定；（2）董事或高级职员未经股东同意而非法取得了收入；第三人的索赔是要求其返还不正当的收入；（3）基于内幕交易（包括买、卖公司的证券）而提出的索赔请求。[1]

2. 滥用公司财产

所谓滥用公司财产的行为包括为了私人利益而使用公司财产和篡夺公司机会。作为公司的受委托人，董事和高级职员负有全面保护公司财

---

[1] McCarthy Tetrault (Law Firm), Directors and Officer's Duties and Liabilities in Canada, Butterworths, 1997, p.308.

产的义务。同时，由于公司的机会和信息亦直接关系到公司的经营状况和盈利水平，法律上也要求董事和高级职员不得利用其职权篡夺本该属于公司的商业机会。例如《法国商事公司法》第437条作出了明确规定，股份有限公司的董事长、董事或总经理，明知违背公司的利益，为个人目的或为有利于与他们有直接或间接利害关系的公司或企业而恶意使用公司的财产或信贷，或恶意利用他们因其身份所拥有的权利或拥有的表决权，则应给予罚金或监禁。《德国股份公司法》第93条规定，董事对于其在董事会内的活动所知悉的机密事项和秘密，特别是营业或业务秘密，应当保持缄默。同时，《德国股份公司法》第404条规定了违反该义务董事的法律责任，如：一定期限的自由刑、罚金等。我国《公司法》对禁止董事和高级职员滥用公司财产之义务有比较明确的规定。主要内容包括：（1）不得收受贿赂或其他非法收入；（2）不得侵占公司财产；（3）不得擅自泄露公司秘密等。

3. 竞业禁止

竞业禁止是指董事和高级职员不得将自己置于其职责和个人利益相冲突的地位或从事损害本公司利益的活动，即不得为自己或第三人经营与其任职公司同类的事业。根据我国《公司法》第149条的规定，未经股东会或者股东大会同意，董事、高级管理人员不得利用职务便利为自己或者他人谋取属于公司的商业机会，自营或者为他人经营与所任职公司同类的业务。竞业禁止义务的行为要件是董事自营或为他人经营的营业与所任公司的营业同类。各国公司法对此均加以了明确规定。《日本商法典》第266条规定董事违法为他人提供财产利益或实行金钱借贷，或提供财产利益，应当对公司承担法律责任。董事和高级职员违反上述竞业禁止义务，公司可以依法行使归入权。公司法之所以作出这些规定，主要是基于这种行为对公司的危害性。董事和高级职员从事上述竞业行为，极有可能夺取公司的交易机会，还可能利用对公司秘密的了解，对公司造成损害，原则上也不属于保险责任范围。

（三）罚金、罚款

董事责任保险单在定义"损失"一词时，法律规定的罚金或罚款通常为除外责任。这是因为，责任保险旨在补偿被保险人对第三人损害赔偿之损失，因而，"责任保险的标的，除民法规定的无过失责任外，限于侵权行为法所规范之被保险人对于第三人的损害赔偿责任"①。既如此，非民事赔偿责任不得作为责任保险的标的。从性质上看，罚款或罚金并非为了保护第三人之利益，而是为了惩戒责任人而采取的一种制裁措施，故法律将其作为董事责任保险的除外事项。

例如：按《加拿大所得税法》第239（1）条，董事和高级职员如偷漏税，则应按照未纳税总额的50%～200%予以罚款。此类处罚责任不能纳入责任保险范围。因为，如若允许对行政处罚之损失予以保险赔偿，则法律的制裁功能将不复存在。又如，英美法国家法律往往要求董事和高级职员对未支付的雇员工资承担单独或连带责任，同时，有关部门亦可对其行为予以罚款，这样的规定无疑将有力地促进董事和高级职员努力改善公司的经营管理，确保及时支付雇员工资。② 在这样的情况下，董事责任保险不应代替国家对董事和高级职员施加的行政制裁责任，进而使董事责任保险异化为规避法律制裁的工具。然而，如果行政机关要求董事和高级职员承担的法律责任具有对他人的赔偿性质（例如对雇员工资的支付义务），则可以依照保险合同的约定列入保险责任。

我国保险法将罚金、罚款列为法定除外事项。根据《保险法》第12条的规定，保险合同中的保险利益是投保人或被保险人对保险标的具有法律上承认的利益。作为国家对违法相对人予以制裁的手段，罚款或罚金不能被视为保险利益的损失，我国的董事责任保险以此为除外责任，并无理论或实践的障碍。

二、被保险人互诉之除外责任

董事责任保险的目的在于分散和转移被保险人对第三人所应承担的赔偿责任，性质上为第三人保险。因而，第三人对被保险人的赔偿请求，是保险人承担保险责任的前提，无第三人之索赔，则无保险责任。

---

① 邹海林：《责任保险论》，法律出版社1999年版，第62页。
② Canada Business Corporations Act Discussion Paper on Director' Liability, Ottawa Industry Canada, Corporate Governance Branch, November 1995.

然而，并非任何第三人对董事和高级职员索赔的请求均可以被纳入董事责任保险范围，普通法上的"被保险人互诉"之排除，即为一例。所谓"被保险人之互诉"，是指在董事责任保险中，根据保险单的约定，同为被保险人的公司对于董事、高级职员所提起的诉讼，或同为被保险人的董事、高级职员相互之间的诉讼，可以根据双方的约定排除在保险责任以外。这一规则是保险人为防止被保险人之间相互串通，相互提出索赔之诉而获得保险单中的利益，却损害保险人利益而制定的一种约定排除条款。

（一）主要情形

在英美法国家的董事责任保险合同中，"被保险人互诉"之除外大体可包括以下情形：（1）同为被保险人的公司向董事和高级职员要求索赔；（2）大股东代表公司要求有关董事和高级职员赔偿；（3）同为被保险人的董事和高级职员之间相互提出索赔请求。日本保险企业设计董事责任保险合同时，也往往将"被保险人之互诉"作为除外责任。其理由是：企业内部的争权夺利，保险公司不应介入，故企业内部纠纷所引起的损害赔偿请求不适用董事责任保险制度。[①] 按照这样的逻辑，前述保险单将投保公司或者其子公司的董事之间提起的损害赔偿请求，持有公司发行股份5%以上大股东提起的损害赔偿请求等均排除在董事责任保险范围以外。

然而，在保险单没有约定此等排除事项时，保险人原则上仍应当承担保险责任。在 National Union V. Seafirst Corp.[②]案件中，法院认为：因被保险的公司起诉其董事和高级职员的索赔并没有作为除外事项而记载于董事责任保险单，根据保险业的惯例和实践，保险人不能援引"被保险人互诉"的除外事项而拒绝承担保险责任。在另外一起案件 Foster V. Kentucky Hous. Corp.[③] 中，公司的前董事在被解雇后以公司和一名执行董事为被告提起诉讼，该执行董事要求保险公司承担保险责任。保险公

---

① 刘志强："日本董事保险的构造与问题点"，见王保树主编：《商事法论集》第四卷，法律出版社，第285页。
② No. C 85－396 R, W. D. Wash. Mar. 18, 1986.
③ No. 92－115, 1994 WL 170701.

司认为，保险单已经明确约定了"被保险人互诉"之除外事项。法官经审查该条款，认为保险单关于"被保险人互诉"的约定是明确的。因此，被解雇的董事以错误终止雇佣（Wrongful Termination）为由对现任的执行董事提起的索赔以及由此所造成的损失不属于责任保险的赔偿范围。

笔者认为，"被保险人互诉"之除外责任并非法定除外事项，而是一种约定除外事项，保险公司可以权衡采用。当保险公司认为"被保险人互诉"之除外责任并未妨碍其利益时，则保险人可以与投保人在保险合同中约定。从制度的基础看，被保险人互诉除外规则的主要目的是防止被保险人之间恶意串通损害保险人利益的行为。应该说，被保险人之间存在相互通谋损害保险人利益的可能性，仅是一种关于可能性的推理和判断，实际上，在任何第三人提起的索赔案件中，第三人与被保险人都有通谋的可能，故以此为董事责任保险的盈利除外责任并没有充分的理由。即使被保险人之间恶意通谋损害保险人的利益，现行法律也为保险人提供了充分的救济手段，使保险人无需借助于被保险人互诉之除外规则即可保护其合法权利（如主张恶意通谋人要求保险赔偿的行为无效）。笔者认为："被保险人互诉"的除外条款可以作为董事责任保险制度的约定除外责任，从而使保险人与投保人在保险合同中可以约定该除外责任。

（二）例外情形

被保险人互诉之除外责任也有例外情形（Exception to Exclusion）。在以下两种情形下，该项除外责任则不能适用：

其一，在破产程序中，当破产管理人代表债权人利益对董事及高级管理人员提起诉讼，保险公司仍根据保险合同的约定对董事及高级管理人员的抗辩及其他费用负责。在 Pintlar Corporation vs. Fidelity & Casualty Co.[①] 案件中，保险公司认为被保险的公司假借破产管理人之手起诉自己的董事及高级管理人员，诉讼虽由破产管理人提起，但破产管理人实际代表被保险的公司，故本案属于被保险人互诉的情形，保险公司不应

---

① Bankruptcy Nos. 93-02986, 93-02987, 205 B. R. 945, Feb. 28, 1997.

承担保险责任。法官则认为,破产管理人提起诉讼的目的是更好地履行重组协议,保障债权人的债权获得清偿,维护债权人的利益,因此破产管理人并不是公司自身的代理人,不是变相的公司(Alter Ego),不存在利益冲突问题(Collision)。考量"被保险人互诉"之除外责任的除外情形,其目的是防止利益冲突,因此,该原则在这里不适用。

其二,该项除外情形一般不适用于股东派生诉讼。奥地利学者 Martin Ramharter 在其著作中指出,[①] 在股东派生诉讼中,股东以公司的名义提起派生诉讼时,虽然公司和被诉的董事和高级职员都是被保险人,但由于以公司名义提起诉讼的股东并不受公司管理人员的支配和支持,而是完全独立于董事和高级职员,因此,这种情况下的派生诉讼不受被保险人互诉之除外责任的限制。需注意的是,在美国的实践中,股东派生诉讼的除外情形并不是判例法原则,而是一种惯用的合同条款。例如,美国一家保险公司在董事责任保险合同中这样规定:"因公司起诉其董事带来的损失,董事责任保险不应赔偿,但独立于公司的股东派生诉讼除外。"[②]

三、由其他类型保险单予以保险的事项

保险人基于利益与风险的平衡,可以在董事责任保险单中约定其他除外事项。其他约定除外事项的约定是相当灵活的,范围较为宽广。笔者仅以下例加以说明。

(一) 人身及财产损害

董事责任保险的保险责任一般不包括人格利益及财产利益的损失(例如,身体伤害、疾病或死亡、侮辱、诽谤、有形财产的毁损灭失等),这样的损失应由其他的保险种类(如普通财产保险或人身保险等)予以损害补偿。从责任保险的一般特征看,人身及财产损害应当作为董事责任保险的除外事项。因为,董事责任保险的目的在于鼓励董事和高

---

① Ramharter, Martin, D&O liability and insurance: a comparison of directors' and officers' liability and insurance in the U. S. A. and Austria, Saarbrücken: VDM Verlag Dr. Müller, 2010, p. 73.
② Fidelity & Dep. Co. of Maryland v. Zandstra, 756 F. Supp. 429, Feb. 8, 1990.

级职员从事经营管理，分散和补偿董事和高级职员因注意义务的违反而对第三人承担的损害赔偿责任，且责任保险之性质在于补偿对第三人之损害，而不在于补偿被保险人自身所受之损害。对于此类风险，董事和高级管理人员可以投保其他保险（如意外伤害保险等）。我国平安财产保险公司《董事及高级职员责任保险条款》规定，直接或间接造成任何人的疾病、伤残、死亡、精神伤害，或任何有形财产的损失，包括财产不能使用的损失或任何间接损失，都不属于保险责任。

（二）污染

对基于环境污染而应由董事和高级职员承担的个人赔偿责任进行承保并不违反社会公共利益。相反，由于责任保险的社会公益性，对污染环境的赔偿责任进行承保有利于对环境的有效治理。但是，在现代董事责任保险中，保险人一般不愿意将污染的风险事故纳入董事责任保险责任。因为，一方面，基于现代社会对环境保护的重视，污染行为受到法律的严格规制和制裁，一旦发生事故，则赔偿数额惊人。从商业利益的角度，保险人不愿意承保此类风险和事件。对于此类风险，一般都是通过专门的环境责任保险来承保的；另一方面，考虑到董事责任保险旨在鼓励董事和高级职员运用其专业技能从事经营管理活动，而污染环境的行为则很难说与董事和高级职员的专业技能紧密相关，保险人不易控制此类风险。因此，保险公司多不愿意将污染引发的索赔问题纳入董事责任保险合同的保险责任。

平安财产保险公司《董事及高级职员责任保险条款》第8条规定了这样的除外事项，即，（1）实际或被指称的或威胁将污染源释出、渗漏或处理污染源时污染动产、不动产或大气，或（2）被保险人受指示或受请求或自行进行测试、监控、清除、处理污染源或予以解毒或中和；（3）核辐射、核污染、核反应或其他同位素、废弃物的污染。按照这一条款，董事和高级职员因污染而应承担的赔偿责任董事责任保险中分离出来，投保人可以另行投保其他险种。

四、因期内索赔式责任保险性质决定的除外责任

在期内索赔式董事责任保险中，第三人对董事和高级职员之索赔时

间至关重要。董事责任保险以期内索赔式为主，在这种类型的保险中，只有在保险期限内第三人首次向董事和高级职员提出索赔并报告保险人知悉，保险人才能在保险责任内予以保险赔偿。根据索赔期间的约定，只有在第三者向被保险人提出索赔，保险人方承担保险责任。因此，索赔期间对于期内索赔式责任保险除外责任的确定是十分重要的。保险人一般应于保险单中明示对何时发生的行为给予保险。对于在索赔期间尚未发生的索赔诉讼，保险人通常将其列为除外责任，保险人根据合同的约定不承担保险责任。

五、其他除外事项

在董事责任保险合同中，除前文所提到的除外事项外，保险人通常还会根据风险状况，约定其他的除外事项。典型的除外事项如：

（一）禁止获得非法利益的除外

大多数董事责任保险禁止董事获得非法的利益（Personal Profit or Advantage Exclusion）。因此，对于返还非法的利益有关的赔偿请求，保险公司可以拒绝赔偿。

（二）雇佣责任除外

雇佣责任除外（Employment Practice Liability Exclusion）主要是指董事和高级职员可能会因其未能保护公司雇员的行为而承担个人责任，例如，公司因肤色、种族、性别、宗教等原因歧视员工，或者存在性骚扰和不当的解雇情形。雇员在起诉公司时，可能会将董事和高级职员列为共同被告。在一般情况下，保险公司不承担这种赔偿责任。但是，也有的保险公司提供特殊的保险保障，将这种风险也纳入董事责任保险中。

（三）未能维持公司保险保障的除外

未能维持公司保险保障的除外（Insurance Not Maintained Exclusion）主要是指由于董事和高级职员的失职行为，没有为公司购买相应保险，致使公司在遭受损失时不能获得保险金的赔偿。很多董事责任保险条款将被保险人的此类失职行为，列为除外责任。

(四) 不合理报酬返还除外

不合理报酬返还除外（Return of Remuneration Exclusion）主要是指董事和高级职员所获得的不合理的报酬应当返还给公司，原则上，此类赔偿不属于保险责任。

(五) 并购除外

并购除外（Mergers and Acquisitions Exclusion）主要是指有的董事责任保险单约定，与公司合并收购有关的赔偿请求，保险公司不负责赔偿。

第五章　董事责任保险合同的特殊规则

当前董事责任保险合同逐渐从普通的职业责任保险合同中分离出来，成为一类相对独立的职业责任保险。与其他责任保险相比，董事责任保险存着较多的特殊性。例如，在美国的理论与实务界，职业责任保险被分为医疗责任保险、非医疗责任保险和管理层职业责任保险（董事责任保险）。可见董事责任保险合同在职业责任保险中的重要地位与特殊性。同时，在公司破产的情形下，董事责任保险的保险金归属也成为一个值得研究的重要问题。基于本书的研究目的，本章对赔偿责任和费用的分摊，以及破产对董事责任保险的影响进行了研究。

第一节　赔偿责任和费用的分摊

典型的董事责任保险单的保险责任包括董事和高级职员对第三人的赔偿责任（保险责任 A），以及公司因对董事和高级职员的补偿所遭受的经济损失（保险责任 B），但公司对第三人承担的责任不属于保险责任。然而，在证券集团诉讼中，当事人的请求往往同时针对董事和高级职员以及公司本身提出，并导致责任人承担共同连带责任。在存在保险责任 A 和保险责任 B 的情况下，保险公司当然只对个人的损失或者公司补偿的损失承担保险责任。问题在于，当董事和高级职员以及投保公司、其他责任人作为证券诉讼的共同被告并承担连带责任时，哪些赔偿额应当分摊给被保险的董事、监视和高级职员并由保险公司予以赔偿，则实难界定。为了解决该项难题，英美法国家通过判例创造了一系列分摊规则，力图解决分摊的难题。本节研究了董事责任保险对证券诉讼中被保险人和非保险人之间如何就责任和损失进行分摊的规则,并对因解决分摊问题而出现的新的保险责任 C(公司实体保险责任)进行了阐述。

一、概述

通常,分摊(Allocation)一词指的是在下列情况下确定抗辩费用及和解、判决费用的过程:(1)应当恰当地归因于或被分摊给针对被保险人的属于保险责任的索赔事项或损失,或者(2)应当恰当地归因于或分摊给针对被保险人和其他人的不在保险责任内的索赔事项和损失。[1] 由于董事责任保险的特殊性,赔偿责任和费用的分摊成了公平确定保险金的一大难题。赔偿费用的分摊问题主要发生在以下三种情形。

第一,当公司和被保险的董事和高级职员成为共同被告对第三人承担赔偿责任时的费用分摊问题。如前所述,典型的董事责任保险单的保险责任包括董事和高级职员对第三人的赔偿责任(保险责任 A),以及公司因对董事和高级职员的补偿所遭受的经济损失(保险责任 B)。公司对第三人承担的直接责任(Entity's Direct Liability)不属于保险责任。在这一前提下,对第三人的赔偿和其他费用等应当分别分摊给被保险的董事、高级职员以及公司。其中,分摊给董事和高级职员的责任和损失部分属于保险责任,应当由保险公司予以赔偿。分摊给投保公司的责任和损失部分,则由于投保公司不是被保险人,不能受到保险保护,保险公司自然不对其承担保险责任。本节所探讨的主要是此种情形。

第二,第三人起诉的对象包括了被保险的董事和高级职员以及未投保的董事和高级职员两部分人。在这种情况下,对第三人的赔偿和其他费用等应当分摊给被保险的董事和高级职员以及未投保的董事和高级职员。其中,分摊给被保险的董事和高级职员的责任及损失部分属于保险责任,应当由保险公司予以赔偿。分摊给未投保的董事和高级职员以及

---

[1] William Knepper & Dan A. Bailey, Liability of Corporate Officers and Directors, sixth Edition, LEXIS LAW PUBLISHING, 1998, p.221.

公司的责任和损失部分，则由于其不是被保险人，不能受到保险保护，保险公司不对其承担保险责任。

第三，被保险的董事和高级职员对第三人的赔偿范围包含不属于保险责任的事项。在这种情况下，对第三人的赔偿和其他费用等应当考察是否属于保险责任并分摊为保险责任的责任和非保险责任的责任。其中，前者应当由保险公司予以赔偿，后者则不能受到保险保护，保险公司不对其承担保险责任。

在前述情形中，解决分摊问题的首要前提是区分保险人和非被保险人。同时，哪些属于保险事项，哪些不属于保险事项也应当予以区分。

美国学者 William Knepper 举例说明了上述分摊的基本过程，[①] 如表 5-1 所示。

表 5-1 美国学者 Willian Knepper 解决分摊的基本过程

$5	million	总损失（抗辩与和解费用）
-1.5	million	30%分摊给作为被告的公司
$3.5	million	分摊给作为被告的董事和高级职员
-0.7	million	20%分摊给未被保险的索赔事项
$2.8	million	分摊给保险责任内的索赔事项
-$0.5	million	损失的自留额
$2.3	million	保险人支付的保险金

上述例子清楚地表明：如果损失赔偿额发生在被保险人和非被保险人之间，或者损失赔偿额中包含了保险责任内的事项和保险责任以外的事项，则保险公司有权要求对损失赔偿额进行分摊，在此基础上对被保险人属于保险责任内的损失进行保险赔偿。

从历史上看，董事责任保险单极少对责任和费用分摊的问题作出规定，这就经常导致投保公司和保险人之间就分摊的比例发生争议，双方不得不以谈判方式进行解决。在谈判过程中也引发了对其他问题的讨论，例如：抗辩费用是否应当补偿或者在有关索赔结束后支付。在1995

[①] William Knepper & Dan A. Bailey, Liability of Corporate Officers and Directors, sixth Edition, LEXIS LAW PUBLISHING, 1998, p. 222.

年《美国私人证券诉讼改革法》颁布前，只有为数不多的判例报告了讨论董事责任保险的抗辩及和解费用分摊问题。立法机关和法院在分摊问题上的观点和做法不尽一致，致使在责任和损失的分摊问题上留下了很多不明确的"灰色地带"。结果，投保公司和保险人不得不在这一问题上妥协，大多数的案件是以保险人同意支付被保险人50%～70%的抗辩、和解及判决的费用而了结的。

在1995年发生的一系列案例中，由于董事责任保险单没有事先确定分摊比例，法官运用了一系列的规则解决分摊问题。在决定被保险人和非被保险人的分摊问题上，法院通常运用两种方法予以解决：风险对应规则与超额和解自负规则。随着在美国董事责任保险市场上的一系列案例的公布，公司和保险人为了增强保险的确定性，开始在董事责任保险单中预先确定分摊的原则。在这种情况下，投保公司可以选择支付一笔保险费而不在保险单中确定分摊比例，或者可以选择支付较高的保险费而从保险人提供的分摊比例中获得投保公司的低分摊额。这样，在没有法律明确规定的情况下，当事人可以相对明确地确定在某一真空地带的分摊原则。

二、讨论的前提——公司的直接责任与分摊的关系

在董事责任保险领域，分摊问题难以解决的原因之一是直接公司责任（Direct Corporate Liabilty）问题的存在。由于公司是一种法律拟制物，只能依靠个人的实际运作才能开展活动。因此，当公司和个人董事和高级职员同时被提起诉讼时，通常可以理解为公司的责任来源于董事和高级职员的个人不良行为。从保险的角度看，这似乎意味着公司的有关损失均可以当然地分摊给董事和高级职员，并由保险公司承担保险责任。

然而，如果我们单独考察公司的独立人格，会发现这种认识并不符合公司制度的特征。基于公司的独立人格和独立责任，公司在一般情形下，应当独立地对第三人承担法律责任，而董事和高级职员只在某些特定的情况下才对第三人承担法律责任。当董事和高级职员以善意的方式经营管理公司时，其代表公司所为的行为就是公司的行为，是一种职务行为，董事和高级职员不因此而承担个人责任。在这种情况下，公司的

责任就是一种直接的责任。在证券诉讼中,当公司和个人董事和高级职员同时被提起诉讼时,公司独立的直接责任仍然存在。因为,当公司披露信息不实时,董事、高级职员和公司都应当独立地承担法律责任。两者的独立责任体现在:公司应当为其不实信息披露的行为承担无过错责任,在这种情况下,公司本身存在独立的法律责任;而董事和高级职员则可以尽到了足够的勤勉以及依靠专业机构的相关文件等作为抗辩,在抗辩不成功的情况下,董事和高级职员个人应当承担法律责任。[①] 因此,在虚假陈述等证券诉讼案件中,既存在着公司本身的直接责任,也存在着董事和高级职员的直接责任。董事责任保险单如果只约定了保险责任 A 和保险责任 B,则公司本身的直接责任不能纳入董事责任保险责任。

三、抗辩费用的分摊问题

(一) 一般规则:合理相关性

当投保公司和董事、高级职员作为共同被告时,公司如果聘请一个律师事务所代理所有的被告,公司可能提出由保险公司支付所有抗辩费用。这样的理由显然忽视了公司的直接责任以及"深口袋"原则对公司责任的影响。而在由不同的律师代理不同被告的情况下,则可以很好地避免可能存在的利益冲突。法院在处理公司和董事、高级职员作为被告的情形时,往往倾向于采纳"合理相关性"标准,即只要与被保险人在保险责任内的索赔相关,即使这样的抗辩对公司在某种程度上有利,也应当认定为是被保险人的抗辩费用。无疑,这种做法的确造成了公司"搭便车"的情况。如果这些费用与范围内的索赔之间有合理的关联性,保险单持有人可以要求保险公司支付所有的抗辩费用。

美国法院认为,如果有关法律费用与保险责任内的索赔有合理关联性,保险人应当承担全部费用。位于明尼苏达州的联邦法院将此描述为"较好(Well-established)的合理相关性标准"。[②] 在这一原则之下,法院认为:由于被保险的董事和高级职员的行为,所有被告董事和高级职

---

① 例如:1934 年《美国证券交易法》第 19、10 (b)、18 条。
② Insurance Advisor, vol. 15, January – February, 2000, p. 3, http://www.mckennacuneo.com.

员的责任以及未被保险的公司的衍生责任所支付的抗辩费用，应当包含在董事责任保险单中。换言之，只有那些未受保险的个人所引发公司的独立责任时，有关的抗辩费用才可以做相应的分配（Apportionment）。

（二）美国加利福尼亚州关于抗辩费用的实践

在加利福尼亚州的实践中，将赔偿责任和费用的分担分为两部分内容，分别是抗辩费用的分担（Cost of Defense）和和解费用的分担（Cost of Settlement）。对于和解费用的分担，适用于所讨论的超额和解自负原则和风险对应规则。而对于抗辩费用的分担，加利福尼亚州则确立了不同的规则。[①]

在加利福尼亚州的法律实践中，较为严格地区分了抗辩责任（Duty to Defend）和抗辩费用（Cost of Defense）。其中，抗辩责任一般指保险公司有责任帮助董事和高级管理人员提出和进行抗辩，抗辩费用只是保险公司提供帮助的一种方式。保险公司为了避免出现不利于被保险的董事和高级职员的情形，或者使可能遭受的损失最小化，往往会预支（Advancement）抗辩费用，帮助被保险人进行抗辩。在抗辩过程中，被保险人面对的部分赔偿请求可能不属于董事责任保险赔偿范围，但如果抗辩的诉讼请求可能属于承保范围，保险公司应当支持抗辩，只要抗辩之初存在这种可能性，即便最终证明部分诉讼请求不在董事责任保险赔偿范围之内，保险公司也应支持董事抗辩。如果保险公司恶意中止抗辩支持，则仍应对董事的合理的抗辩费用负责。倘若董事和高级职员因此承受了不利的判决结果，保险公司应当承担责任，即便这个责任在保险范围之外。在抗辩结束后，保险公司则会分析抗辩费用的性质及其分担问题，保险公司可能预支了不应该由董事责任保险赔偿的费用，对于多支出的抗辩费用，保险公司可以要求董事或其他诉讼方返还（Reimbursement）。

在决定哪些抗辩费用应当由保险公司支付时，法院一般考虑合理相关原则（Reasonably Related to），如果证明部分抗辩费用与被保险的诉讼请求有合理关联，该部分抗辩费用应当由保险公司负担。需要说明的

[①] Rutter Group – California Practice Guide: Insurance Litigation, Chapter 7. Third Party Coverages.

是，抗辩费用分担问题多体现在律师费用的分担上，如果董事、高级职员和没有保险的其他被告雇用了同一个律师进行抗辩，律师费的负担应与被保险人承担的抗辩风险相符合。

四、费用分摊方法之一——风险对应规则

（一）一般性规则

风险对应规则（Relative Exposure Rule）是美国法院在分摊董事和高级职员应承担的责任、损失和抗辩费用时的一项司法规则。其含义是，当针对董事和高级职员的索赔也同时包括了不是被保险人的公司本身时，如果公司承担责任有独立的根据，而不是与被保险的董事和高级职员的责任同时发生，则有关费用应当在当事人之间分摊。[1] 风险对应规则旨在使法官通过对各种风险因素的衡量，使基础诉讼中的责任和损失公正地分摊给被保险人和非被保险的人。然而，上述复杂的分析过程严重依赖于事实，从某种程度上讲，分摊的过程是主观的。[2] 在运用过程中，需要考虑的前提和因素很多，而且每项因素的考虑都需要仔细地考察基础诉讼中的事实。当法官对另一诉讼案件中已经作出的判决或判决中未明确的事实作出分摊的解释时，难免会脱离原来判决的主旨而将法官的主观判断强加给保险合同争议的当事人。在此情况下，责任分摊比例的过高或过低都是比较正常的，合乎情理的。

该规则在董事责任保险分摊问题上的首次使用是在1986年。在Pepsi Co, Inc. V. Continental Cas. Co.[3] 案中，Continental公司以及基础诉讼（Underlying Action）中的被告董事并没有投保。法官认为，"根据各方当事人在集团诉讼中相对应的风险来确定分摊问题是恰当的"，该案件首开风险对应规则的先河。在以后的一些判例中，该规则不断得

---

[1] Rupp's Insurance & Risk Management Glossary, 2002, NILS Publishing.
[2] William Knepper & Dan A. Bailey, Liability of Corporate Officers and Directors, sixth Edition, LEXIS LAW PUBLISHING, 1998, p.237.
[3] 640 F. Supp. 656 (S. D. N. Y. 1986).

以运用，从而更加完善和精细。在 Safeway Stores, Inc. V. National Union Fire Ins. Co.[①] 案件中，法官解释道："作为分摊的根据，风险对应规则既不是比较过错，也不是相对责任，而是在和解时，当事人存在的一种潜在的责任。"在实践中，美国法院确定了一系列主要的因素来确定当事人潜在的责任以及和解、判决费用在受益人之间的分摊。这些因素包括：

（1）身份，作为个人、公司实体、集团成员、受益人或在基础诉讼中不利判决的受益人；

（2）每个受益人在和解中的风险和危险的程度；

（3）每个受益人对不利判决作出反应的能力；

（4）每个受益人在诉讼中的举证责任；

（5）"深口袋"及其对每个受益人责任的影响；

（6）在诉讼中对抗辩行为的融资以及此类融资的负担；

（7）根据陈述、和解文件和其他任何相关证据所显示，在和解谈判中的动机和意图；

（8）根据陈述、和解文件和其他任何相关证据所显示，每个受益人所力争以及实际获取的利益；

（9）支付和解费用的资金来源；

（10）基于州立法或公司章程所规定，个人被告人应当免除责任的程度；

（11）在特定诉讼以及和解中此类或相似的事项。

尽管法官煞费苦心地概括了一系列风险因素，但由于个案的情况都不相同，上述因素难免会有遗漏或不能完全适用。而且在一定程度上，对风险因素加以概括本身就是一个极其主观的过程，在这样的主观基础上对基础诉讼中的风险因素加以分析和评定，难以得出相对客观、一致的结论。

（二）基本推理的过程

由于风险对应规则的运用是一个复杂的过程，分摊的结论完全依靠

[①] Safeway Stores, Inc. V. National Union Fire Ins. Co., 1993 U. S. Dist. LEXIS 2006 N. D. Cal., Feb. 4, 1993.

对基础诉讼的风险因素的全面解析,概括和评定个案中的风险因素,成为该规则的一个重要特征。无疑,这样的风险评定过程是极为复杂的。在 First Fid. Bancorp. V. National Union Fire Ins. co.[①] 案中,法官根据风险对应规则作出了这样的判断推理过程:

(1) 保险合同条款要求进行分摊;

(2) 基础诉讼包括了对被保险的董事和高级职员提出的索赔,也包括了对非被保险人的投保公司所提出的索赔;

(3) 尽管被保险的董事和高级职员要对和解损失承担连带责任,保险人并不应当为那些不在保险责任内的人承担责任,并且,保险单明示要求分摊;

(4) 保险单只承保来源于被保险人的行为所造成的责任风险,保险人无须承担非被保险人的责任损失。本案中,董事和高级职员连同投保公司在基础诉讼中都承担了责任;

(5) 庭审中出现的证据足以使陪审团决定:导致第三人索赔的根据来源于诉讼中未被列为被告人的行为;

(6) 有证词表明被诉的董事或高级职员并未有任何不当行为;

(7) 所提供的证据使陪审团发现:First Fid. Bancorp. 公司有单独、直接的责任。在基础诉讼中,当事人意图为达成分摊的和解协议。First Fid. Bancorp. 公司的专家证人证实,在该情况下,50-50 的分摊是恰当的;

(8) 因为当事人不能达成一个恰当的分摊比例,陪审团进行了分摊并决定:National Union 保险公司应当支付1480万美元(大约等同于和解金额的50%)。

上述分摊过程表明,在风险对应规则之下,法官必须确定一系列可能对分摊产生影响的因素,并且仔细地分析这些因素,从而确定这些因素对被保险人的影响程度。毫无疑问,这样的分摊过程完全是一种主观的判断,因为,不同的人对于风险的看法都是不一样的。同样的风险因素,有的人可能认为它对风险有重大的关系,而有的人则可能认为对风

[①] 1994. U. S. Dist. LEXIS 3977 (E. D. Pa. 994).

险没有任何妨碍。而且，在确定分摊问题时，当事人的责任往往在索赔诉讼中以和解、判决等方式加以确定，但索赔诉讼中并不涉及应当考虑的风险因素。而在保险诉讼中，当事人按照风险对应规则确定分摊的因素，在任何情况下，都不可能与基础诉讼中考虑的问题完全一致，这就使对风险因素的确定扭曲了基础诉讼的认定。

五、费用分摊方法之二——超额和解自负规则

（一）一般性规则

超额和解自负规则（Larger Settlement Rule）是美国法院在董事责任保险单中为分摊和解、判决费用或抗辩费用而适用的一项司法规则。其含义是：当公司或者未被保险的董事和高级职员的行为没有扩大和解的损失时，则董事责任保险的承保人应当承担所有的费用；反之，当公司以及未被保险的董事和高级职员的行为增加或扩大了和解的费用时，才允许进行分摊，保险人不对保险责任以外的损失承担保险责任。[1]

该规则首次出现于 1990 年的 Harbor Ins. Co. V. Continental Bank Corp.[2] 案件中。在判决书中，法官用了大量的篇幅仔细地讨论了有关分摊的问题，法官认为：除了五名作为被告的董事外，Continental 公司的其他代理人和雇员也应承担证券欺诈责任。由于此等代理人和雇员也应该承担责任，因此增加了集团诉讼的赔偿金。否则，集团诉讼中的赔偿费用原本应该是少一些的。在该案件中，那些非被保险人或未被诉的人的不法行为所致的损失不属于保险责任，保险公司不应当承担保险责任，Continental 公司在案件中有权从保险人处获得的保险赔偿应当降低。在这里，法院解释了在分摊和解数额上的超额和解自负规则。

在传统的董事责任保险单中，由于只存在保险责任 A 和保险责任 B，公司的直接责任不能纳入保险责任。在公司虚假陈述的情况下，公司本身要承担无过错责任，公司的这种责任就是一种直接责任。超额和

---

[1] Rupp's Insurance & Risk Management Glossary, 2002, NILS Publishing.
[2] 922 F.2d 357 (7th Cir. 1990).

解自负规则的核心内容是：在证券诉讼中，在董事和高级职员承担法律责任的情况下，公司必然要承担法律责任，公司的责任完全是衍生于董事和高级职员的责任，公司的此种责任不应排除在保险责任以外。在前引案件中，法官认为"如果公司的责任仅仅是根据被保险人的行为而产生的衍生公司责任，保险人应当支付全部和解费用而完成其承担保险责任的义务"。在此情形下，如果公司的行为没有导致和解费用的扩大或增加，则保险人应当对损失承担赔偿责任。因此，超额和解自负规则的运用前提是区分公司承担的责任是直接责任还是衍生责任，并在此基础上确定公司以及未被保险的董事和高级职员的行为是否扩大了和解或判决的费用，并最终决定分摊比例。①

笔者认为，在证券诉讼中，如果投保公司和被保险的董事、高级职员承担了连带责任，则运用超额和解自负规则的合理性在于：（1）原则上，投保公司在投保董事责任保险时，对保险人有一种合理的期望，即，在因董事和高级职员的不当行为而导致第三人索赔的情况下，保险人将向被保险人赔付保险金；（2）在证券诉讼中，当董事和高级职员对第三人承担赔偿责任时，投保公司将毫无例外地承担连带赔偿责任。在这种情况下，保险人出于利益考虑，会提出损失由投保公司承担这样的抗辩理由，从而尽可能少地赔付保险金，这就会挫败投保公司对保险人的合理期望；（3）在证券诉讼中，投保公司的直接责任体现在：投保公司的独立行为扩大或增加了损失费用（例如，在发生证券诉讼后，投保公司未能及时通知保险人或采取的抗辩措施显然不当等），这样的损失应当由投保公司自行承担。

（二）Nordstorm 案件的推理过程

1. Nordstorm Inc. V. Chubb&Son, Inc.② 案件的简要事实

该案件来源于证券投资者对 Nordstorm 公司及其六名董事和高级职

---

① 然而，在 Harbor Ins. Co. V. Continental Bank Corp. 案件中，法院的判决并没有严格区分董事和高级职员的责任以及董事和高级职员的行为。学者通常认为：作为一个法律问题，在证券赔偿案件中，董事和高级职员的责任会产生公司的衍生责任；董事和高级职员的行为可能会产生公司的衍生责任。

② 829. F. Supp. 530（W. D. Wash. 1992），也可参见 54 F. 3d 1424（9th Cir. 1995）。

员提起的集团诉讼。基础诉讼发生于 1989~1990 年。Nordstorm 公司的董事和高级职员向投资者隐瞒了其要求雇员 24 小时工作（off-the-clock）这样关键性的重大事实。1989 年，该公司在美国华盛顿州由部分雇员组成的工会对此提出了质疑。该公司在有关年报和季报中，没有提示上述因劳资纠纷问题可能引发的风险。在 1989 年下半年和 1990 年 1 月前，公司仍然否认工会的主张。公司发言人在多份公开陈述和新闻发布中，亦否定了工会主张的重要性。1990 年 2 月 15 日，华盛顿州劳动和工业部经过调查后，发布了一份报告，认为 Nordstorm 公司的做法违反了华盛顿州的工资法。在以后的两天，该公司的股价持续下跌。该公司的股东即分别向联邦法院和州法院提出了证券欺诈诉讼，这些诉讼最后合并成了一个诉讼。1991 年 4 月，当事人达成和解，被诉的董事、高级职员同意向原告共同连带赔偿 750 万美元。此后，联邦保险公司表示，由于公司不是被保险人，其在诉讼中应当承担一部分损失赔偿责任，故只能支付一半的抗辩费用和和解费用。法院最终判决：全部和解费用都应分摊给董事和高级职员，并由联邦保险公司承担保险责任。

2. 分析

在本案件的判决过程中，法官阐述了其判决的理由。

1）分摊方案的选择——当事人的合理期望

法官认为，在案件中首先应当考虑的是采纳什么样的规则才可以更好地满足当事人在保险合同之下的期望和意图。在这一案件中，董事和高级职员责任保险单明示保险责任为：被保险人在保险期间内，因为其不当行为引致的任何索赔，并使被保险人在法律上支付了保险赔偿。在这一条款之下，当事人希望联邦保险公司就任何数目的责任负责，该责任不论以何种方法归因于董事和高级职员的不当行为或过失，也无论公司在索赔中是否会同时承担责任。只有在公司因董事和高级职员无责任而其本身对外承担责任，或公司的责任加重了损失的数额，责任的数目超过或加重了联邦保险公司在法律上应支付的数额的情况下，Nordstorm 公司才应当自行承担其损失。考虑到上述因素，法官认为：在这份董事责任保险单下，只有超额和解自负规则才能最好地满足当事人的合理期望。相应地，只有那些"独立而不是复制于（Duplicate）董事和高级职员责任的公司责任"的那部分数额才应当分摊给 Nordstorm 公司。

2)所谓"同时发生"标准

在关于公司是否负有直接责任的问题上,联邦保险公司提出 Nordstorm 公司存在证券欺诈的直接责任。在案件审理中,法官大量引用了证券法的规定,含蓄地承认在证券欺诈案件中,公司会产生一种直接责任。但是,Nordstorm 公司的董事和高级职员授权实施了这种欺诈(包括对新闻的发布以及公开陈述)等,因此 Nordstorm 公司的责任是同董事和高级职员的责任"同时发生的"。联邦保险公司并没有证据表明公司的责任是独立于董事和高级职员的责任的,并且也没有证据证明"直接的公司责任增加了和解数额",因而不予分摊。因此,法官在案件的处理中,创造了"同时发生"标准。

在论证上述观点时,法官采纳了两项原则,说明了不同情况下的损失分摊问题。这两项原则是:(1)只有在董事和高级职员无责任而公司应承担责任的案件中,并且只有在公司责任增加或扩大了和解的数额时,赔偿的数额才会加重或超过了保险人在法律上应当承担的损失赔偿;(2)如果董事和高级职员发布了虚假陈述(即使其不知道虚假的情况),董事和高级职员将依照1934年《美国证券交易法》承担绝对个人责任。前者表明,在直接的公司责任增加了和解数额的情况下,保险人不承担增加部分的损失,后者则阐述了董事、高级职员和公司同时承担责任的情形。

本案中最具特色之处是其创造了所谓的"同时发生"标准来判断损失是否应当分摊给董事和高级职员所在的公司,如果公司的责任是与董事、高级职员的责任同时发生的,则本质上仍然是一种衍生责任,而不是公司的直接责任。在以后的判决中,美国很多法院采纳了这种推理方法,只有当公司的责任独立于董事和高级职员时,才能认定公司的直接责任。

(三)Caterpillar **案件的推理过程**

1. Caterpillar, Inc. V. Great American Ins. co.[1] 案件的简要事实

在该案件中,由于1990年巴西经济危机对 Caterpillar 公司在巴西的

---

[1] 62. F. 3d 955 (7th Cir. 1995).

业务造成了极大的影响。利润下降的披露，导致 Caterpillar 公司的股价在 1990 年 6 月的两天以内下跌了 20%，而股价的大幅下跌又刺激了股东，他们遂对 Caterpillar 公司和五位董事提起了集团诉讼。股东在其诉状中称：被告没有实质性地披露公司在巴西的经营状况以及 1990 年 1 月公司重组的情况；公司和董事只说明总销售额只有 5%，但没有提及公司在 1989 年的利润为 20%，1990 年第一季度的利润为 30%。因此，投资者并不能完全理解巴西的经济状况对公司利润产生的巨大影响。

在案件发生之前，公司曾经向 Great American 保险公司购买了董事责任保险。该保险为期内索赔式，包括对董事、高级职员以及对公司的保险两部分保险责任。根据该保险合同，在 Caterpillar 公司的股东提起诉讼后不到一周（1990 年 7 月 25 日），Caterpillar 公司即将有关诉讼情况通知了保险公司；在 10 月 12 日后，保险公司就有关诉讼对公司发出了通知，要求其提供有关报告、调查、请求、动议、法院命令以及其他文件，并要求定期报告诉讼的情况，提交律师费用的发票。以后，因保险公司同投保人就保险责任问题发生争议，投保人即向第七巡回法庭提起诉讼。判决后，当事人均不服提起上诉，后和解。在案件中，尽管法院没有最终确定合适的分摊比例，但法院仍然认为：当公司的责任派生于非被保险的董事和高级职员的行为，或者派生于没有在诉讼中作为被告的董事和高级职员的行为，则应当对有关损失给予相应的分摊。换言之，这部分分摊的损失不属于保险赔付范围。

2. 判断的理由——超额和解自负的传统规则

在该案中，被保险公司提起确认之诉要求保险公司根据董事责任保险单对股东集团诉讼中公司及董事、高级职员和解的数额予以保险赔付。地区法院注意到保险合同中没有具体条款要求公司和被保险人分担。然而，保险单没有作出此种约定不是决定性（Dispositive）的因素。在适当的情况下，分摊应当是允许的。

在确定和解的比例是否应当分摊给公司时，地区法院采纳了相关案例的理论，认为：非被保险人的行为是否增加了和解的数目是值得考虑的重要问题。法庭认识到，起诉所针对的行为提高了这种可能性，由于非被保险人没有被提起诉讼，使最终和解的损失数目增大。同时，保险公司未能完全证实：归因于董事会和公司的活动是由非被保险人造成，或者是虽被保险但没有被起诉的人所造成的。

在分析过程中，法官并没有采纳 Nordstorm 案件所创造的"同时发生"规则。法官运用超额和解自负的一般性规则，认为分摊应当体现的原则是：分摊应当针对的是超过了正常和解的部分损失，该部分损失是由未被保险的人所造成的，或者是由那些没有在诉讼中作为被告的人的行为所造成的。毫无疑问，公司所遭受的直接责任损失不属于保险责任，而董事和高级职员也不应承担公司的该种直接责任。

（四）来自保险人的批评

在 1995 年《美国私人证券诉讼改革法》颁布后，超额和解自负规则遭到了保险公司的批评。在 Stauth V. National Union Fire Insurance Company of Pittusburgh.[①] 案件中，保险公司提出：未被保险的公司应当承担自己的费用损失，因为 1995 年《美国私人证券诉讼改革法》已经废止了证券诉讼被告人承担连带责任的做法（除非知悉其行为违反证券法），该法将被告应在判决中承担的责任按照一定的比例进行划分。保险公司认为，在 1995 年《美国私人证券诉讼改革法》颁布之前所引入的超额和解自负规则不应当再适用，依照新的改革法案，每一位被告（投保公司），都应当独立地承担对第三人的赔偿责任，证券诉讼中被告人的责任是单独责任而不是连带共同责任。尽管保险公司试图运用 1995 年《美国私人证券诉讼改革法》限制其在证券诉讼中对有关费用的支付，但从司法实践看，其观点似乎并未得到司法机关的有力支持。

六、实体保险责任——为解决分摊问题的创新

实体保险责任（Entity Coverage）的目的是将被保险人扩展至为董事和高级职员购买保险的组织或事业实体。在证券诉讼中，请求人的索赔请求通常针对董事和高级职员以及公司，在只存在保险责任 A 和保险

---

① 185. F3d 875, 1999, WL 42041 (10 th Cir. June 24, 1999).

责任 B 的情况下，投保公司原则上不能获得保险金赔偿，而分摊过程又比较复杂且主观色彩较浓厚。为了解决这些难题，许多保险公司索性将公司的责任也纳入董事责任保险单，从而避免分摊的难题。在该保险责任中，在董事、高级职员以及公司同时作为共同被告的情况下，将不考虑分摊的问题，而是将两者的责任都纳入保险责任。目前，在证券领域中，实体保险责任（即保险责任 C）成为一种重要的保险责任，不购买实体保险责任的公开公司极其少见。

为证券索赔提供实体保险的保单是在 1993 年后期以特约条款的方式形成的，当公司及一名以上的董事和高级职员在证券诉讼中都成为被告时，投保公司的损失列入保险责任并由保险公司承担保险责任。实体保险发展的最初目的是回应传统的董事责任保险在分摊问题上的难题。①

实体保险责任出现后，由于最初的保险单的设计有共同被告的要求（Co-defendant Requirement），造成公司的董事和高级职员难以在诉讼中达成和解。因为，董事和高级职员一旦不在诉讼中承担责任，则公司也得不到保险保护。从当事人的角度看，这一制度设计并不是对分摊问题的有效解决方法，同样也增加了获得保险的难度。随着董事责任保险的不断发展，保险公司开始对上述保险责任进行修订，即使针对董事和高级职员的索赔请求被驳回，保险公司也应当承担责任。②

实体保险责任的最终发展是在 1995 年《美国私人证券诉讼改革法》通过以后。由于该法所采取的比例责任等改革措施，实质上降低了公司及董事、高级职员所面临的联邦证券集团诉讼风险。在该法颁布前，证券诉讼所采取的是连带责任。绝大多数的集团诉讼涉及多个被告，过去的规定是各被告人不但对各自的债务负责而且还应承担连带责任。因此，每一个被发现对案件有责任的被告都要对全部诉讼结果负责，尽管该被告的行为在导致损失方面可能只有很小的责任。1995 年《美国私人证券诉讼改革法》对传统的连带责任做出了较大的改变，它规定了故意

---

① Ty. R. Sagalow, Esq., Directors and Officers Liability Insurance, NACD (National Associations of Corporate Directors), p. 58.
② Ty. R. Sagalow, Esq., Directors and Officers Liability Insurance, NACD (National Associations of Corporate Directors), NOTE 201.

违法行为和其他违法行为的界限。如果被告是故意违法，那么他将承担完全的连带责任；如果被告是属于其他违法行为，那么他只承担比例责任。对于那些有其他违法行为的被告，其赔偿比例由陪审团依据被告的行为性质以及其行为与损害结果的相关关系决定。

1995年《美国私人证券诉讼改革法》颁布当年，为解决证券诉讼分摊的难题，提供实体保险的保险单即产生，有关保险单载明了公司责任保险条款，即，本保险单承保公司产生于下列事项的损失：①首次对公司提起的证券索赔，或者②首次对董事或高级职员提起的，在保险期间或发现期间并且根据本保险单的条款任何确实的或被指控的不当行为……①在这份保险单中，即使没有董事和高级职员被诉，也会引发实体保险。

在多数证券诉讼中，往往存在多个被告，如果董事责任保险单中没有包含"企业实体"的保险责任，则公司和董事、高级职员将在如何分摊费用的问题上发生争议。"企业实体"保险责任的引入多少缓解了保险人和投保人、被保险人在分摊问题上的矛盾和分歧。但是，"企业实体"的保险责任的引入并不能解决全部问题。因为，即使公司能够纳入保险责任，如果证券诉讼中包括了被保险的索赔和保险责任以外的索赔，也仍然会发生分摊的问题，当事人仍然会对分摊的问题发生争议。

七、我国现行实践之反思

董事责任保险的分摊问题目前在美国、加拿大等国仍然是一个尚待解决的难题。尽管通过司法判决，确立了在分摊问题上某些具有可操作性的规则，然而，总的看来，分摊问题并没有一致性的做法。为解决分摊的问题，保险公司对传统的保险单进行了改造，从而将公司自身也纳入董事责任保险单的保险责任。从一定程度上讲，这有利于协调并解决保险人与投保人、被保险人在分摊问题上的矛盾和冲突。

目前，由于我国证券诉讼制度的发展，实践中已经出现了很多以经

---

① Ty. R. Sagalow, Esq., Directors and Officers Liability Insurance, NACD (National Associations of Corporate Directors), NOTE 203.

营者个人和公司、其他责任人同时作为被告的案件。研究分摊问题，对于促进董事责任保险的发展有着重要的意义。

例如，最高人民法院《关于审理证券市场因虚假陈述引发的民事赔偿案件的若干规定》发布后，第一起以人民法院作出的认定有罪的生效刑事判决为前置条件起诉的案件——投资者诉"ST东方"案在2003年2月8日由青岛中级人民法院受理。原告曹小妹等人将6个法人与自然人列为被告，要求其分别承担虚假陈述民事赔偿责任。原告起诉称：烟台东方电子信息产业股份有限公司（以下简称东方电子）系东方电子的发行人、上市公司，要求其对投资者的损失赔偿承担无过错责任；隋某某、高某、方某原分别为东方电子原董事长、总经理，董事、副总经理、董事会秘书，财务总监、总会计师，系发行人、上市公司中负有责任的高级管理人员，其对投资者的损失赔偿承担过错推定责任；此外，投资者还要求东方电子发行上市的主承销商及上市推荐人、东方电子发行上市的会计师事务所及年度报告审计机构就其负责部分，对投资者的损失赔偿承担过错推定责任，并同发行人、上市公司一起承担连带责任。在此之前，对于被诉讼的三个自然人，2003年1月17日，烟台中级人民法院判决三人犯有提供虚假财会报告罪，分别对隋某、高某、方某三人判处有期徒刑和罚金。在法定的10天上诉期限内，三人均未上诉。随着我国证券市场的不断完善，在今后的证券诉讼中，以个人和公司本身、其他责任人为被告要求进行赔偿的案件将会不断增多。如果被诉的个人购买了董事责任保险，如何在个人和公司、其他责任人之间就赔偿责任进行分摊，使保险公司能够按照董事责任保险单的约定承担保险责任，已经成为保险人不得不面对的重大难题。

我国的保险业实际上已经注意到了董事责任保险在分摊上的问题，并力图采取相应的解决措施。例如，平安财产保险公司《董事及高级职员责任保险条款》第6条规定："本公司对下列各项针对被保险个人的索赔不负赔偿责任：一、由被保险人或以被保险人名义提出的索赔，但以下情况不在此限……（一）由非被保险个人之一人或数人以被保险公司的名义所提出的衍生性索赔案件，且被保险人就该索赔并未参与或提供协助。（二）由被保险个人因本保险承保的损失个案提出责任分摊或损害补偿的索赔……"该保险条款第10条又规定,"本公司对任何第三者针对被保险公司提出的索赔不负赔偿责任"。从上述条款看,保险公司已经注意到:投保公司并非被保险人,其责任不属于责任保险范围。撇开其他相关因素,这一观点无疑是正确的。然而,当董事和高级职员与公司一道在证券诉讼中都成为被告并承担连带责任的情况下,哪些是公司自身应承担的责任和损失,哪些是董事和高级职员应承担的责任和损失,则殊难判断。而且,在虚假陈述案件中,现行法律要求公司和其他责任人承担连带责任,各自的责任比例无法分清,又如何能认定公司的责任比例?如果依照平安财产保险《董事及高级职员责任保险条款》第10条的规定,则对公司责任的理解将极不相同。说公司应当承担99%的责任,或者说公司应当承担1%的责任,并无绝对的标准,从而导致对被保险的董事和高级职员的责任范围难以界定。

原则上,在只存在对个人的保险责任和对公司补偿保险责任的情况下,公司所遭受的直接责任之损失不属于责任保险责任,而对于公司直接责任,董事和高级职员也不应承担。分摊为非保险责任的损失应当针对超过了正常情况下的部分损失,该部分损失是由于未被保险的人的行为所造成,或者是由那些没有在诉讼中作为被告的人的行为所造成的。根据这样的原则,有关损失将在前述基础上分别进行分摊。同时,我国保险业应当考虑在分摊方法上进行创新,并引入公司实体保险责任。在存在公司实体保险责任的情况下,分摊的问题可以更好地解决。

笔者认为,我国应当借鉴发达国家成熟的保险实践,妥当地考虑董事责任保险的分摊问题。在有关制度建设中,需要重点考虑的问题主要有以下两个方面。

(1) 在保险单中确定分摊的原则

国外董事责任保险的实践对分摊问题已经有了多种解决办法。在签订保险单之前,权衡利益、风险,并确定相应的分摊规则,是我国保险业应当重点考虑的问题。例如,在 Progressive Casualty Insurance Company 的保险单中,即明确载明:在索赔中,被保险人和其他人共同遭受损失,由于索赔中包含保险责任以内和以外的事项,导致赔偿数目中包含保险和不保险的损失,保险人、投保公司和被保险的个人应当按照以下方法进行分摊：①由被保险人单独或被保险人与公司共同遭受的损失（包括抗辩费用），应当100%确认为保险责任内的损失；②其他损失应当根据当事人之间相对应的法律风险确定为保险事项和不可保险事项，并区分为保险责任内的损失和不可保险的损失，分别由当事人进行分摊。①保险人、投保公司和被保险人应当努力就分摊数额达成适当的协议。前述保险单引入了实体保险责任，原则上承认公司的直接责任也属于保险责任，但在分摊问题上，采纳的是风险对应规则。

（2）规定分摊争议的解决方式

如前所述，分摊问题没有完美的解决方案。已有的做法只能是相对合理地解决分摊问题。因此，当分摊问题发生争议时，当事人应当通过一种有效的机制解决分歧。其中，事关被保险人利益的主要问题是：保险人能否先行支付部分费用，待赔偿责任确定后再由保险人和投保人、被保险人对相关费用予以解决。

正如 Progressive Casualty Insurance Company 保险单所明确：如果被保险人、投保公司和保险人不能达成一致的，则当事人：①在仲裁、诉讼或其他程序中就分摊问题不得作出任何假定；②在就分摊问题谈判、仲裁或司法裁决前，保险人认为属于保险合同范围内的抗辩费用，应当予以支付；并且③如果被保险人或投保公司要求，保险人应当将分摊纠纷提交有约束力的仲裁……②

在 Aetna 保险公司的董事责任保险条款中，也规定"应被保险人的书面要求，保险人将按照约定的保险责任提供抗辩费用。此外，保险人将于索赔终结后支付相关损失费用；作为前款支付抗辩费用的前提，承保人可以要求被保险人提供足以令其满意的书面承诺。当被保险人所造成的损失不在保险责任时，该项抗辩费用的支付将由被保险人或代表被保险人偿还承保人；如果诉请中的某些事项导致了保险单范围内的保险损失，公司、被保险个人和承保人应当竭尽全力就赔偿金、和解费用、法律费用以及与索赔相关联的费用达成公正和恰当的分摊"③。该条款的

---

① Progressive Casualty Insurance Company Form No. 3247/5/99, Sec. Ⅸ.B.
② Progressive Casualty Insurance Company Form No. 3247/5/99, Sec. Ⅸ.B.
③ Executive Risk (Aetna) 1995 Basic D&O Policy Form, Sec. Ⅳ.B. NACD, p.166.

优点在于当分摊问题发生争议时，可以暂时搁置争议，保险人在获得一定的承诺后，可以先行支付一定的费用，待赔偿责任明确后，再行予以结算。

我国的董事责任保险制度也同样面临着分摊的问题，倘不设计相应的机制暂时搁置争议，则保险人和被保险人将为分摊问题发生无休止的争执。借鉴成熟的董事责任保险制度的做法，在当事人签订保险单之前就对分摊的争议解决程序进行约定，无疑可以更加有效地发挥董事责任保险的制度功能。

第二节　公司破产对董事责任保险的影响

破产法和保险法是两种性质截然不同的法律制度，两者各自有严格的适用范围。然而，在董事责任保险制度中，如果投保公司破产，如何处置保险金，保险金是否可以视为破产财产的一部分适用破产法的分配程序，成为债权人所关注的重大问题。在这种情形下，当公司破产时，法官将不得不同时考虑破产法和保险法的规定，并适用不同的法律规范。具体而言，法官必须同时考虑破产法和保险法规定的情况至少包括：第一，在进入破产程序前的诉讼（常见的是证券欺诈诉讼），但该诉讼在破产程序前提出，并且在进入破产程序后和解或被提起诉讼；第二种情况则更为常见，债权人、实际控制财产的债务人或者破产财产的受托人针对破产程序前的管理层（有时针对破产程序中的管理层）因其管理债务人事务的不当行为提出某种诉因。[1] 鉴于破产的目的之一是使债权人在破产程序中得以公平受偿，因而，限制债务人、债权人的个别清偿变共同执行，确立公平清偿的原则和顺序就成为破产法的原则。[2] 因此，分析投保公司破产后，董事责任保险单上之财产利益是否视为破产财产就成了一个需要明确的前提。

---

[1] John Collen, Bankruptcy and D&O Insurance, Journal of Bankruptcy Law and Practice, January-February, 2002, p.121.

[2] 关于这一问题的论证可参见王欣新：《破产法专题研究》，法律出版社2002年版，第9-10页。

一、董事责任保险单上财产利益之一般性质

对于以公司名义为公司利益而订立的保险合同，在公司破产后，保险单上对保险人之财产利益应当归属于公司，并作为公司的破产财产进行分配，自无疑义。然而，当公司以自身名义为本公司的董事和高级职员投保，该保险单所生之利益应当如何认定？或者说，董事责任保险单上之财产利益是否为破产财产？

考察破产法的一般原理，破产法上所谓之破产财产（在大陆法系亦称为破产财团），是指破产宣告时及破产程序终结前，破产人所有的供破产清偿的全部财产和应当由债务人行使的其他财产权利。美国破产法律规定，在破产程序发动时，破产财产的范围包括"在案件启动时，债务人在财产上的所有法律或衡平利益"。关于破产财产的范围，我国学者加以了概括说明，包括：（1）物权；（2）债权；（3）证券权利；（4）知识产权；（5）股东出资缴纳请求权；（6）基于合同关系所有的财产；（7）尚未能够行使的财产请求权；（8）共有财产分割后的应得份额；（9）开办的独资企业财产；（10）分支机构的财产；（11）投资设立企业的股权或收益；（12）破产企业享有的、可以用财产价值衡量并可以变现为金钱收益的其他任何财产权利。[①] 我国《企业破产法》第 30 条规定："破产申请受理时属于债务人的全部财产，以及破产申请受理后至破产程序终结前债务人取得的财产，为债务人财产。"

在公司购买保险并成为被保险人的情况下，公司破产时保险单上的财产利益归属于公司成为破产财产。我国台湾学者认为，在被保险人破产的情形下，被保险人对因保险契约之存在而具有对保险人之权利，具有财产价值而应属于台湾地区"破产法"第 82 条所称之破产财团，因此若保险事故已发生，赔偿请求权已成立，则保险契约上的权利即成为对第三人之金钱债权，其处理方式依台湾地区"破产法"之规定为之（第 65、72 条）；若被保险人破产于保险事故发生前，则保险契约上之权利亦属破产财团，破产管理人得依善良管理人之注意能力，继续该契

[①] 顾培东主编：《破产法教程》，法律出版社 1999 年版，第 206 页。

约关系，或于破产宣告三个月内终止契约，其终止后之保险费已交付者应返还之，此项契约终止权，保险人亦有之（台湾地区"保险法"第28条）。[1] 然而，当公司作为投保人为他人（如雇员）投保时，该保险单所生之利益应当认定为公司的利益还是他人之利益？有学者认为，破产企业在企业破产前以自己的职工作为受益人而订立的合同，属于为第三人利益而订立的合同，这类合同的特征是，受益人原则上只享有某些权利而毋需承担任何义务，其成立也不需要以受益人的同意为前提。[2] 受益人在合同有效成立后，无须经为其订约的当事人的同意即可独立主张并享受合同规定的权利。企业破产后，企业职工的受益人身份并未发生变化，仍然是当然的权利主体。因此，以破产企业职工为受益人的保险合同请求权不能列入破产财产。

二、破产对保险单上的财产利益的影响

（一）传统保险责任

如上所述，在公司破产的情况下，如果董事责任保险单只提供了保险责任A和保险责任B，董事责任保险单上的收益不属于破产财产。Louisiana World Exposition V. Federal Insurance Co.[3] 案件解释了在存在保险责任A和保险责任B而没有实体保险责任C的情况下，董事责任保险单或其收益是否为破产财产。

该案中，路易斯安那州世博公司是1984年新奥尔良世界博览会的组织者。世博公司为其董事和高级职员购买了多份董事责任保险，以便为董事和高级职员的赔偿责任和法律费用提供保险保障。根据公司法和该公司的章程细则，等，保险单同时对该公司向董事和高级职员的补偿提供保险，即该案件中涉及的董事责任保险单包括A和B两种保险责任，责任限额为2千万美元。此后，世博公司陷入财政困境。世博公司提出重整后，组成了债权人会议。1985年6月，破产法庭授权债权人会

---

[1] 江朝国：《保险法基础理论》，中国政法大学出版社2002年版，第130页。
[2] 顾培东主编：《破产法教程》，法律出版社1999年版，第208页。
[3] 832 F. 2d at 1391 (5th Cir. 1987).

议代表以世博公司的名义起诉董事和高级职员以及承保董事责任保险的保险公司。一个月后，债权人会议在路易斯安那州东区美国地区法院以世博公司的名义对董事和高级职员提起诉讼，指控他们渎职和经营不当。在这起民事案件中，根据该州的直接诉讼立法，发布董事责任保险单的保险公司也成为了共同被告。在诉讼过程中，保险公司依照董事责任保险单的约定向被诉的董事和高级职员支付了抗辩费用。到1986年5月，保险公司已经为董事和高级职员支付了50万美元的法律费用。由于担心董事和高级职员在胜诉或和解后，保险收益会所剩无几，原告遂向法院申请禁令，要求法院阻止保险人继续向董事和高级职员支付抗辩费用。原告的主要理由是：保险单是破产财产（Property of Estate）。第五巡回法庭认为：从保险单的财产利益中支付给世博公司董事和高级职员的费用不是破产财产。法院认为，本案的关键问题是谁拥有保险单收益，而不是保险单本身。法院进一步解释道，保险人根据保险单进行支付后，实际上在相同程度上减少了公司对个人的补偿。因而，保险人支付到期的保险收益并没有潜在地增加破产财产的风险。因为，保险单的收益除了用作满足公司自身对董事和高级职员的补偿外，并不会使公司获益。在这一案件中，法官根据保险责任A、B两部分的实质确定了判决的根据。

在美国董事责任保险实践中，对于保险金的归属还有着更多的讨论。有学者认为：在判断保险责任A和保险责任B的利益（Proceeds）是否属于保险财产时，除了考虑Louisiana world exposition案的原则外，还应考虑其他因素：（1）是否与破产法的目的一致（Consistency With Bankruptcy Law, Policy and Objectives），以及（2）对破产财产的影响（The Effect of D&O Proceeds on Estate Value）。[①] 破产法要求平等地分配破产财产，如果个人不参与破产程序，而是向董事和高级职员提起诉讼，控告他们不尽注意义务，提出赔偿要求，个人就可以获得更高的赔偿金额，这不符合破产法平等分配的原则。也有学者认为，只有因董

[①] George Ong, Directors and Officers Insurance Proceeds in Bankruptcy: the Impact on an Estate and Its Claimants, Bankruptcy Developments Journal, Winter 1996, p. 249.

事、高级职员实际过错造成的损失才能主张保险金赔偿。[1] 例如，董事明知企业具有破产可能，仍夸大企业业绩，欺骗个人购买企业股票，被欺骗的个人可以对负有责任的董事提起诉讼，但其未被欺骗的人只能参加破产程序。

(二) 公司实体保险责任

传统上，董事责任保险合同并不对公司自身的责任进行保险，只有对因董事、高级职员的行为导致的公司损失才进行保险。保险责任 A 承保董事和高级职员个人对第三人的损失赔偿责任，保险责任 B 对公司补偿董事和高级职员的损失予以保险。在董事责任保险单中，公司并不能享受保险公司的保险保护。

然而，由于实体保险责任的引入，改变了这种状况。实体保险责任使保险公司可以承保公司本身所引发的损失，在证券诉讼中，这一保险责任对投保公司更为有利，尽管该保险责任的出现纯粹是为了解决分摊的难题。但在没有实体保险责任的情况下，保险公司通常倾向于将大部分的损失分摊给公司，从而不承担该部分的保险责任；而投保公司则往往倾向于将大部分损失分摊给董事和高级职员，从而使保险人对此承担保险责任。实体保险责任的引入，使保险人可以对公司本身的赔偿责任进行承保，从而有效地解决分摊上的无效率和诸多争议（当然，该保险责任引入并不意味着完全解决了分摊上的问题）。客观地说，公司实体保险责任是董事责任保险的一种积极发展，对公司提供了有效的保护并且有助于董事和高级职员避免代价高昂的分摊问题。但是，当公司破产时，实体保险责任也给董事和高级职员带来了难题。因为，在存在实体保险责任的情况下，保险同时也是为投保公司的利益而存在，投保公司也对保险人享有保险单中的有关利益，因此，当公司破产时，部分或全部保险收益将被视为破产财产，董事和高级职员可能得不到保险。

显而易见，在现代董事责任保险单中，由于公司实体保险责任的引入，部分或全部保险收益将被视为破产财产，能够用来作为董事和高级

---

[1] Nan Roberts Eitel, Now You Have It, Now You Don't: Directors' and Offiers' Insurance After A Corporate Bankruptcy, Loyola Law Review, Fall 2000, p. 602.

职员的索赔的保险金就会相应减少。因此，当公司破产时，面临证券诉讼的董事和高级职员，其可能得不到责任保险的保护，或者说，保险的存在是虚幻的、安慰性的。

在美国安然公司（Enron）破产案件中，董事责任保险单中的利益到底是不是破产财产的问题，曾经引起了人们的关注。安然公司是世界上最大的能源、商品和服务公司之一，名列《财富》杂志"美国500强"的第七名。然而，2001年12月2日，安然公司突然向纽约破产法院申请破产保护，成为美国历史上最大的一宗破产案。安然公司破产案件对其购买的董事和高级职员责任保险产生了很大的影响。安然公司的债权人向破产法庭主张，安然公司在破产前所购买的3亿美元的董事和高级职员责任保险单中的财产收益应当归为破产财产。[1] 债权人的依据是，安然公司的董事和高级职员责任保险单包括了公司实体保险责任以及对董事和高级职员的保险责任。债权人认为，董事和高级职员责任保险单中既然包含了公司实体的保险责任，董事和高级职员个人就不应当获得该保险单下的保险收益。根据这样的理由，债权人要求破产法庭采取自动中止措施，防止董事和高级职员获得保险单中的利益。在这样的情形下，董事责任保险单中的全部或部分利益如果被认定为是破产财产，则董事和高级职员将不能受到保险的充分保护。

三、破产程序的中止

根据破产法的规则，进入破产程序后，所有对债务人的其他形式的诉讼或非诉讼追债行为都必须自动中止，破产法称之为"自动中止程序"或"自动冻结"。在各国破产法中，自动中止程序是破产程序得以顺利进行的重要制度。自动中止程序生效期间，各债权人不必担心其他债权人抢先获取债务人的财产。当破产程序结束时，自动中止程序亦随之失效。自动中止程序有两个目的：其一，它给债务人一个"喘息的空间"，让债务人对案件进行慎重思考，并找出一条重组或清算的途径；

---

[1] Mark Thompson, Mary Beth Forshaw and Elisa Alcabes, A Look at Directors & Officers Insurance Post – Enron, Simpson Thacher & Bartlett Website, April 23, 2002.

第五章　董事责任保险合同的特殊规则

其二，它有助于阻止债权人涌向法院"哄抢"债务人的剩余财产。[①] 自动中止程序生效期间，各债权人不必担心其他债权人会私下地获取债务人的财产，债务人的财产也不会被他人抢先一步取走。

从理论上说，公司在进入破产程序后，自动中止的效力不能及于第三人及其财产。同理，公司破产时，自动中止的效力对债务人以外的董事和高级职员正在进行的诉讼不能产生约束力。因此，尽管公司企业已经处于破产阶段，但对董事和高级职员在破产前开始的诉讼仍然可以继续进行。同时，保险公司仍然应当支付董事和高级职员抗辩费用及其对第三人的赔偿费用。在传统的董事责任保险中，前述推断是符合董事责任保险的基本特征的，即，基于保险责任A和保险责任B，公司本身不能成为被保险人，保险单中的利益归属于被保险的个人，与公司是否破产并无直接关系。

在存在公司实体保险责任的情况下，公司及其董事、高级职员成为董事责任保险单下的共同被保险人。由于存在单一的最高责任限额，公司的破产会对董事和高级职员的保险责任产生深刻的影响。这样，破产程序中的自动中止问题也出现了某些特殊性。因为，在董事责任保险包含了公司实体保险责任时，公司本身对第三人的赔偿责任将作为保险责任。于此情形，保险的收益可能会全部或部分属于破产财产。按照各国破产法的规定，在进入破产程序时，自动中止的效力是广泛的，并可以阻止对债务人或破产财产的所有执行诉请（Enforcement Actions）。如果保险单中的财产利益被认定是破产财产，只要中止的效力仍然存在，董事和高级职员将无权获得这些利益。

按照美国破产法的理论，自动中止的效力并非绝对原则。在某些特殊的情况下，如果破产法庭认为必要，可以将自动中止的效力扩展到债务人以外的第三方。利害关系人要求法院扩展自动中止效力并对第三方发出禁令的最常见的理由是称正在进行的诉讼会分散和损坏管理层重整的努力。[②] 根据《美国破产法》第362（a）（1）条的规定，如果法庭发

[①] 郭兵："美国破产法律制度"，载《人民司法》1999年第5期，第50-53页。
[②] JOHN COLLEN, BANKRUPTCY AND D&O INSURANCE, Journal of Bankruptcy Law and Practice, January–February, 2002, p.138.

现对第三人的程序将严重妨害破产程序的完成，则可以扩展中止的效力。在董事责任保险领域，如果法庭发现对董事和高级职员的诉讼会减少应属于破产财产的保险金。法庭除了自动中止外，还有权根据第105（a）条规定发出独立禁令，从而防止对破产财产造成不可挽回的损害。[①] 当自动中止的效力扩张到董事和高级职员时，自动中止将防止董事和高级职员对董事责任保险单中的保险收益产生追索权（Recourse），这就实际上导致董事和高级职员得不到相应的保险保护。[②]

从美国破产法的实践看，扩展自动中止的有效方法是运用已经确认的重整方案中止对债务人以外人员的诉讼。采用这种禁令的主要因素包括：（1）在债务人和第三方之间存在利益关系，通常为补偿关系，以至于针对债务人以外的第三方诉讼在本质上是对债务人的诉讼或者将损耗破产财产；（2）债务人以外的第三方应当将实质性财产交付给重整公司；（3）禁令在本质上对重整是关键的，没有该禁令，重整就几乎没有成功的可能性；（4）绝大多数债权人都同意采取这样的禁令；（5）重整方案提供了一种机制，使所有的或者实质上所有的支付请求都受禁令影响。[③]

我国现行法律、法规、司法解释对程序中止问题进行了明确的规定。《企业破产法》第18条规定："人民法院受理破产申请后，管理人对破产申请受理前成立而债务人和对方当事人均未履行完毕的合同有权决定解除或者继续履行，并通知对方当事人。"第20条规定："人民法院受理破产申请后，已经开始而尚未终结的有关债务人的民事诉讼或者仲裁应当中止；在管理人接管债务人的财产后，该诉讼或者仲裁继续进行。"根据《企业破产法》第19条的规定，人民法院受理破产申请后，有关债务人财产的保全措施应当解除，执行程序应当中止。然而，我国现行法律对程序中止的规定并不完善。特别是当公司破产时在保险收益

[①] JOHN COLLEN, BANKRUPTCY AND D&O INSURANCE, Journal of Bankruptcy Law and Practice, January – February, 2002, p. 138.

[②] Nan Roberts Eitel, NOW YOU HAVE IT, NOW YOU DON'T: DIRECTORS' AND OFFICERS' INSURANCE AFTER A CORPORATE BANKRUPTCY, Loyola Law Review, Fall, 2000.

[③] JOHN COLLEN, BANKRUPTCY AND D&O INSURANCE, Journal of Bankruptcy Law and Practice, January – February, 2002, p. 141.

的处理问题上，我国立法中尚没有具体条款授权司法机关在一定的情形下，将中止的效力扩展至破产人以外的第三方（如公司的董事和高级职员）。笔者认为，在董事责任保险中，考虑到董事和高级职员在很多情形下都是共同被告，司法机关在中止针对公司的诉讼和执行程序时，亦可以视情况中止对董事和高级职员的诉讼或执行程序。这样做的好处在于可以更加妥当地考虑责任的分摊问题，防止保险金不当减少。

四、破产对公司补偿范围的影响

在存在公司补偿制度的情况下，董事和高级职员在由公司作出补偿或是寻求责任保险保护之间有选择的自由。由于在英美法国家破产法上存在"劣后债权"制度，在公司破产时，董事和高级职员可以从公司获得的补偿通常属于"劣后债权"。所谓劣后债权，是指在破产清偿顺序上排列于普通破产债权之后的债权。①

在美国破产法上，债权人可以分为担保债权人和无担保债权人两类。在无担保债权人之间，分配不是简单地按比例进行，而是采取等级优先制。美国的破产法规定，从第一优先至第八优先，共有八种无担保债权人，属于优先无担保债权人，而所有不享有优先的其他人称为普通无担保债权人。在这九种人之间（包括优先无担保债权人、普通无担保债权人），只有上一级的债权人已获充分清偿后，下一级债权人才可以开始分配。在各级之间，不存在平等地按比例分配的问题。但在每一个特定的顺序之间，所有的债权都是平等的，应按比例清偿。② 美国破产法所确定的清偿原则是：谁承担的风险最小，谁最先得到偿还。因此，最先偿还的是有担保债权人；然后是无担保债权人，如银行、供货商和债券持有人；最后是股东。这一顺序的道理在于：有担保债权人所拥有的债权通常由抵押品或公司的其他资产进行担保。这类债主知道一旦公司破产，他们将最先得到赔付。债券持有人的优先偿付权在股东之前，因为债券代表公司债务，公司当初就承诺支付利息并返还本金，而股东

---

① 王欣新：《破产法专题研究》，法律出版社2002年版，第176页。
② 潘琪：《美国破产法》，法律出版社1999年版，第135－136页。

是公司的所有者，因而承担的风险也应最大。

《美国破产法》第510（b）条规定了公平的劣后问题。据此，证券集团诉讼中董事和高级职员要求公司给予的补偿的请求是劣后的。在适当的情形下，破产法庭可以按照公平的劣后原则（Under Principles of Equitable Subordination）确定债权的劣后顺序。董事和高级职员的补偿或分配要求应当劣后于债权人对破产财产的请求，即债权人的请求应当首先得到清偿。

我国现行破产法律制度并没有对劣后债权制度进行规定。考虑到董事责任保险制度具有强烈的社会公益性，笔者主张：在公司破产的情形下，董事和高级职员在行使其补偿权利时，其权利应当劣后于其他债权人。

第六章 公司补偿制度

公司对董事和高级职员的补偿制度（Corpotate Indemnification，以下简称公司补偿制度），是指公司董事、高级职员如因履行职务而对他人造成损害并承担个人责任，公司在一定条件下可以给予补偿。在现代董事责任保险制度中，公司可以基于补偿立法的规定，通过章程或细则规定、合同约定、司法裁判等方式对受损害的董事和高级职员进行补偿，并进而根据董事责任保险合同的约定向保险人要求保险赔偿。然而，公司对董事或高级职员的补偿是否能够由保险人承担，必须建立在对该种补偿措施合理性、合法性审查的基础上。因此，公司补偿同董事责任保险有着紧密的联系。本章目的在于研究公司补偿制度的基本分类、基本制度构造、构成要件等基本问题，从而确立董事责任保险的重要制度基础。[①]

第一节 概述

公司法意义上对董事和高级职员的补偿制度渊源于英美法国家对代理人的补偿制度。在早期的公司判例中，法官往往认为：由公司对董事和高级职员对他人的赔偿责任给予补偿违反了公司的最佳利益。然而，随着公司经营管理者在提高公司治理效率、促进公司利益等方面的重要性日益显著，判例法修正了原来禁止公司对董事和高级职员给予补偿的立场，允许公司在一定情形下，对董事和高级职员符合公司利益但遭到

---

① 关于公司补偿制度的讨论，亦可参见王伟："董事补偿制度研究"，载《现代法学》2007年第3期。

第三人诉请而承担赔偿责任的行为给予相应的补偿。随着法律的发展，对董事和高级职员的补偿已经成为成文法的规定，并成为董事责任保险制度的重要组成部分。

一、代理制度下的补偿问题

公司补偿制度的基础根源于普通法上的代理原则。在该原则之下，一个代理人如果因为其并不违法的行为而承担责任，则其有权要求委托人补偿其为抗辩第三人索赔而导致的损失。

在英美代理制度之下，代理人应当依照代理法的规定对委托人负担一定的义务。代理人应当以其专业技能和应有的勤奋履行代理义务，并根据委托人的要求向其报告代理事务的进展情况。作为一项基本规则，代理人对委托人负有信托管理人的义务，代理人在行使代理权的过程中不得使自己的利益与委托人的利益相抵触。这就是代理人对委托人所负的忠实义务，包括：代理人不得与被代理人从事交易、不得为了自己的利益而使用被代理人财产、不得篡夺公司机会或利用代理人地位谋取个人利益、不得收受贿赂或秘密佣金等。[①] 从英美代理法的观念来看，为防止代理人滥用权利，被代理人是法律保护的首要对象。因此，对于代理人的权利保护并不是显得很突出。然而，这并不意味着只有代理人才对被代理人承担一定的义务和责任。在英美代理法律制度中，委托人依照法律规定仍然对代理人负有一些基本义务。例如，委托人对于代理人在正常代理活动中所支出的合理费用和遭受的损失有义务给予补偿。[②] 实际上，在代理法之下的补偿制度在现实经济生活中是广泛应用的。[③]

---

① 徐海燕：《英美代理法研究》，法律出版社2000年版，第205页。
② 董安生等编译：《英国商法》，法律出版社1991年版，第201页。
③ 在一份根据香港地区代理法成立的财务顾问合同中，双方对投资银行基于客户的委任而履行顾问义务所可能产生的责任在附件中进行如下约定："甲、除司法终审裁判确定因投资银行蓄意违约或重大过失或根据委任条款违反其对某公司之责任外而产生之任何索赔或任何损失外，某公司将无条件及不可撤回同意向各受赔偿人士就其任何损失作出赔偿及使其不受损失；并于受赔偿人士作出要求时，某公司将适时地向该受赔偿人士偿还所有有关就任何索赔（无论该受赔偿人士是作为其中一方之尚未了结或可能提出之诉讼有关之调查、编制或抗辩而产生）之所有成本、费用及支出（包括法律费用）。"该合同系由一家香港投资银行所起草的合同文本，除隐去当事人名称外，有关内容原文照录。

委托人对于代理人合理费用和损失的补偿义务来源于代理人在一定情形下对第三人所应承担的法律责任。代理法的一般原则是,除非法律另有规定或当事人约定,代理人在授权范围内代委托人所从事的法律行为的后果均由委托人承受,代理人并不直接对第三人负责。由被代理人直接承担代理的法律后果,是代理制度的本质特征之一。然而,上述原则并不排除代理人对第三人承担合同或侵权责任。就合同责任而言,一般来说,代理人代表被代理人和第三人订立合同后就从合同中退出,由被代理人承受合同的法律效果。但在某些情形下,代理人根据其代表被代理人与第三人订立的主合同或者另外的独立的合同中的条款,可能就主合同对第三人负责。[1] 就侵权行为而言,当代理人代表被代理人实施民事行为,由于其过错给第三人造成损害时,代理人必须对第三人承担侵权责任,而不论代理人的行为是否在被代理人的授权范围之内。例如,代理人在接到财产真正所有权人的权利主张之后,向被代理人或其他非财产所有权人转移财产。[2]

从大陆法国家的代理制度看,代理人同样可能因为在授权范围内的行为而对第三人承担法律责任,尽管这样的条款并不十分明确,例如,根据我国《民法通则》的规定,在授权不明的情况下,由代理人和被代理人对第三人承担连带责任。同时,鉴于代理人是为被代理人的利益行事,倘其尽到了代理义务而仍然对第三人承担法律责任并遭致损失时,其有权要求被代理人给予相应的补偿。

二、公司补偿制度的演进

(一) 公司补偿制度渊源于判例法

公司补偿制度首先产生于判例法,是法官造法的产物。然而,公司补偿制度的产生是各种传统观念相互冲突和斗争的产物。

在公司补偿产生之初,在董事和高级职员经由公司为其提供财政上的资助而免予承担个人责任的问题上,立法和司法一直存在着巨大的争

---

[1] 徐海燕:《英美代理法研究》,法律出版社2000年版,第267页。
[2] 徐海燕:《英美代理法研究》,法律出版社2000年版,第291页。

议。在传统的公司立法中，由公司对董事或高级职员的损失予以补偿是不可想象的。早期判例法的态度非常明确，凡出于为董事和高级职员转移风险的目的而由公司开支的费用，不能认为是为了公司的最佳利益。因为，如果允许公司给予董事或高级职员经济补偿，实际的效果是个人获利，而公司并不因此得到任何好处。基于这样的理由，公司为其董事和高级职员提供财政上的资助，从而减轻个人经济责任的做法是一种越权行为。[①] 然而，判例法的态度并非是僵化的。尽管早期判例法否认公司具有补偿受损害的董事或高级职员的权利，该项原则在实践中的运用仍然存在着一些例外。例如，如果董事和高级职员对第三人的索赔成功地进行了抗辩，或者诉讼被证明是对公司有利的，则公司可以给予董事或高级职员相应的补偿。

随着经济的发展，判例法开始有条件地承认董事和高级职员可以获得补偿保护。判例法开始承认公司补偿的合理性的原因在于法官充分认识到对董事和高级职员给予补偿的适当性，因为补偿制度有助于鼓励负责的管理专才接受董事和高级职员的职位，为公司股东获取经济利益。在这种认识下，公司补偿制度首先在判例法中得以认可，并为公司补偿成文立法的产生奠定了基础。然而，考虑到公共政策的需要以及补偿制度的弊端，法官对公共政策问题给予了相当的关注。因为，只有将公共政策作为补偿制度的外延边界，防止将补偿制度作为逃避责任的工具，才有可能使公司董事和高级职员负责地作为。

早期的判例法因循代理制度的基本要求，原则上要求补偿以合同的约定为基础。然而，这一要求并非一成不变。在很多情况下，考虑到公司补偿的目的在于有效地激励公司的董事和高级职员，从而有助于鼓励招募更多合格的管理人员，[②] 即使补偿合同未明确规定，如果公司的章程或细则中规定了公司补偿条款，则法官往往也借助于合同理论来解释补偿问题。在这种情形下，法官倾向于将章程或细则中的条款解释为合

[①] William Knepper & Dan A. Bailey, Liability of Corporate Officers and Directors, sixth Edition, LEXIS LAW PUBLISHING, 1998, p. 273.

[②] William Knepper & Dan A. Bailey, Liability of Corporate Officers and Directors, sixth Edition, LEXIS LAW PUBLISHING, 1998., p. 274.

同权利，并基于章程或细则中的授权，要求公司对董事和高级职员进行补偿。

（二）成文法上的公司补偿制度

由于判例法上存在对补偿制度的上述理解，公司补偿制度一直未能得以充分发展。然而，不可否认的是，早期判例法上的实践为成文立法积累了经验，并最终促成了公司补偿成文立法的发展。自1941年美国纽约州率先制定了成文的公司补偿立法以来，公司补偿制度在英美法国家得到了很大的发展。迄今为止，全美所有的州都制定了公司补偿立法，加拿大联邦以及大多数省的公司立法也规定了补偿制度。

成文法上公司补偿立法的理论基础仍然是代理制度下的补偿理论。在英美法系的公司法中，董事的身份之一是公司的代理人。然而，考虑到补偿制度的优点和显然的弊端，立法机关在制定补偿立法时总是陷入一种矛盾的心理。这种心理突出地体现在立法机关费尽心思地试图寻找两方面的平衡：一方面，他们认识到惩罚那些违反受信托义务（fiduciary duty）、不忠诚于公司或股东利益行为的重要性，以对不正当行为产生一种威慑力；另一方面，他们希望为那些有进取心、愿意在追逐利益的活动中承受风险的经营人员提供保护。① 经过一系列的法律实践，立法机关在公司补偿的种类、行为规范等重大问题上积累了丰富的经验，最终在公司立法中确立了完善的公司补偿制度。事实证明，公司补偿制度的制度价值是巨大的，在20世纪80年代中期的董事责任保险危机中，公司补偿制度对那些负责的董事和高级职员提供了很好的经济保护。

三、公司补偿制度的价值及其与董事责任保险的关系

公司补偿制度的价值可以从公司补偿和董事责任保险的关系加以认识。

从英美法国家关于公司补偿的规范看，公司补偿立法条款中均包含有允许公司为其董事、高级职员和雇员购买责任保险的内容。《美国示

---

① William Knepper & Dan A. Bailey, Liability of Corporate Officers and Directors, sixth Edition, LEXIS LAW PUBLISHING, 1998, pp. 274 – 275.

范公司法》第八章"董事和高级职员"之分章"补偿"制度中,包含了有关董事和高级职员保险的授权性条款;《特拉华州公司法》第145条题为"对公司官员、董事、雇员和代理人的补偿、保险",更是直截了当地将公司补偿和董事责任保险直接联系起来,其中第145(g)条明确规定"公司有权利为任何人购买和维持保险,不论公司根据本条的规定是否有权利给予其补偿";此外,《加拿大商事公司法》第124条在同一条款中分别规定了补偿和董事、高级职员的责任保险问题。

从各国规定看,公司补偿和董事责任保险制度具有内在的联系。公司补偿可以为董事和高级职员对其他人应承担的个人赔偿责任提供资金支持,而董事责任保险制度则可以在公司补偿制度以外通过保险合同的约定强化对被保险人的经济保护。《美国示范公司法》官方评论解释道:"本条之下的保险与补偿的关系可以概括为:(1)保险可以在根据本条所创设的补偿权利以外对董事和高级职员提供保护;(2)根据本分章的要求而规定补偿制度时,如果在公司无力支付补偿费用,保险可以保障被保险的个人;(3)在董事和高级职员的行为属于保险责任并且由公司给予保险的情况下,保险可以为公司提供补偿资金的来源。"[①] 在当代董事责任保险制度中,公司补偿已经成为保险合同的重要组成部分,直接决定了保险责任的范围。Admiral 公司的期内索赔式董事责任保险单样本规定:"投保公司一旦对其董事和高级职员进行补偿,则可以依据保险合同要求保险赔偿。"当然,公司补偿并非一定要成为董事责任保险的必要组成部分。在当事人认为必要的情况下,可以不对公司授予董事和高级职员的补偿费用提供保险。一家日本保险公司的保险单样本规定"本公司对保险合同签约公司的役员因业务作为(不作为也包括在内),在保险期间内的被提起的损害赔偿请求而导致的损害,必须依照本合同的规定进行填补"[②]。该保险单只约定对个人被保险人的保险赔付问题,

---

① Model Business Corporation Act: Official Text with Official Comments and Statutory Cross-Reference, adopted by Committee on Corporate Laws, Section of Business Law, American Bar Association, 1998, s. 8. 57.

② 刘志强:"日本董事保险的构造与问题点",见王保树主编:《商事法论集》第四卷,法律出版社,第307页。

而未将公司对董事和高级职员的补偿作为保险责任。

毫无疑问,当公司以各种方式规定了对董事和高级职员的补偿,同时又购买了责任保险时,董事和高级职员无疑获得了双重的保障。在董事和高级职员需对他人承担个人赔偿责任时,其完全可以选择由公司予以补偿或由保险公司赔偿保险金的方式获得经济上的保护。将公司补偿和董事责任保险相互联系起来考虑对董事和高级职员提供经济上的保护,是董事责任保险的一大特色,笔者对这种做法深表赞赏。因为,通过保险这一中介,一方面可以对个人提供有效的保护;另一方面,可以调动公司以及被保险人两方面的积极性。

然而,公司补偿制度是一柄双刃剑,它一方面可以对董事和高级职员提供一定的经济保护;另一方面也可能引发滥用该项制度的道德风险。可以预料的是,就为董事和高级职员提供补偿的公司而言,由于有保险公司的保险金为支撑,为了满足本公司的利益促进其管理层的积极性,投保公司有可能会滥用补偿制度,无端地将风险转移给保险人,从而牺牲他人利益。在这种情况下,保险人必须严格考察补偿立法的有关规定以及公司授予补偿的依据(章程、细则、合同等)、受补偿人的行为标准、补偿程序等方面对补偿的正当性予以认定,从而避免或减少投保公司可能产生的道德风险。

第二节 法定补偿

所谓法定补偿(Mandatory Indemnification),是指公司的董事、监事、高级职员、雇员、代理人等履行职务过程中遭致第三人索赔,但有关人员在抗辩诉讼、索赔等事项或诸如此类的行为中依法(on the Merits)胜诉时,则有权要求公司给予其合理抗辩费用的补偿。该种补偿制度的基本前提是董事、高级职员等在有关程序、诉讼中胜诉。本节着重讨论法定补偿的有关胜诉标准问题。

一、意义和适用范围

法定补偿制度是与传统的公司判例的立场相一致的。在早期的判例中，原则上禁止公司对董事和高级职员的损失进行补偿，但在一定的情形下，则允许存在例外。例如，董事和高级职员对第三人提出的索赔请求成功地进行了抗辩，或者诉讼被证明是对公司有利的，则公司可以给予董事或高级职员相应的补偿。就董事和高级职员的法定补偿而言，从法律规范上看，获得法定补偿是立法直接赋予董事和高级职员的一项权利，[1] 法定补偿是绝对的而且是自动适用的。基于法定补偿制度，法官可以裁决由公司对董事和高级职员在抗辩过程中的费用给予补偿，而无须援引任何合同或章程的约定或规定。

对董事和高级职员给予法定补偿必须考虑被补偿人的行为是否符合公司的最佳利益。在商事公司中，追求最大利益是公司设立的终极目的，而现代公司的日常运作却面临着瞬息万变的环境，高效率的运作机制是市场对于公司特别是股份公司提出的要求。在两权分离的情况下，股东必须依赖于公司管理专家的高效运作，出于效率方面的考虑，公司的业务由董事和高级职员所控制和经营。效率、利益与责任的冲突是永远存在的。董事和高级职员出于公司的利益最大化，必然要不断创新和进取，而这也往往成为经营人员的风险的来源。在发生他人索赔的情况下，经营人员应当积极地进行抗辩从而降低其承担责任的风险。然而，在现代社会中，诉讼成本是高昂的，通过公司对成功抗辩索赔的董事和高级职员进行补偿，能够增进股东的福利，促进董事和高级职员的经营更加富有效率，从而促进公司和管理层两方面的利益。

法定补偿的基本要件是抗辩成功，原则上，只有事实上证明在促进公司利益最大化方面无过错的董事和高级职员才能获得在抗辩费用上的补偿。如果董事和高级职员不能成功地抗辩索赔，或其在促进公司利益最大化这一问题上存在一定的过错，其要求公司给予补偿就失去了相应的根据。在补偿的标准问题上，法定补偿只能就董事和高级职员有效抗辩第三人的索赔的费用给予补偿。法定补偿的范围通常限制于抗辩费用，这些抗辩费用是董事和高级职员在抗辩过程中确实或合理地发生的。

---

[1] Robert W. Hamilton, the Law of Corporations, WEST GROUP, 1996, pp. 452.

二、何谓成功抗辩

(一) 成功抗辩的标准

法定补偿制度以董事和高级职员成功抗辩第三人的请求为基本要件,董事和高级职员为获得公司的补偿,负有从事实上证明其抗辩成功的责任。然而,问题在于,董事和高级职员在抗辩第三人索赔时的胜诉要求是什么?在多大程度上胜诉才可以获得法定补偿的权利?立法如果不确定胜诉的标准,则公司补偿制度是难以执行的。因为,在很多情况下,不同的人对成功抗辩问题会有不同的理解。例如,董事和高级职员只是在程序上成功抗辩或只是部分地抗辩了第三人的请求,应否视为成功抗辩,应否获得法定的费用补偿。如果成功抗辩的标准不预先确定,将可能导致法定补偿难以执行。

在不同的立法例中,对成功抗辩标准有着不同的认定标准。依立法对董事和高级职员胜诉程度的规制,可将胜诉标准区分如下:(1) 部分胜诉标准(Partially Successful):即董事和高级职员在应诉索赔案件时,根据案件的性质及有关的法律而部分胜诉,即可要求公司对其所遭受的合理的费用损失等予以补偿。[①] 在此种立法之下,如果董事和高级职员成功地进行了部分抗辩,则可以在其成功的程度上得到补偿。(2) 全部胜诉标准(Wholly Successful):除非董事和高级职员完全成功地抗辩了对方的全部请求,方得请求公司对其抗辩费用损失予以补偿。[②] (3) 实质胜诉标准(Substantially Successful):即董事和高级职员成功抗辩了第三人的主要索赔请求,则可以获得抗辩费用的补偿。鉴于"部分成功"标准之弹性较大,对董事和高级职员行为的要求过于宽泛,不利于其责任心,且即使1%抗辩成功也能获补偿,显然有失偏颇;而"全部胜诉"标准则过于苛刻,限制了董事责任补偿制度的作用。故有的立法采纳了

[①] 《特拉华州公司法》《纽约州公司法》采此制。然而,加利福尼亚州要求依法胜诉也属于此种立法。

[②] 《美国示范公司法》及美国有的州采纳的是完全胜诉标准;纽约州公司法原来采纳的是全部抗辩成功标准,在1986年,该州废止了"完全成功的标准",转而采用部分胜诉标准。

介于两者之间的"实质胜诉"标准。①

(二) 成功抗辩的特殊情形

(1) 程序上:《美国示范公司法》的起草人认识到,② 在成功抗辩的问题上要求依法或有法律根据地(on the Merits)胜诉也许会产生这样的问题,即要求获得补偿的人的胜诉可能与法律根据(Merits)无关,但由于程序上的成功抗辩(例如,原告的不适格等),被告可能会免于受到第三人的索赔。在这种情况下,董事和高级职员应当获得补偿;如果不允许在程序上胜诉的董事和高级职员获得补偿,那么,为了"要满足法定补偿的资格,必然会不合理地要求被告进行有效的程序上的抗辩,从而可能经历一次漫长而昂贵的审判,从而判定胜诉是否具有法律根据"。因此,该立法主张,在董事和高级职员抗辩第三人的索赔时,如果董事和高级职员程序上的成功抗辩,则应当获得抗辩费用的补偿。在该立法中,同时包含胜诉的终局性条款,即如果一个民事诉讼被驳回而且该项索赔仍在其他待决程序中,则补偿不是法定的;如果初审胜诉判决上诉,在获得终审、有利的上诉裁决之前,补偿不是法定的。③

(2) 时效上:值得探讨的是,如果因期间的经过,时效的届满或者有关程序上的原因而使董事和高级职员免除了其应负的责任,是否应视为胜诉而给予相应的补偿。有的立法例对此予以否定,要求董事和高级职员在实体上胜诉方可获得补偿,④ 大部分立法例对此语焉不详。

---

① 《加拿大商事公司法》(Canada Business Corporations Act)第124(3)条规定:董事、高级职员有以下情况可以得到公司补偿,即,(a)在诉讼或有关的程序中,根据案件的性质而实质胜诉;(b)为了公司最佳利益而诚实、善意地作为;(c)在涉及经济处罚的刑事、行政讼诉或程序中,有合理的根据相信其行为是合法的。

② Model Business Corporation Act: Official Text with Official Comments and Statutory Cross – Reference, adopted by Committee on Corporate Laws, Section of Business Law, American Bar Association, 1998.

③ 然而,在极例外的情况下,在基础诉讼(Underlying Litigation)中,如果一个法官相信原告的起诉推定董事和高级职员不会承担责任,也可以判决公司给予受损失的董事和高级职员法定补偿。

④ Comment, Practical Aspects of Directors' and Officers' Liability Insurance— Allocating and Advancing legal Fees and Duty to Defend, 32, UCLA Law Review 690, 698 (1985).

第三节 赋权型公司补偿的立法模式

与法定补偿立法的法定性不同,赋权型公司补偿立法（Permissive Indemnification）从根本上说是一种任意性规范,它指的是法律授权公司对符合一定行为准则而遭致对第三人赔偿的董事和高级职员的损失予以补偿。从权利的发生角度看,这种补偿方式并不能因董事、高级职员遭受某些损失而得以自动适用并产生法定的受补偿权利,而完全取决于公司章程、合同等是否有明确的规定或约定,并且这些规定或约定是否符合法律规定的条件。美国大多数州的补偿立法都包含以下条款:（1）授权公司补偿董事、高级职员、雇员以及其他代理人并且规定有权获得补偿人员的行为准则;（2）规定抗辩诉讼的人根据其胜诉程度可以就其费用获得补偿;（3）规定授予补偿的必要程序;（4）在适当的时候,提供法院裁定的补偿措施;（5）允许提前支取费用;（6）宣布成文补偿立法的非排他性;（7）授权公司购买和延续董事责任保险。这些条款本质上是任意性的规范。本节对赋权型公司补偿的立法模式进行了讨论。

一、立法模式

为了增强对董事和高级职员损失补偿的有效性和明确性,公司可以通过章程、细则以及合同等方式给予董事和高级职员额外的补偿保护。[1]然而,问题在于,这样做尽管可以对董事和高级职员给予更大的保护,但也有可能因盲目扩大补偿范围而违反社会公共利益,从而使补偿制度不能达到其最初目的。基于这样的考虑,公司立法在规定补偿制度时,需要考虑在何种程度上允许公司扩大对董事和高级职员的补偿范围。在这一问题上,立法者表现了不同的态度。从是否允许在法定范围以外授予额外补偿的角度看,公司补偿立法主要有两种模式。

（一）排他型补偿立法

所谓排他型补偿立法,是指该种立法将法律规定的补偿范围作为确

---

[1] Special Project: Directors and Officers Liability, Vanderbilt L. Rev, 1987, Vol. 40, p. 755.

定补偿的基本条件,并赋予赋权型补偿立法以强行法效力,当事人之间没有任何讨价还价或协商变通的余地,不论是由股东通过章程、细则规定还是由公司与个人直接签订补偿协议约定,凡与立法规定相抵触的补偿条款,则均为无效。[1] 在这一模式之下,补偿立法的性质是强行法。

《美国示范公司法》采取该模式,该法原第8.58条规定:"(a) 包括在公司组织章程、工作细则、股东会或董事会决议中或是包括在合同或其他文件中的处理公司补偿或预付董事开销的条款只有在和本分章规定相一致的范围内才有效。"同时,第8.58条(b)规定"本分章并不限制公司支付或偿还董事开销的权利,这一开销是因董事在某一程序中出庭作证时发生的开销,作证时他还未被指名为该程序中的被告或答辩人"。在1998年修订的版本中,第8.59条明确规定"本分章的排他性",即"公司只能在本分章允许的范围内对董事或高级职员提供补偿或预支开销"。从该条规定看,《美国示范公司法》将补偿立法作为强制性规范的态度并没有发生改变。在授予额外补偿立法的问题上,《美国示范公司法》的制定者评论道:[2] "第8.59条并没有排除在本分章所规定的范围内通过章程、细则、决议或合同等方式附加程序性规定。"他们认为,程序上的规定对补偿制度具有重要意义。因为,在当事人提出补偿或预支费用的请求时,有效的程序规定可以使公司认真地考虑、快捷地行动,或者在立法要求的司法确定程序上予以有效的合作。[3] 因此,该法特别鼓励公司在额外补偿程序上所作的制度安排。

(二) 非排他型模式

美国大部分州的补偿立法是非排他性的。此类补偿立法认为,在公司以不同的方式规定了补偿制度的情形下,该等规定不视为剥夺了

---

[1] William Knepper & Dan A. Bailey, Liability of Corporate Officers and Directors, sixth Edition, LEXIS LAW PUBLISHING, 1998.

[2] Model Business Corporation Act: Official Text with Official Comments and Statutory Cross - Reference, adopted by Committee on Corporate Laws, Section of Business Law, American Bar Association, 1998. pp. 8 - 96.

[3] Model Business Corporation Act: Official Text with Official Comments and Statutory Cross - Reference, adopted by Committee on Corporate Laws, Section of Business Law, American Bar Association, 1998. pp. 8 - 96.

董事和高级职员根据细则、协议、股东或非利害关系董事或其他关系人的其他合法权利。这就赋予了公司较大的自由裁量权，使其能够在现行立法之外建立公司的补偿政策。非排他型立法的基本宗旨是：在股东以"资本多数决"的原则通过章程或细则条款或决议后，公司应当据此补偿或预支费用。在非排他型公司补偿立法中，法律所规定的补偿范围可以基于公司的意志而发生改变，公司可以授予董事和高级职员额外补偿。

现在，全美大多数州采纳了非排他型的立法模式。以前采纳排他型立法模式的州，如纽约州、加利福尼亚州，在补偿立法的模式上的态度曾发生根本性的改变，将其立法由排他型立法修正为非排他型立法。

《特拉华州公司法》是非排他型立法模式的代表。该法第145条（a）规定：公司有权利去补偿任何人，该人是或者过去是一场正在来临的，或者正在进行的，或者是已完成的诉讼或者是一项活动中的一个参与人，或按情势可能被迫成为一个参与人，不论是民事诉讼或是刑事诉讼或是一种行政程序或询问程序（但这不是公司引起的，或不是公司利用自己的权利引起的），该人所以要参与或很可能被迫参与，只是因为他目前或过去是公司的职员、董事、雇员或代理人，或者他是或可能是应公司要求而作为其他公司、合伙组织、联合企业、信托组织或企业的董事、职员、雇员或代理人在那里服务的。接下来，第145条（F）规定："由本节其他各项规定给予的补偿或先行支付不应当被认为是要排除上述补偿或要求先行支付者应当有的其他权利，该项权利是根据任何组织细则、协议，股东或对此无个人利害关系的董事的表决等规定而取得的。这种权利是该人作为公司的具有一定职务的人参加了上述诉讼活动而应该取得的，或该人虽身为公司的具有一定职务的人，但是以其他身份参与了上述的诉讼或活动而应该取得的。"

上述条款表明特拉华州补偿立法的非强制性，公司可以根据其自由裁量而扩大补偿范围。该补偿立法模式的基本目的是通过额外补偿条款扩大对董事和高级职员的补偿或费用支付。该类立法的优点在于扩大了补偿的范围，使补偿的运用更加灵活有效，其弊端则在于公司可能会滥用补偿立法授予公司的自由裁量权而随意扩大补偿,[1] 从而损害社会所公认的是非曲直观念,使立法所要彰显的公平、正义观念受到打击。

二、补偿的方式

由于公司补偿立法多为授权性的,除非符合法定补偿的要件,如果公司的成立证书、章程细则或协议没有规定补偿问题,则董事和高级职员无权要求公司给予更多的补偿。如果公司希望对其董事和高级职员进行最大限度的保护,在公司成立证书、细则或协议中规定或约定补偿问题就比较关键了。

(一)在章程或细则中规定

在对董事和高级职员的补偿问题上,在章程或细则中加以扩展规定是一种基本的做法。根据《特拉华州公司法》第102条(b)(7)的规定,公司可以对董事违反注意义务的责任上限(Cap or Ceiling)加以规定,从而明确董事在个人或集体责任之下的最高赔偿金额,或者参照立法的规定将有关补偿问题载入章程条款之中。[2] 细则的规定可以更为详细,细则可以制定各种程序或标准从而使补偿更加有利于董事和高级职员。通过细则对补偿问题进行处理的方式更具灵活性,在董事会、独立律师或股东作出对受补偿人不利的确认时,细则可以规定受补偿人申请复议的权利;或者章程和细则可以规定在一定的期间内,除非董事会确认受补偿人的行为不符合补偿的标准,则公司必须予以补偿,这就可以更加有效地转换获得补偿问题上的举证责任。同样,章程和细则可以就补偿问题加以限制,从而缩小董事和高级职员受补偿的范围。当然,在实际生活中,考虑到补偿制度的初衷是激励董事和高级职员,在限制补偿的范围时,公司股东往往会仔细地考虑企业的实力、规模、经营状

---

[1] 例如,如果公司内部的补偿政策授权公司对董事和高级职员在派生诉讼中和解或判决之损失予以补偿,该条款是否有效?美国法院的判例表明,有的法院支持此类条款的有效性;而有的法院则否定了此类条款的效力,认为:非排他型的条款并不能授权公司对补偿立法所禁止的行为予以补偿。William Knepper & Dan A. Bailey, Liability of Corporate Officers and Directors, sixth Edition, LEXIS LAW PUBLISHING, 1998, p. 295.

[2] Special Project: Directors and Officers Liability, Vanderbilt L. Rev, 1987, Vol. 40, p. 760.

况、以往的索赔情况等因素,从而使补偿更加合理。因为,不合理地限制董事和高级职员的补偿权利,就不能达到对经营管理者进行的激励目的。

在以章程或细则扩大受补偿人的权利时,学者们提出了一系列的建议:(1)明确列出调查事项,包括内部公司调查(例如,对派生诉讼组成特别调查委员会)、行政程序、申诉以及立法所规定的事项;(2)明确列出董事和高级职员作为雇员退休保障计划受托人的索赔;(3)在立法无规定时,明确列出罚款、消费税、其他处罚以及律师费用的补偿;(4)明确表明,在章程或细则中的补偿条款视为个人与公司之间的合同,随后的变更或废除都不能减损个人的权利;(5)当董事会作出不能授予补偿的决定时,法院可以进行审查;(6)将补偿扩展到继承人、个人的代表或者董事和高级职员的继承人;(7)明确规定在董事和高级职员起诉时的补偿和费用预支问题。[1] 这些建议基本涵盖了对董事和高级职员给予补偿问题上的必要考虑因素,从而使公司对董事和高级职员的补偿更加合理、周全。

(二)合同约定

授予额外补偿的另外一种方法是以补偿合同的方式约定公司和受补偿人的权利义务关系。在以章程或细则规定补偿问题时,公司股东会完全有可能修改或废止部分或全部补偿条款,从而使补偿问题具有很大的不确定性。毕竟,章程或细则不是一种合同关系,而只是公司的基本行为准则,是调整公司各方关系的行为规范,股东完全有权基于其意志经过一定的程序而作修改。对董事和高级职员而言,这种不确定性增加了其风险,使其未来能否成为补偿的受益者尚不可知。从这个角度看,以合同方式约定补偿问题的最大好处是使其更有保障,更加确定。因此,在合同约定的情况下,当事人的权利义务和补偿的范围将更加明确,从而对董事和高级职员有更大的保护意义。

从实践看,公司往往会尽可能地行使其自由裁量权,外根据公司的实际情况建立其补偿政策。典型的补偿合同通常会载明:受补偿人在合

---

[1] Special Project: Directors and Officers Liability, Vanderbilt L. Rev, 1987, Vol. 40, pp. 762.

同项下的补偿是其在细则、保险单、公司法或其他情形下获得的权利以外的一种权利。在适用法律发生变化时，无论是成文法或司法裁判允许补偿的范围大于本合同所约定的补偿范围，则受补偿人应当享受因这样的变化而获得的较大的利益。

第四节　赋权型公司补偿的构成要件

在法定补偿以外，公司可以借助于赋权型补偿扩大对董事和高级职员的保护。赋权型补偿制度尽管可以对董事和高级职员给予更大的保护，但如果不对其加以必要的规制，公司有可能滥用补偿制度，违反社会公共利益盲目扩大补偿范围，从而使补偿制度成为逃避法律责任的一种工具，并最终损害社会公认的正义观念。因此，国家应当对该种补偿方式加以必要的制约，从而趋利避害，使赋权型公司补偿符合其制度初衷。基于这样的考虑，英美公司立法中均对赋权型公司补偿制度的有关授予条件（从实体要件到程序规则）给予了必要的规制。本节对有关赋权型公司补偿制度的法律规制问题进行了研究。

一、有权获得补偿的人

在赋权型公司补偿制度之下，公司可以在更大的范围内补偿有关人员。就受补偿的对象来看，特拉华州的补偿立法运用于董事、高级职员、雇员或代理人。有权获得补偿人员的范围是十分宽泛的。主要有：(1) 公司内部人员（包括董事、高级职员甚至其他雇员）；(2) 公司的外派董事；(3) 公司的代理人（如公司独立的会计师事务所，可能会作为公司的代理人而获得补偿）。尽管大多数补偿立法允许雇员或代理人获得补偿，但多数公司并不将其纳入内部补偿条款中，而是在董事会认为合适的情况下补偿该类人。[1]

只有当董事和高级职员正常行使其职责时，才能够由公司予以补

---

[1] William Knepper & Dan A. Bailey, Liability of Corporate Officers and Directors, sixth Edition, LEXIS LAW PUBLISHING, 1998, pp. 293.

偿。如果有关人员的行为并非行使职责，则不能获得相应的补偿。例如，当公司解雇员工后，该职员对公司提起诉讼而导致的诉讼费用的损失不得要求公司给予补偿。至于董事或高级职员在诉讼或其他程序中的地位是原告、被告、参与人（Intervener）或法院之友（Amicus Curiae），则并不加以严格限制。同时，公司补偿的保护也可以扩展到董事和高级职员作为证人的情况。当董事和高级职员在行政调查或其他程序中被传唤作证时（如反垄断调查），作证人员的费用可以由公司给予补偿。

总之，在符合相关条件的前提下，公司可以根据对有关人员激励或免责的需要，灵活地扩展受补偿的对象。

二、行为准则要求

对董事给予补偿，必须要考虑其是否遵守了有关的行为准则。规定董事和高级职员受补偿时的行为准则要求有助于对补偿问题进行规制。如前所述，补偿制度如使用不当，会削弱民事责任制度的作用，若无相应的准绳判定董事、高级职员行为之正当性及给予补偿之合理性，则任意损害公司、股东利益的行为必然发生。在赋权型补偿制度中，只有符合行为准则的人才能获得补偿。行为准则的基本原则是，受补偿人善意行事并且必须合理地相信其行为符合或不违反公司的最佳利益。[①] 具体而言，在民事程序中，董事和高级职员应出于善意而行事，并且合理地相信其行为符合或至少不违反公司的最佳利益，即"善意"标准；在刑事程序中，董事没有合理的原因相信自己的行为属于非法，即"合理相信"标准。按照补偿制度之目的，行政程序亦应纳入其中，并适用"合理相信"标准。笔者认为，无论是"善意"标准还是"合理相信"标准，都强调董事、高级职员行为的不可预见性。如果董事和高级职员的行为旨在损害公司利益以谋取个人私利，则违反了忠实义务，不符合公

---

① 这一要求与法定补偿制度形成了鲜明的对比。在法定补偿制度之下，当一个人因其在履行公司职务中的行为而为其过失（Negligent）或不当行为（Misconduct）承担责任时，法院必须确定该人公正、合理地有权获得补偿。成文的补偿立法并不为法院确定法定补偿问题制定明确的准则。William Knepper & Dan A. Bailey, Liability of Corporate Officers and Directors, sixth Edition, LEXIS LAW PUBLISHING, 1998, pp. 285.

司的利益;如果董事和高级职员的行为旨在损害股东的利益,则其为恶意。在这些情况下,董事和高级职员的行为不应给予补偿。

前述标准在《美国示范公司法》(修正)第8.51条中得到了具体的体现。[1] 在该条中,"善意"一词的含义包含了主观和客观标准两个判断,即,主观上,相关的董事和高级职员没有能够预见到(或不可能预见)行为的后果而作出了一项判断;客观上,其行为产生了违法的后果并导致经济赔偿(当然,对人身自由加以限制的刑罚不能要求补偿)。第8.51条的规定与第8.30条关于注意义务的规定有很大的不同。按照第8.30条的规定,董事和高级职员应当善意行事,尽到合理人的注意义务(即在相似情形下,处在同样位置的普通谨慎之人的注意对同一问题的处理方式),合理相信是为了公司的最佳利益。但在第8.51条的规定中,并未将合理注意列入行为标准,而只强调在满足了善意和公司最佳利益的情况下,有关的董事和高级职员就可以获得补偿。在这样的规定之下,不管是善意或者合理相信标准,考虑的首要问题是董事和高级职员必须忠实于公司。因此,董事和高级职员违反忠实义务的行为不能得到补偿,而违反注意义务的行为则可以获得补偿。

对民事诉讼而言,如果董事和高级职员的行为非善意或违反了公司的最佳利益,则责任人不能获得补偿。在Balestreri诉Robert[2]一案中,一名董事兼总裁受到加拿大有关禁止商业限制委员会的调查,并为此遭受了律师费损失,该董事要求公司给予补偿。法院认为:为了确定该董事有无补偿的资格,首先应明确其是否为行政调查程序的一方,然后判断其是否诚实、善意,出于公司最大利益行事。有关证据表明,该行政调查程序确实针对该董事,但是在调查过程中,该董事试图拖延、阻碍行政调查,以各种托辞妨碍调查,没有向调查机关充分披露公司运作的信息,其行为不能认为是为公司最佳利益而善意行事。故该董事不能获

---

[1] Model Business Corporation Act: Official Text with Official Comments and Statutory Cross-Reference, adopted by Committee on Corporate Laws, Section of Business Law, American Bar Association, 1998, S 8.51.

[2] Balestreri V. Robert 30 B. L. R. 283, [1985] C.S. 1038 (Que. S. C), affd (1992), [1993] R. L. 4 (Que. C. A).

得抗辩费用的补偿。

对刑事诉讼或程序而言，该人必须没有合理的理由相信其行为是违法的，才可以获得补偿。公共政策禁止为公司董事和高级职员的故意不法行为提供补偿，故意违反刑法的行为也不能认为是善意的。然而，在很多情况下，虽然董事和高级职员并未违反公司的最佳利益，但完全可能因经营管理中的不当行为而需承担刑事责任。在 Regina v. Bata Industries Limited[①] 一案中，根据《安大略省水资源法》，因 Bata 公司排放废物、工业废水，上诉人 Bata 公司及其董事 M 和 W 在一审被判决有罪。M 和 W 作为该公司的董事，因在其职责范围内没有采取合理措施阻止公司非法排放废水、废物而被宣判有罪，初审法官对上述当事人处以罚款，根据该省的刑事法规，初审法院作出一定期限的缓刑裁定，同时在该裁定中禁止 Bata 公司根据章程规定对董事 M 和 W 的抗辩费用予以补偿。上诉人 Bata 公司及其董事 M 和 W 向安大略省上诉法院提起上诉。在上诉审中，上诉法官维持了缓刑的期间，但减少了罚款的金额。上诉法官同时认为，初审法官在缓刑裁定中禁止公司补偿董事的抗辩费用违反了补偿的基本规定，改判由 Bata 公司对董事 M 和 W 的损失予以补偿。该案表明，在刑事程序中，如果董事和高级职员没有合理的理由相信自己的行为属于非法，而公司的有关补偿立法又规定了有关补偿问题，则法官可以按照补偿立法所规定的行为准则，对要求补偿的人的行为进行审查，并根据公司是否采纳补偿制度的具体情况，判决有关费用补偿问题。

三、不同诉讼种类对公司补偿的影响

（一）因派生诉讼而引起的赔偿

派生诉讼是指当公司怠于追究公司机关成员责任及实现其他权利时，具备法定资格的股东为了公司的利益而依法定程序代表公司提起诉讼的权利。我国目前已经建立派生诉讼制度，随着市场经济的发展，股东对经营者的监督和制衡将更为有效，派生诉讼对股东权利保护的重要

[①] R. v. Bata Industries Ltd., 25 O. R. (3d) 321 [1995] O. J. No. 2691 No. C16272.

性日益彰显。

在派生诉讼中,董事和高级职员如因此而遭受损失,原则上不得请求公司予以补偿。其基本逻辑在于,股东是代表公司对董事、高级职员提出赔偿要求并胜诉,董事、高级职员基于判决而应向公司履行赔偿义务,倘允许公司给予其补偿,则会形成这样一种循环支付的怪圈:董事、高级职员支付公司赔偿金,公司按同等或一定数额对其补偿,最终,董事、高级职员毫无损失,相反,公司却必须支付诉讼费、律师费等。[①] 在公司对董事提起赔偿请求的情况下,也同样如此。考虑到以上实际情况,在派生诉讼中对董事的补偿问题,多在公司补偿中作出特别规定。如果董事和高级职员胜诉,则一般可得到抗辩费用的补偿;然而,如其被判承担责任,则原则上不能得到任何补偿(包括抗辩费用),除非法院认为应给予某些补偿。在20世纪80年代后期,随着补偿范围的扩大,美国许多州修正了这样的做法。例如《特拉华州公司法》规定:董事和高级职员在派生诉讼中可以获得补偿,除非其因重大过失违反注意义务或因违反忠实义务而承担责任;《纽约州公司法》规定,基于当事人的申请,根据案件的具体情况,在法院认为适当时,可以对和解中由董事和高级职员承担的费用按照一定的比例,由公司对董事和高级职员给予公正、合理的补偿;在缅因州和印第安纳州,则在补偿问题上完全不区分第三人诉讼或由公司或代表公司提起的诉讼。

(二) 因其他第三人对董事和高级职员提出索赔

与派生诉讼不同,公司、股东以外的第三人对董事和高级职员提出索赔后,公司对有关人员进行补偿并不会导致循环支付。因此,只要符合补偿条件,董事和高级职员可以获得相应的补偿。在这种情况下,其补偿损失可以包括:抗辩费用、判决书确定的赔偿额、和解书所确定的赔偿额、律师费用、鉴定人或其他证人的费用以及其他合理支付的费用。在考虑损失范围的合理性时,是否确实支付了费用、是否聘用了具有专业技能的律师、是否出于善意而抗辩等,是应当考虑的重要因素。

---

① Michael A. Schaeftler, The Liabilities of Office: Indemnification and Insurance of Corporate Officers and Directors, Little Brown and Company, 1976, pp. 32.

（三）损失范围

补偿制度在发展过程中，对于补偿的要求有一定的放松。很多公司并不严格限制对董事和高级职员提起诉讼或其他程序的方式，即使是股东派生诉讼，董事和高级职员也仍然有可能获得补偿。有的补偿不用也并不区分是由第三人提起的或由公司以直接或派生诉讼方式提起的索赔。无论何种情况，索赔通常被界定为：所谓索赔，是指任何威胁的、待决的、已完成的行为、诉讼或程序（无论民事、刑事、行政、正式的、非正式的调查或其他程序），无论是由公司、公司的股东或者其他当事人，或者任何询问、调查（足以使受补偿人善意地相信将构成上述的行为、诉讼或程序）。

然而，大多数的补偿立法通常都要考虑有关程序是否由公司或基于公司的权利而提出，否则，董事和高级职员将不能获得补偿。在这样的立法体例下，公司对董事和高级职员的诉讼费用（包括律师费）、判决、和解的数额等可以予以补偿。在证明责任上，董事和高级职员必须举证其遵守了法定的行为准则要求，并实际招致损失，即"无责任，无补偿"。

四、补偿的程序

（一）基本方式

在法定补偿的情况下，法院将根据胜诉的程度审查是否给予董事和高级职员补偿；而在赋权补偿中，为防止董事、高级职员任意授予补偿，损害公司及股东利益，制定相应的程序标准，有利于保证补偿的合理性和公正性。在补偿立法中，赋权性的补偿不是自动执行的，而是基于补偿立法的要求通过章程、细则、合同的规定进行处理。① 在授予补偿时，必须对有关人员是否符合补偿条件进行审查，对董事、高级职员行为的审查一般采以下方式：（1）无利害关系的董事以多数票决定，或者由无利害关系的董事指定两名以上董事由其投票决定；（2）独立于公

---

① 在特拉华州，补偿可以有以下方法：（1）由董事会成员中非程序当事人的董事以多数票通过；（2）由独立的法律顾问提供书面意见；（3）股东以多数投票通过。

司之外的律师决定；(3) 无利害关系的股东决定。[①] 审查的内容主要是其有无资格获得补偿、费用开支的合理性、公司的财政支付能力等。赋权型补偿的授予方式与法定补偿有很大的不同，尽管两者都需要依据相应的行为标准对董事、高级职员的行为予以衡量。

无论采取什么样的审查方式，其目的都是公正地衡量董事、高级职员的行为，公正的程序和确定的行为标准是授予赋权补偿的两项不可或缺之条件。从美国、加拿大的经验看，由独立于公司之外的律师决定补偿人的资格是一种较好的做法，这样的律师外在于公司，不会轻易为公司中某些董事或股东的意愿所左右，加之其具有丰富的法律实践，对董事、高级职员行为标准的认识更加透彻，可以较好地确定补偿人的资格；此外，由无利害关系的股东或董事予以决定也是一种比较理想的做法。因为无利害关系的董事或股东更加明了有关损失的计算，且对公司利益更为关注，能够将公司的眼前利益和长远利益相结合，在补偿问题上会采取更为谨慎的态度。

（二）发生争议时的司法裁决

在补偿问题发生争议的情况下，董事和高级职员可以寻求司法救济，提起对公司的补偿之诉讼。无论董事和股东如何确定补偿问题，法院均可以就是否满足行为标准的问题独立进行确定。法院有权基于当事人的申请，根据补偿立法裁决补偿问题：(1) 执行法定补偿；(2) 在申请人的行为不符合授权补偿的情况下授权补偿。在一些立法中，尽管寻求补偿的人应对公司承担责任，但考虑到案件的全部情况，在法院认为合适的情况下，该人可以公正、合理地获得补偿。

五、Blair 案件的司法推理

（一）事实

这是在加拿大发生的一起公司补偿方面的案例，对加拿大公司补偿

[①] Special Project: Directors and Officers Liability, Vanderbilt L. Rev, 1987, Vol. 40, p. 749. Model Business Corporation Act: Official Text with Official Comments and Statutory Cross - Reference, adopted by Committee on Corporate Laws, Section of Business Law, American Bar Association, 1998, S 8.55.

的司法实践产生了重大影响。

在 Blair V. Consolidated Enfield Corp[①] 一案中，布莱尔先生（Blair）是埃菲尔德公司（Enfield）的董事和总经理（1984～1989）。埃菲尔德公司的股东之一加拿大特快公司（Canadian Express Limited）在 1988 年选举了多人进入公司的董事会。1989 年，布莱尔和加拿大特快公司发生严重不和。双方的纠纷发生于 1989 年 7 月 20 日，埃菲尔德公司召开股东会以便选举新的董事会成员。根据公司细则的规定，由布莱尔主持会议。会议召开以前，董事会发送给股东的管理层信息公报中推举了 11 人作为董事会成员的候选人，布莱尔是其中之一。这样，在布莱尔的阵营中有候选人 6 人，而加拿大特快公司的候选人有 5 人，形势显然有利于布莱尔。董事会事前同意了这些候选人的资格，但加拿大特快公司在股东大会上出人意外地提出了第 12 个人作为候选人。结果，这个意外出现的第 12 个人当选，取代了布莱尔。

在选举的头天晚上，布莱尔会见了一名公司律师。该律师提出，加拿大特快公司及其支持者的投票委托书只会有利于管理层，因为投票委托书中没有具体指明其他人。在投票表决后，布莱尔再次向该律师询问他应当如何处理委托投票。律师的意见是：有利于这名意外出现的候选人的委托投票是无效的。按照律师的意见，布莱尔即宣布：新提名出来的候选人不能获得有效投票，原记载于管理层公告中的 11 人当选。之后，布莱尔拒绝讨论这个决定的有效性。但是，他召开了另一次股东大会以便解决投票的争议。

之后，加拿大快递公司以布莱尔和埃菲尔德公司为共同被告，向安大略省最高法院提出了诉讼。1989 年，法院判决布莱尔的决定是错误的，布莱尔的行为违反了受托人义务，法院裁决新提出的候选人当选为董事，布莱尔落选，有关抗辩等费用由两被告承担。布莱尔虽提出了上诉，但被驳回。

之后，布莱尔即向初审法院提出了诉讼，要求埃菲尔德公司补偿其在被诉过程中所遭受的费用损失。初审法官驳回了布莱尔的请求，其理

---

① [1995] 4. R. C. S.

由是：布莱尔的行为不是出于公司的最佳利益，其行为不属于《安大略商事公司法》第136条（1）所规定的补偿范围；布莱尔提起上诉，上诉法院改判布莱尔有权获得补偿；埃菲尔德公司不服该判决，上诉到加拿大最高法院，法院驳回了该公司的上诉。

（二）分析

上述案件涉及两个重要事实，即，（1）加拿大快递公司因布莱尔宣布投票无效而对布莱尔和埃菲尔德公司共同提起的诉讼，在该案中，布莱尔的决定被法院裁决撤销，布莱尔因此遭受了抗辩费用等损失；（2）为了弥补自身损失，布莱尔根据公司的补偿条款提出诉讼，要求公司给予相应的补偿。在是否给予补偿的问题上，焦点在于布莱尔的行为是否符合补偿的基本行为规范，即，董事或高级职员应出于善意而行事，并且合理地相信其行为符合或至少不违反公司的最佳利益，即"善意"标准；在刑事程序中，董事没有合理的原因相信自己的行为属于非法，即"合理相信"标准。

从有关事实和法律来看，布莱尔的行为完全符合补偿的有关行为规范要求。法院对如下问题给予了特别的关注：（1）立法的考察：举证负担以及行为的范围；（2）布莱尔卷入诉讼是因其作为董事和总经理的身份（capacity）还是个人的身份；（3）判断"诚实、善意、为公司最佳利益行事"的相关因素是什么。

1. 立法政策的考察

根据《安大略商事公司法》第136条（1）的规定，公司可以补偿现任或过去的董事、高级职员，过去或现在系其股东或债权人的法人团体的董事、高级职员的人员，其继承人、法律团体代表因其担任上述职务而成为任何民事、刑事或行政诉讼、程序的当事人，他们合理承担的任何费用、收费和开支。其中包括上述人员为取得和解或者满足判决而支出的款项。但是，该人必须：（1）在民事案件中，基于公司最大利益而善意地行事；（2）在刑事、行政程序中，有合理的理由相信其行为的合法性。根据案件的证据，法官认为，在本案中，埃菲尔德公司没有证据表明布莱尔的行为是恶意，不是出于公司的最佳利益行事。

2. 行为的性质

法官查明，布莱尔卷入诉讼是因为其从事了代表公司的行为，而不是因为其个人的行为。在该案件中，布莱尔本身是公司的董事，但是在其决定投票是否符合正当程序以及公司章程、法律的相应规定时，却是在履行其作为董事的职务。因此，不能因为布莱尔既是公司的董事，又是投票中的利害当事人而否定其以董事身份代表公司行为的性质。

3. 公司最佳利益的考察

根据补偿立法的行为规范要求，必须首先确定什么是本案中"公司的最佳利益"。法官直截了当地提出，在本案中，公司的最佳利益就是保持投票程序的完整和恰当。因此，作为董事和总经理，布莱尔应当对投票程序的完整和恰当予以关注。从案件的事实看，布莱尔关注了投票委托书的效力问题。布莱尔咨询了公司律师的意见后，履行了其作为总经理的职责以确保股东在委托书中的指令得以遵守；此外，布莱尔又召开了股东会，使对立的阵营有可能讨论公司法上复杂的尚未解决的难题。反之，如果布莱尔的行为不恰当而将会议演变成对立双方的争吵，就不能理解为其行为增强了公司投票表决程序的完整性和有效性。从公司之间存在派系之争的事实出发，总经理对有关投票的职责是监督而不是卷入斗争。事实上，布莱尔对投票委托书给予了特别的关注：首先，布莱尔从委托书中看不出委托人推举新候选人的意思；其次，作为总经理，布莱尔也没有义务去逐一查证受益所有权人的真正想法。

在履行职责的问题上，布莱尔依赖了公司律师的法律建议。证据表明，布莱尔认为，只要他依靠公司律师的建议，他就是谨慎、善意、出于公司的最佳利益行事。因此，布莱尔合理地相信，信赖公司律师的意见是其唯一的方法。在此，布莱尔尽到了其注意义务。同时，没有任何证据表明，公司律师给布莱尔提出的意见有违公正无私的立场。此外，布莱尔还关注到了未到会股东的利益。鉴于投票中产生了争议，布莱尔在1989年7月24日又召开了一次股东会，从而在掌握充分信息的基础上，使股东有机会就董事选举问题作出决定，这就更加促进了菲尔德公司投票表决程序的正当性。

根据上述理由，法官认为：考虑到补偿制度的目的是鼓励负责的行为从而为吸引适合于董事职务的人以及为培养企业家精神留下足够的空间，否定布莱尔的补偿请求无意会损害补偿政策的考虑。因此，公司应当根据有关补偿条款对布莱尔给予相应的补偿。

第五节 补偿资金的外部保障途径

尽管在章程、细则、合同中规定补偿可以使董事和高级职员在很大程度上获得财政上的支持，然而，从补偿制度的实际运作情况来看，当提供补偿的公司处于破产、清偿不能的状态，或者公司控制权发生了转移，从而导致该公司不能或拒绝提供补偿时，则董事和高级职员将可能会丧失在补偿规定之下应当获得的经济上的保护。公司的清偿能力不佳、破产或控制权的转移既然无法预料，那么，比较可靠的办法就是未雨绸缪，在公司发生上述变化之前留出一部分资金作为补偿费用。这部分预留的资金至少应当符合两个条件：第一，该资金用于合法的补偿目的，用于未来对董事和高级职员补偿；第二，该项资金难以受到任何股东、债权人或行政、司法机构的追偿或者强制执行。实际上，从英美法的经验看，符合上述两个条件的基本机制包括：不可撤销的信托、不可撤销的信用证。[1]

一、不可撤销的信托

所谓信托，是指委托人基于对受托人的信任，将其财产权转移给受托人，由受托人按照委托人的意愿并以自己的名义，为受益人的利益或特定目的，管理、处分信托财产的行为。信托制度本源于英美法，在长期的司法实践中，已形成定型化的法律机制。信托制度最基本的法律观念有四个：所有权与利益相分离、信托财产独立性、有限责任以及信托管理的连续性。[2] 信托制度的如上功能，使其能够为受益人提供更为充分的保障。从责任与利益分离的角度看，信托使受益人处于只享受利益

---

[1] Special Project: Directors and Officers Liability, Vanderbilt L. Rev, 1987, Vol. 40, pp. 765.
[2] 周小明：《信托制度比较法研究》，法律出版社1996年版，第12–18页。

而免除责任的优越地位；从信托财产的独立性与受益权的优先性看，由于信托财产的独立性，使信托财产免于为委托人或受托人的债权人所追索，从而赋予受益人对信托财产享有优先于委托人或受托人债权人的权利，并使受益权具有了优先性；从受益权的追及性看，当受托人违反信托宗旨处分信托财产而使信托财产旁落他人之手时，受益人有权向转得人请求返还该财产；从信托利益的超越性看，通过信托制度的制度设计，可以保证信托利益不旁落他手，而且有效切断债权人对信托利益的追及。①

由于传统信托制度具有的如上优越性，信托制度已经深入到社会生活的各个领域。早期的民事信托，主要是运用在传统的资产管理方面，而当前的商事信托，则进一步运用于具有资金运用、资产转换或事业经营等功能的制度设计上。② 由于信托制度在受益人利益保护方面的优越性以及信托制度向社会生活各领域的有力渗透，使信托制度能够进入公司领域，基于雇员受益目的而设定信托。推而广之，公司可以为董事和高级职员的补偿利益设定信托，在这一制度设计之下的信托，应当具有以下几方面的特征：（1）信托依据：由于该信托是基于对董事和高级职员的补偿问题而设计，提供补偿的公司应当以合同的方式同受托人签订信托协议；（2）受托人：受托人应当具有管理信托资产的能力和实力，银行或有能力的第三方可以充当受托人；（3）受益人：受补偿条款保护的董事和高级职员或代理人是受益人；（4）信托目的：该项信托的目的在于确保董事和高级职员获得足够的补偿资金；（5）信托财产：由提供补偿的公司按期或一次性转移给受托人加以控制、管理和处分的财产；（6）不可撤销：除非经受补偿条款保护的董事、高级职员等受益人的同意，委托人不得随意撤销信托。

二、不可撤销的信用证

保障补偿资金能够得以及时支付的另外一种途径是不可撤销的信用

---

① 周小明：《信托制度比较法研究》，法律出版社1996年版，第43—47页。
② 赖源河、王志诚：《现代信托法论》，中国政法大学出版社2002年版，自序。

证。这一机制的基本特点是由公司以受补偿的董事和高级职员等为受益人向银行申请开立不可撤销的备付信用证,以确保补偿资金的偿付。备付信用证是从美国发展起来的一种以融通资金、保证债务为目的的金融工具。在19世纪初,美国有关法律限制银行办理保函业务,然而随着各项业务的开展,银行确有必要为客户提供保证业务的需要,备付信用证遂应运而生。实际上,备付信用证就是一种具有银行保函性质的支付承诺。由于不可撤销信用证在事实上是一种保证付款的保证,在企业破产或财产状况不佳时,该项机制可以对董事和高级职员的补偿资金提供一定的保障。因为,信用证独立抽象性的特点,使信用证项下的款项不受公司支付能力的影响。

但是,利用信用证机制保障补偿资金的弊端是显而易见的。一方面,信用证是有一定期限的,不可能稳定地为董事和高级职员提供长期的保障。特别是在信用证期间届满后,银行是否愿意续展信用证期限是一个未知数;另一方面,开立信用证涉及开证的费用以及支付信用证项下的利息。与不可撤销的信托机制相比较,信用证机制的保障力度不大。

第六节　建立我国公司补偿制度的建议

公司补偿制度是董事责任保险中的一项重要制度。从各国董事责任保险的法律和实践看,公司对董事和高级职员的补偿通常是纳入保险责任范围的,这就使补偿和责任保险具有了内在的密切联系。因此,我国在引入董事责任保险的同时应当考虑引入公司补偿制度。鉴于公司补偿可能产生某些负面影响,笔者认为,我国在制定补偿立法时,应当强化国家职能,对公司补偿加以严格规制,同时也应当注意股东对公司补偿问题的积极制约作用,从而控制公司补偿的负面影响,充分发挥其积极功能。

一、公司补偿问题上的国家强制

公司补偿一方面对董事和高级职员提供了一定的经济保护,另一方面也可能引发滥用该项制度的道德风险。就提供补偿的公司而言，由于有保险公司的保险金为支撑，为了满足本公司的利益，可能会滥用补偿机制。因此，国家应当对补偿制度加以严格规制，这样，保险人就可以根据补偿立法的有关规定，考察公司对被保险人授予补偿的依据（章程、细则、合同等）、受补偿人的行为标准、补偿程序等，并在此基础上认定补偿的正当性。这对于认定保险人的保险责任，保护保险人的利益，减少投保公司可能产生的道德风险，无疑具有重要的意义。

（一）采取渐进式改革方案

笔者考虑，公司补偿制度的建立应当是一个渐进的过程。在引入和借鉴这一制度时，需要考虑公司补偿是仅适用于有限责任公司，还是可以适用于股份有限责任公司？或者说，公司补偿制度可以全面推行？

关于这个问题，笔者的观点是：公司补偿制度可以首先在有限责任公司中进行试行，然后推广到股份有限责任公司。

在人合性比较强的有限责任公司中，由于公司的运作处在封闭的状态中，对社会公众的影响一般比较小，公司具有很强的契约性。原则上，股东会可以在章程中规定公司补偿问题，或者直接同相关董事和高级职员签订补偿协议的方式，对公司经营管理者的经营过失所导致的费用支出或者损失予以一定的补偿。对于有限责任公司股东决定采取公司补偿这样的激励机制，法律不应当加以禁止。

但对于股份有限责任公司的公司补偿问题，则应当持慎重的态度。因为，在资合性比较强的股份有限责任公司中，特别是在上市公司中，由于公司的经营活动直接涉及广大投资者甚至社会公众的利益，在公司补偿问题上则应当通过立法进行规制，并对有关的公司补偿所需要遵循的行为规则、补偿程序等基本问题进行规范，为公司补偿制度提供一个基本的制度框架。在立法严格规制这一前提下，公司对董事和高级职员的补偿问题可由股东通过投票，民主协商予以决定。

在目前的立法之下，如果有限责任公司投保公司补偿保险，保险公司应当根据公司章程或者合同中规定的补偿条款，提供公司补偿保险；在未来公司法修订后，如果建立了对董事和高级职员的费用或损失补偿制度，则保险公司当然可以提供公司补偿保险。

（二）行为准则的确立

在是否采纳公司补偿制度对董事和高级职员履行职务行为造成的赔偿给予相应补偿的问题上，公司无疑具有一定的选择自由。然而，自由选择在现代市场经济中的实际含义，是在一定约束之下的自由意志的实现，因为"自由不仅意味着个人拥有选择的机会并承受选择的重负，而且还意味着他必须承担其行为的后果，接受对其行动的赞扬或谴责。自由与责任实不可分"。[①] 是否在法定补偿以外建立额外补偿制度尽管取决于公司的选择，但是有关规则的确立则必须受制于国家的法律监管。

笔者建议在我国公司法中确立对董事和高级职员的补偿制度。在法定补偿制度的问题上，我国立法应重点规定董事和高级职员在抗辩索赔时的胜诉标准问题。笔者认为，实质胜诉标准比较符合公司补偿之设立目的，即激励企业经营者，全部胜诉标准对董事和高级职员的行为提出了太高的要求，不适合我国采用。但在赋权型补偿立法的问题上，则必须采取慎重的态度。实际上，考虑到补偿制度可能成为董事和高级职员借以逃避法律制裁的工具，减损执法的效果，各国对补偿立法都给予了相应的规制，要求公司以章程中或合同规定补偿问题时，必须遵守法律所规定的实体性条件，包括前述所讨论的补偿的行为标准、费用的预支、补偿的程序等。立法者试图通过对补偿问题的规范，避免在额外补偿问题上出现"脱法"现象。从社会正义的角度看，这无疑是符合社会公众对给予董事和高级职员补偿问题上的认识的。在建立我国公司补偿立法时，强调受补偿人满足受补偿条件，对于促进公司经营管理，完善公司治理结构具有重要的意义。

同时，在公司扩展补偿的情况下，对于某些争议较大的问题必须明确地作出规定。例如，内部的补偿条款是否可以授权公司对派生诉讼中的董事和高级职员因和解或判决的费用给予补偿。从国外的判例看，对此做法不一。笔者认为，在我国建立公司补偿制度的时候，不应当允许对董事和高级职员在股东代位诉讼中的有关损失给予补偿。理由在于，

[①] ［英］弗里德利希·冯·哈耶克：《自由秩序原理》，邓正来译，生活·读书·新知三联书店1997年版，第83页。

考虑到股东派生诉讼对董事和高级职员的积极制约作用,不允许对股东派生诉讼中董事和高级职员的损失给予补偿,可以为股东派生诉讼制度的发展留下更大空间。

(三) 建立排他型的公司补偿制度

在扩展补偿的情况下,公司补偿立法分为排他型和非排他型立法两种立法模式,前者以《美国示范公司法》为代表,后者以《特拉华州公司法》为代表。两种立法模式的根本区别在于补偿立法是否为强制性规范?是否允许当事人以意思自治确立与立法文本不尽一致的补偿机制?

从英美法国家的经验看,非排他型的立法模式有得天独厚的优势。纽约州和加利福尼亚州补偿立法从排他型向非排他型的转变即是很好的例证。非排他型立法更加充分地考虑了董事和高级职员在公司治理结构中的重要性,在允许公司采纳补偿制度时,赋予当事人更大的灵活性,充分发挥其创造性和想象力。这样做,无疑更加符合补偿制度的基本理念。一方面,从补偿制度的立法精神看,最初目的是赋予公司对董事和高级职员给予补偿激励的权利,从而提高公司的治理效率。允许当事人选择补偿的种类和方式可以显著地提高补偿制度的效率,最大限度地激励董事和高级职员。另一方面,考虑到强制性规范的不足:"……这种方式对公司参与者的行为会产生严重的问题,因为强制适用的规范的一个特征就是他们并不是在许多(更别说全部)情况下适用。这种规范的一个特征就是它们会阻止能满足各方特别需要的人增加他们共同福利的安排。公司之间是很不相同的,并且公司参与者的偏好也是在变化的。因此,对许多交易者是好的东西对其他人可能并不适合。强制性规范不允许各方调整他们运营的环境以满足不同的私人的需要,这项措施也因此阻止了有效率结果的取得"[①]。

相比较而言,排他型补偿立法的主要不足在于其所规定的"一致性"要求。"一致性"一词是个抽象的字眼,其内涵不尽严密,外延不

[①] [加] 布莱恩:《公司法:理论、结构和运作》,林华伟等译,法律出版社2001年版,第246页。

尽周延，当事人在制定补偿政策或合同时，必须仔细地琢磨合同的条款以便使之与立法"相一致"。因此，凡是当事人以意思自治在章程、细则、合同中规定或约定的补偿条款必须与立法"相一致"。这样做的结果无疑会实质性地限制当事人在额外补偿中可能获得的利益。

我国的情况与英美法国家的情况不尽相同。考虑到我国的公司治理结构不完善，诚信观念尚未完全建立。如果过多地赋予公司对董事和高级职员补偿的自由裁量，有可能会得不偿失，损害公司补偿制度的积极作用。因此，笔者主张建立排他型的立法模式，只有在法定的框架内与立法相一致的额外补偿才是合法有效的。这样，补偿制度对社会秩序可能带来的负面影响以及对社会公共政策可能带来的冲击将得以充分考虑。此种立法模式的优点在于，在实体法上可以约束受补偿的董事和高级职员，但是在程序设计上留下了一定的空间，使当事人可以通过快捷的程序提高补偿效率。

二、加强股东对补偿问题的制约

考察国外立法所采纳的额外补偿的方式，无非是通过章程、细则或合同。笔者认为，我国公司立法中应当规定：公司只能以章程的形式规定公司补偿制度。

关于采纳公司补偿的方式问题，在美国、加拿大等国家存在着不同的认识，涉及法理上对章程、细则性质的认识，对章程、细则性质的不同理解导致了对补偿的不同理解。

在很多国家，公司章程往往被视为一种法定契约。根据这种观点，不管采取章程、细则抑或合同等方式规定补偿问题，只要能够构成有约束力的、可以在公司和受补偿人之间形成有执行力的协议，则这样的条款是一种合同关系，董事和高级职员可以要求获得补偿。与章程的合同性观点所不同，有的学者认为公司章程为一种自治法规，而不具有合同的效力。在英国公司法学说中，曾有判例认为公司章程可以赋予成员股东权利，但对于其他人（如董事），则不能视为其与公司之间形成了有执行力的合同。根据这种观点，董事和高级职员不能要求执行章程或细则中的补偿条款，除非他们能够证明该条款构成了其就职时为公司提供服务的隐含条款的一部分。① 目前，一部分加拿大学者根据英国学说认为：公司章程或细则中的补偿条款不能成为董事和高级职员对抗公司的根据。②

笔者认为，公司的章程不具有合同的本质，而是公司的一种自治性规范。因为，公司章程是关于公司组织和行为的基本规范，体现了公司全体股东的意志，与普通的民事合同关系有着明显的区别。学者指出，公司章程的自治性表现在：各国公司章程均赋予各方以一定的意志自由，它在形式上表现为一种契约，但在实质上，它脱离了单个个体意志的限制，成为一种自治规范，其规制的对象并非公司的权利能力和行为能力，也不仅仅局限于公司内部，而是关系到整个公司的治理结构以及相关的外部利益相关者。③ 再从章程的效力看，公司章程对公司的内部运作和对外经营都具有重要的作用。公司章程的记载事项可分为两种：一为绝对必要记载事项，即章程中必须记载，若不予记载则导致章程自体无效的事项；二为相对必要记载事项，即纵不记载亦不影响章程的效力，但若使其产生法律上效力，必须记载于章程的事项。我国《公司法》规定了公司章程应当载明的事项。在现代公司法下，股东大会有权根据"资本多数"决原则变更公司章程中的全部条款，即使少数股东不同意，亦不影响章程变更的效力。同时，公司章程也是公司对外进行交往的依据。由于公司章程规定了公司的组织和活动原则及其细则，包括经营目的、财产状况、权利与义务关系等，这就为投资者、债权人和第三人与该公司进行经济交往提供了条件和依据。凡依公司章程而与公司经济进行交往的所有人，依法可以得到有效的保护。

笔者认为，在公司扩展对董事和高级职员的补偿范围时，应当尽可能采纳章程的方式加以规定，这样做的好处在于：（1）保证全体股东在

---

① McCarthy Tetrault, Directors' and Officers' Duties and Liabilities in Canada, Butterworths, 1997, pp. 299.

② McCarthy Tetrault, Directors' and Officers' Duties and Liabilities in Canada, Butterworths, 1997, at 300. See also Bruce Welling, Corporate Law in Canada—the Governing Principles (2nd edition), Butterworths, Toronto, Vancouver, 1991, pp. 54.

③ 温世扬、廖焕国："公司章程与意思自治"，见王保树主编：《商事法论集》（第六卷），法律出版社 2002 年版，第 11 页。

采纳公司补偿制度上的决定权。股东对自己的利益更为关心,在需要对董事和高级职员进行激励的情形下,其可以选择采纳公司补偿制度;否则,股东可以排除补偿制度在本公司的适用;(2)与合同约定相比较,公司章程更加透明,防止个人任意授予补偿;(3)章程具有明确性和可预见性,有助于对公司补偿问题的监督。由于公司章程严格的制定程序和相当的公示力,采纳章程的方式有助于包括保险公司在内的权利人了解公司在补偿问题上的状况。

当然,通过公司章程规定补偿问题的不利在于,股东大会可能会对公司章程进行修改,从而取消或限制对董事和高级职员本来可以获得的补偿,特别是在公司控制权发生转移时保障受补偿人的利益就成了问题。

三、完善相应的补偿授予程序

在公司对董事和高级职员补偿的制度中,应当建立相应的审查程序,对董事和高级职员行为的正当性和补偿的合理性进行审查。笔者建议,在我国的赋权补偿制度中,对受补偿人行为的审查不宜由董事或其他任何经营管理者做出。因为,经营者出于其自身利益考虑,会极力地提高补偿标准,以便在自己需求公司补偿时,亦可适用高标准。而且,经营者之间往往长期共事,在考虑补偿时,往往容易放弃原则,无端提高补偿标准,因而,由一个经营者决定另一个经营者补偿问题实非妙策。

目前,我国已经建立了独立董事制度。然而,许多上市公司的内部变革,主要的推动力来自管理层和股东,目前还很难找到独立董事主导公司体制变革的案例;同时,独立董事敢于表达独立意见,质询大股东,则更为罕见。

然而,我国的有关法律制度毕竟赋予了独立董事在重大事项上发表独立意见的权利。独立董事在决定对董事和高级职员的补偿问题上,同样可以有所作为。我国的《独立董事指导意见》对于独立董事发表独立意见的义务作了具体、详细的规定,目的在于促使独立董事对董事会和股东大会进行监督。根据该指导意见,独立董事应对以下事项发表独立意见：提名、任免董事；聘任或解聘高级管理人员；公司董事、高级管理人员的薪酬；上市公司的股东、实际控制人及其关联企业对上市公司现有或新发生的总额高于 300 万元或高于上市公司最近经审计净资产值的 5% 的借款或其他资金往来，以及公司是否采取有效措施回收欠款；独立董事认为可能损害中小股东权益的事项等。

  考虑到独立董事的制度价值以及我国引入独立董事制度的初衷，我国补偿立法应当关注独立董事的重要作用。在董事和高级职员是否符合补偿条件的问题上，可以由独立董事作出独立的判断，从而确保补偿问题的公正性。由于独立董事代表的是全体股东的利益，对董事、高级职员是否应当给予补偿有着独立的判断，可以较好地确定补偿人的资格，从而达到制约效果，防止补偿制度的滥用。当然，由无利害关系的股东、独立于公司以外的律师以及独立董事共同对是否授予补偿进行判断，也是可以考虑的一种模式。

第七章 董事责任保险危机及替代性措施

曾几何时，在西方国家，担任公司的董事和高级职员是一件轻松而荣耀的工作。在20世纪60年代，一位教授这样说道，"目前，想从工业公司中找到董事因过失行为而在派生诉讼中承担责任的案例，就好比是在一个大草垛中找一根针"[1]。当然，公司董事的职位有着较好的声誉和社会评价，又无须承担过重的个人责任，更何况董事和高级职员还受到经营判断准则的保护，法院往往基于该原则而对商人的政策和商业判断予以应有的尊重。此外，董事责任保险和公司补偿制度也有效地保护着公司的董事和高级职员。然而，由于英美法国家在侵权行为法领域普遍奉行无过错责任，以保险代替责任，加之保险业的过度投机倾向，以及一系列司法判决对经营判断准则合理内核的改变，加重了董事和高级职员的责任，导致承保董事责任保险的公司无利可图甚至亏损。保险公司不得不采取一系列的措施（如大幅度提高保险费和被保险人的自赔额、大幅度降低责任限额等），力图改善保险公司的经营状况。这就使购买董事责任保险的成本急剧上升，从而导致了一场保险危机，英美法国家学者将其称为"董事责任保险危机"[2]。这场危机导致了责任风险急剧增加，保险难以获得，大量的董事辞职，公司在吸引合格、能干的董事会成员方面的能力降低。

---

[1] Bishop, Sitting Ducks and Decoy Ducks: New Trends in the Indemnification of Corporate Directors and Officers, 77 YALE. L. J, 1968, 9.1078, 1099.

[2] 王伟：《职业责任保险制度比较研究》，法律出版社2015年版，第277页。

董事责任保险危机导致了许多公司寻求新的方法去保护董事和高级职员的办法。为了回应董事和高级职员不断增加的责任风险，美国、加拿大等国家试图采取其他替代性的方法降低董事的责任风险。学者们认为，在董事责任保险以外，董事和高级职员还可以依靠的替代性方法主要包括：（1）强化公司补偿；[1]（2）限制责任立法；（3）设立全资保险公司或专属自保公司从而为母公司的董事和高级职员提供保护；（4）由一系列公司共同成立自我保险池（如：联合自保公司或互助保险集团）；（5）损失预防措施。[2] 这些替代性措施多少减轻了董事责任保险危机所带来的负面影响，在一定程度上达到了激励的目的。然而，这些替代性措施或多或少都有相当的局限性。充分认识这些替代性措施的利弊，发挥替代性措施在强化董事责任保险方面的作用，对我国的董事责任保险制度建设也具有一定的借鉴作用。[3]

第一节　董事责任保险危机——背景及根源

在 20 世纪 80 年代中期，以 Smith V. Van Gorkom 和其他类似案件的判决为开端，董事和高级职员的个人赔偿风险大幅度增加。董事和高级职员发觉，他们很难受到传统的经营判断准则的保护。由于董事和高级职员经营风险的增加以及索赔案件的大幅度上升，加以保险业的过度投机，导致投保公司难以获得保险，保险费用也急剧上扬。在这场危机中，相关判例改变了法律规则的合理内核只是危机的导火索，责任保险的缺陷以及保险监管的宽松才是危机发生的真正根源。

---

[1] 关于公司对董事的损失及费用补偿机制，参见王伟："董事补偿制度研究"，载《现代法学》，2007 年第 3 期。

[2] John A. Cottingham, the D&O Insurance Crisis: Darkness at the End of Tunnel, South Carolina L. Rev, 1988, pp. 703.

[3] 关于本部分的论述，可参见王伟："美国董事责任保险危机及其缓和"，载《首都师范大学学报》，2016 年第 5 期。

一、由 Smith V. Van Gorkom 案引发的责任保险危机

（一）案件的基本情况

在 Smith V. Van Gorkom[①] 一案中，法院判决公司的 9 名董事和高级职员为其批准以低于公司内在价格出售公司的行为向股东承担个人责任。在这起案件中，公司董事会主席 Jerome Van Gorkom 是最早提出出售公司建议的人。Van Gorkom 是该公司的大股东之一，并且其已经达到 65 岁而届退休年龄。在准备收购的过程中，Van Gorkom 同公司首席财务主管简单地咨询了关于采用杠杆收购方式以 \$50 ~ \$60 的价格收购公司的方案，之后，Van Gorkom 私下会见了公司收购专家 Jay Pritzker 并讨论了公司的出售问题。在讨论中，Pritzker 同意以 Van Gorkom 所建议的每股 \$55 的价格进行收购，双方的谈判过程没有经过复杂的讨价还价；此外，Van Gorkom 同意其以每股 \$38 的价格收购公司库藏股份，并且应 Pritzker 的要求在随后的一个星期完成该项交易。

之后，Van Gorkom 召集了公司董事会讨论如上交易。10 名董事中的 9 名，包括 5 名外部董事，出席了会议。在该次会议上，Van Gorkom 作了 20 分钟的陈述，公司的总经理作出了支持性的陈述，然后到会董事进行了不到 2 个小时的讨论，顺利通过了出售公司的董事会决议。在董事会决议至股东会召开之前，董事会从其他交易方获得了要约，但是没有积极地回应。在董事会批准该项交易 4 个半月后，Trans Union 公司的股东投票表决通过了该交易。

在案件审理中，初审法院认为，被告董事的行为符合公司的最佳利益，其应当受到经营判断准则的保护；特拉华州最高法院推翻了初审判决，认为，公司董事的行为违反了公正的程序，不应当受到经营判断准则的保护。最终，9 名董事为其批准以低于公司内在价格出售公司的行为向股东承担个人责任，该赔偿最终由董事责任保险人和收购方支付。

（二）问题的焦点

在本案中，在获得公正价格的问题上，前述程序是否恰当引起了很

---

① Smith v. Van Gorkom, 488 A. 2d 858, 873 (Del. 1985).

大的争议。特拉华州主审本案的多数法官认为 Van Gorkom 和董事会成员没有就 $55 价格作一个深入的研究，主要的理由是：公司的首席财务主管曾经认为收购价格过低。同时，Van Gorkom 和其他董事会成员在批准 Pritzker 的协议前也没有认真地阅读有关文件；Pritzker 起草的协议以及以后的修改严重地限制了公司寻求更好报价的能力；Van Gorkom 也没有同意一家公司（Kohlberg, Kravis, Roberts & Co.）的高于 Pritzker 的报价，该报价为每股 $60，但条件是待其完成股本筹资和银行融资，其他条件与 Pritzker 的报价相同。另外一次比较可行的报价来自于另一家公司（General Electric Credit Corporation），但是该报价因受到了公司与 Pritezker 协议的阻碍而未能成功。法院也认为，在 $55 的价格是否适当的问题上，股东所获得的信息不如董事，因此其同意此次收购是毫无经验的一种做法。

在这个案子中，法院认为"在达成收购协议的问题上，公司董事会并没有在掌握充分信息的合理范围内作为"。法院还指出"董事们（1）在 Van Gorkom 强迫公司'出售'以及确定每股收购价的作用上，并没有获得足够的信息；（2）在公司的内在价值上没有获得足够的信息；（3）考虑到这些情形，在没有出现危机或需要紧急处理的情况下，董事会没有作出事先通知，其在最低限度地考虑批准公司的'出售'上有重大过失"。法院进一步解释道"当董事会在经营判断准则范围内行事时，将不会给他们加以责任。然而，公司董事会的不当行为是如此明显以至不可原谅，因而，被诉讼的董事不能受到经营判断准则的保护"。

McNeilly 法官持不同的意见，他认为：董事会成员是高度合格的并且是掌握了充分信息的"专业商人"。总地看来，5 个内部董事为公司工作的时间加起来超过 116 年，而担任董事职位的时间也有 68 年；同样，5 个内部董事担任首席执行官的时间有 78 年，而其中有 53 年是为公司服务。McNeilly 法官认为"这些人了解 Trans Union 公司就像了解自己的手心手背一样，完全能够作出具有充分信息的决策，包括将公司百分之百地出售"。因此，法院应当按照经营判断准则的要求，免除这些董事的个人赔偿责任。

很多学者同意 McNeilly 法官的意见。学者们进一步认为，董事会成员的行为没有欺诈和自我交易，但是法院拒绝考虑公司收购价格的妥当性。法院只考虑董事会决策的程序，却忽略了这样一个事实：与当时的市场价格相比较，收购价格有48%的溢价。这无疑证明了董事在收购价格确定问题上的正确性。

（三）判决改变了经营判断准则的合理内核，增加了董事和高级职员的经营风险

Smith V. Van Gorkom 案判决公布后，社会各界舆论哗然，多数学者和实业界人士认为这一判决偏离了法院一贯采取的经营判断准则立场，事实上是以法官自己的判断代替了董事的经营判断。因为：第一，公司董事是久经商场的老手，他们对自己的公司的股份的内在价值是心中有数的，整个交易过程他们只不过没有履行法官们所说的"正式程序"而已。第二，法官在本案中只是就单一的交易来评价董事义务之履行，这就很难区分被指控的这笔交易是属于不走运还是决策错误。与这种单一的交易判断相比，市场则是一个更为客观而公正的标准。第三，这种仅就单一交易做判断的最大恶果是它的随意性，令人无法预测未来法院的行为。第四，法官总是喜欢用侵权行为法上的"合理谨慎之人"来判断董事的过失。然而，董事的真正职责是他的持续的、多方面功能：一个过程、一系列事件、公司经营与当前与未来的连续性。仅就单一的事件来评判董事义务之履行未免过于苛刻。第五，在该案中，特拉华州最高法院的判决所隐含的价值观是，董事始终处于缺乏约束的状态。实际上，法官并没有考虑到市场对董事的约束作用及效应。[①]

对该案件的不同争议主要是围绕董事是否应当受到经营判断准则的保护这一问题，如前所述，经营判断准则在程序上具有重要意义，体现在：董事和高级职员的行为被推定为是善意和以适当方式所做出的，除非原告能够证明被告是故意或非诚意而不是为了促进公司的最佳利益而行事，董事和高级职员才承担相应的责任。实体上，董事和高级职员的经营决策只要是出于善意和公司的最佳利益，就可主张对决策不当的行

[①] 张开平：《英美公司董事法律制度研究》，法律出版社1998年版，第213-214页。

为进行免责。本案中,法院的判决恰恰在于否定了有经验的董事和高级职员在掌握了相关信息的情况下所作出的决策,只要没有利益冲突就可以要求免责的抗辩,而代之以法院所提出的"正当程序标准",从而改变了经营判断准则的通常理解。

在这样的认识之下,董事和高级职员感到了过重的责任。加之在以后的类似案件中,有的法院也沿用了 Smith V. Van Gorkom 案件的判决理由,对董事和高级职员履行职责程序的妥当性予以过多的干涉,修正了经营判断准则的合理内核,使董事和高级职员的经营风险急剧增加。尽管部分法院拒绝根据经营判断准则为董事和高级职员提供保护存在巨大争议,但是,这些法院对经营判断准则采取狭义解释,经营行为将受到更多的司法审查(judicial scrutiny),这就加重了董事和高级职员的责任,使专业经营管理人士产生了惧怕心理。[1] 在这种情况下,董事和高级职员强烈要求公司为其购买足额的责任保险。如果公司拒绝提供一定的保险保护,董事和高级职员往往要对是否应邀担任有关职务作更多风险和利益的衡量。为了吸引更多的人才加盟公司,有实力的大公司不得不以提供一定的高昂的保险为条件聘用优秀的经营管理人才。

(四)保险市场的反应

鉴于特拉华州最高法院对 Smith V. Van Gorkom 的判决改变了传统的经营判断准则,人为加重了董事责任并对同类案件产生了不良影响,董事责任保险的承保人开始大幅度提高保险费或拒绝承保董事责任保险,导致了 20 世纪 80 年代中期所谓的"董事责任保险危机"[2]。

该案件对董事责任保险的巨大影响直接体现在保险费的飙升上。在 1984 年,资产在 1 亿~2.5 亿美元的中等规模公司,只要支付不到 2 万

---

[1] Robert H. Roshe, NEW YORKS RESPONSE TO THE DIRECTOR AND OFFICER LIABILITY CRISIS: A NEED TO REEXAMINE THE IMPORTANCE OF D & O INSURANCE, Brooklyn Law Review Winter, 1989.

[2] 根据我国学者的考证,董事责任保险最早产生于 20 世纪 30 年代,60 年代中期后引起人们的普遍注意。目前,除佛蒙特州、哥伦比亚特区以及美属波多黎各岛外,没有所有的州与特区都允许公司为董事和高级职员购买责任保险。参见邓峰:《普通公司法》,中国人民大学出版社 2009 年版,第 528 页。

美元的保费就可以获得大约 1600 万美元的保险。① 然而，随着 Van Gorkom 及其他类似案件的公布，保险市场发生了激烈的变化。在美国、加拿大等国，保险费狂涨，自赔额提高，导致董事责任保险成为一种昂贵、奢侈的险种。对于规模不同的公司，保险费的上涨幅度有所不同。由于上涨的幅度从 200%～2000% 不等，已经使普通的公司难以承受（参见表 7-1）。对公司而言，难以获得保险对其经营活动产生了严重的影响，使公司不能获得足够的保险去分散潜在的损失；同时，高素质的人才也不愿意接受那些不能提供保险或不能足额提供保险或不能获得抗辩费用的职位，因为这样的职位无疑会将董事和高级职员的个人财产变成对起诉者极富吸引力的攻击目标。②

表 7-1 1984 年和 1987 年度加拿大、美国平均保险费对比表
（按照公司资产规模和主要保险单的赔偿限额）

公司种类	1984	1987	增加幅度
加拿大（百万加元）			
公司资产：25～100			
赔偿限额：5	$4,713	$31,516	569%
公司资产：100～400			
赔偿限额：5	$7,209	$29,510	304%
赔偿限额：10	$7,107	$80,915	1039%
公司资产：400～1000			
赔偿限额：10	$18,054	$93,575	418%
公司资产：1000 以上			
赔偿限额：5	$19,308	$60,141	211%
赔偿限额：10	$19,697	$313,361	1491%
赔偿限额：20	$27,661	$271,635	882%

---

① WYATT COMPANY, DIRECTORS AND OFFICERS AND FIDUCIARY LIABILITY SURVEY, 49 (1987), p. 57.

② Ronald E. Mallen & David W. Evans, Surviving the Directors' and Officers Liability Crisis: Insurance and the Alternatives, Delaware Journal of Corporate Law, 1987, pp. 443-444.

续表

公司种类	1984	1987	增加幅度
美国（百万美元）			
公司资产：25～50			
赔偿限额：5	$7,276	$30,530	320%
公司资产：50～75			
赔偿限额：5	$5,802	$31,301	439%
公司资产：75～100			
赔偿限额：10	$7,975	$43,152	441%
公司资产：100～150			
赔偿限额：5	$6,004	$54,263	804%
赔偿限额：10	$12,398	$121,154	887%
公司资产：250～400			
赔偿限额：10	$11,050	$83,391	655%
赔偿限额：20	$17,240	$163,249	853%
公司资产：600～1000			
赔偿限额：5	$14,653	$128,972	780%
赔偿限额：10	$18,432	$364,574	1878%
赔偿限额：25	$23,040	$380,109	1549%
公司资产：1500～2000			
赔偿限额：10	$13,799	$229,337	1562%
赔偿限额：15	$15,091	$328,413	2076%

资料来源：1987 Wyatt Directors and Officers' Liability Survey, the Wyatt Co. (Chicago, 1987). 转引自 Ronald J Daniels and Susan M. Hutton, the Capricious Cushion: the Implication of the Directors' and Officers' Insurance Liability Insurance Crisis on Canadian Corporate Governance, Canadian Business Law Journal (1993), Vol. 22, p. 196.

二、危机的深层次原因

从表面看来，董事责任保险是由于法院的判决导致了既有法律原则的极大修正，不合理地增加了董事和高级职员的行为风险，进而导致商业性的保险公司不愿意承担此类责任保险。实际上，董事责任保险危机在普通法国家的发生并不是偶然的现象，而是多种因素共同作用所形成的。危机更深刻的根源在于无过错法律责任制度的固有弊端，保险企业过分追求盈利目标，保险监管环境过分宽松等更深层次的原因上。

（一）基于责任保险制度的缺陷

以责任保险取代法律责任的趋势是董事责任保险危机产生的最重要的根源。

在责任保险制度中，保险人在承保前通常需要根据事故发生频率作定量化科学分析预测，以决定保费和补偿水平的高低。基于对风险和利益的权衡，保险公司承保保险单范围内的保险事故。在发生保险事故后，由于损害赔偿费用由保险公司支付，一方面增强了对受害人的救济；另一方面相应地激励董事和高级职员。因此，董事责任保险实际上是一种带有较大灵活性的损害补偿和风险分担机制。然而，责任保险所承载的分配正义确实对侵权责任产生了影响，突出的表现就是人们对责任保险的偏好：人们在处理侵权责任时，更多地考虑责任保险而不是损失问题。[1]

在普通法国家，基于责任保险对社会生活的巨大影响，有无责任保险已经成为判断对受害人给予何种程度赔偿保护的重要根据。这种趋势的发展，使人们更加倚重于责任保险对社会利益的保护功能，出现了以保险代替责任的倾向。这无疑有效地保护了受害人的利益，从而使受害人有更强的动机向保险公司寻求实际赔偿。然而，以保险代替责任的弊端也是显而易见的。如学者所分析，"在西方发达国家正在出现一场困扰侵权法无过失责任制度的危机。无过失责任制度是在促进责任保险发展的同时，其所存在的缺陷埋下了责任保险危机的隐患。加之责任保险因引起侵权行为法威慑及预防功能的变化所导致的非议和责难，以及责任保险自身拙劣的商业惯例与保险业的周期性使责任保险的发展陷入了尴尬的境地"[2]。

---

[1] 薛虹："演变中的侵权责任和人身伤亡事故问题的解决"，载《民商法论丛》，第5卷，第715页。

[2] 尹田主编：《中国保险市场的法律调控》，社会科学文献出版社2000年版，第423页。

第七章 董事责任保险危机及替代性措施

除了责任保险本身所存在的问题外，英美法国家的诉讼体制也容易助长诉讼的发生，滥诉的情况大量存在。在英美法国家的诉讼制度上，由于侵权行为法无过失责任制度使受害人胜诉的可能性较大，促使律师顺应这一趋势而对侵权案件采取"无效果，无报酬"的所谓"胜诉酬金"方式收费。按照这种收费方式，原告败诉，不需要支付律师费用；如果原告胜诉，律师可从判得的赔款中提取 1/3 或更高的酬金。原告律师的这种收费办法，客观上助长了当事人动辄向法院提起诉讼。长期以来，美国证券诉讼实行首席原告（Lead Plaintiff）制度，这使得律师具有强烈的动力去寻找原告，通过委托律师启动证券集团诉讼，大量的证券集团诉讼案件就在律师的煽动下发生的了。1995 年《美国私人证券诉讼改革法案》尽管进行了一些改革，对作为首席原告发起集团诉讼案件的律师的资格加以若干的制约，但没有从根本上改变律师为追求获利而挑动集团诉讼的状况。[①]

其实，董事责任保险领域发生的危机并不是独一无二的现象，在其他责任保险领域，也或多或少存在着危机。英美法国家责任的保险危机可以上溯到 20 世纪 70 年代。在这个时期，一些国家屡屡发生"责任保险危机"，责任保险的发展因此受到了严重的阻碍。责任保险危机的表现是：加害人的民事责任不断膨胀，法院裁决赔偿金额的大幅增加，保险赔款惊人增长，保险公司不得不大幅度提高责任保险费，甚至退出某些责任保险市场，进而导致投保人难以获得保险，或者需要付出很高的代价才能获得保险。责任保险危机在产品责任保险、雇主责任保险、医疗责任保险以及董事和高级职员责任保险等方面表现尤为突出。[②]

以医疗责任保险为例，在美国，医疗责任保险存在很大的危机。从

[①] 首席原告条款规定，要求所提起之证券集团的原告在提交诉状时，还要提交一份宣誓证明书：（1）原告未在律师指导下购买该争议证券；（2）表明原告愿意代表集团充当代表人；（3）说明原告在相关期间内对争议证券之所有交易；（4）说明原告在过去 3 年中充当或试图充当代表人之所有其他诉讼；（5）原告所获赔偿额将以其股票份额为限，除非法院另行发布命令。该法还规定，在过去 3 年中担任过 5 个以上证券集团诉讼之首席原告的任何人都不能再次担任首席原告。

[②] 关于责任保险危机的有关问题，请参考笔者参与编写的相关著作。见张洪涛、王和主编，王伟、张俊岩副主编：《责任保险理论、实务与案例》，中国人民大学出版社 2005 年版，第 31－35 页。

1976～2000年，由于法院对医疗事故的受害人过分保护，医疗赔偿费用大幅度上升，保险赔款支出不断增长，导致保险公司不断提高费率水平，或者径行推出责任保险市场。据统计，这段时期全美医疗责任保险的平均保险费率上升505%，其中佛罗里达州的保险费率上升了2654%。部分高风险的医疗领域（如妇产科、脑精神外科等），医疗责任保险费率上扬幅度更加惊人。在这种情况下，从20世纪70年代开始，由于索赔案件不断增多，索赔金额越来越高，许多保险人开始逐步撤离医疗过失责任保险市场。目前，医疗赔偿诉讼的赔偿金额仍然居高不下。从1998年以来，保险人在医疗过失责任方面的损失大幅度上升。扣除通货膨胀因素，从1988～1997年，每年平均增长约3%，而在1998～2001年，年度增长幅度达到了8.2%。保险公司的承保利润一直很低，经营风险很高，医疗责任保险领域存在明显的危机。

另外，在石棉责任方面，也存在很明显的责任保险危机。石棉是建筑材料中广泛采用的一种纤维矿物质，坚固耐用，具有很好的防火防热的功效，广泛运用于各个领域。同时，石棉对人体有很大的危害，会引发包括癌症在内的多种疾病，很多与石棉有关的疾病潜伏期很长，甚至能达到40年。由于石棉材料在各个行业的广泛运用，因石棉而引发的疾病也不断增加。美国一家疾病控制和预防中心的研究报告表明，在2000年，有1493人死于与石棉有关的疾病，而在1968年，死亡人数只有77人。因石棉有关的赔偿金额也不断攀升，根据美国Tillinghast-Towers Perrin公司的一项统计，2003年全美国因石棉有关的赔偿金额上升了125亿美元。在高额的石棉赔偿面前，保险公司也遭受了巨大的损失。从1999～2003年，美国保险业为石棉索赔而支付的赔款达到了200亿美元。石棉案件已经成为一个严重的社会问题，与石棉有关的索赔金额居高不下，石棉生产商不断破产、倒闭，保险公司也因石棉案件而导致经营困难，引发了责任保险危机。

相比较而言，大陆法国家的无过失责任和惩罚性赔偿金制度适用范围有限，诉讼体制上也没有全盘采纳律师"胜诉酬金"制度，多数大陆法国家实行严格的损失补偿原则，人们的法律责任风险相对有限，缺乏发生大范围责任保险危机的社会和法律环境。因此，类似于英美法国家的大规模责任保险危机,很少在大陆法国家发生。

应当说明的是,责任保险的普遍化在客观上使个人责任有衰落之势,但责任保险并不能当然地取代法律的制裁功能。如多数人所观察,责任保险的保险人只在被保险人侵权责任成立时才向受害人支付赔偿,说明责任保险在本质上是寄生性的,责任保险不能脱离侵权责任而单独存在。责任保险对侵权法产生不小的影响,但它的本质决定了其不可能取代侵权责任,因而也不会从根本上动摇侵权法。

(二) 保险监管的过度宽松和疏漏

董事责任保险发生的另外一个原因是保险监管过于宽松导致了保险公司的过度投机,使保险人的承保能力大为降低,无法应付众多的索赔案件。

由于责任保险所承保的风险常常在事故发生时并不明显,等到受害人出现并提出索赔要求时,往往事隔数年之久。如果再经诉讼,又不知需经多长时间才能解决。这就使保险人可以通过以一定利率转贷出售保单的收入而获取大量的利润,亦即保险人借此可以较长时间占用保险责任准备金,达到进行投资获利的目的。

实际上,在20世纪70年代末期,保险公司已经注意到针对专业人员的诉讼增多,数额增大,但是职业责任保险的保费过于诱人,以致保险人轻视了"繁荣"背后的风险因素。在1984年年底、1985年年初,由于市场利率突然下跌,保险公司无法再从转贷或其他投资中获得利润,甚至严重亏损。1984年,美国保险人以投资收入弥补亏损后,尚亏空38亿美元。1985年,亏损更高达58亿美元。为了弥补亏损,保险人不得不极为迅速地提高保费,缩小保险范围,降低责任限额,有的甚至停办责任保险业务。[①] 在20世纪80年代初,只有极少数的保险公司因承保职业责任险而获利。[②] 相应地,保险公司不得不以提高保险费等方法弥补亏损。但问题在于,仅仅提高保费并不能立即改善保险业的困

[①] 尹田主编:《中国保险市场的法律调控》,社会科学文献出版社2000年版,第425页。

[②] Ronald E. Mallen & David W. Evans, Surviving the Directors' and Officers Liability Crisis: Insurance and the Alternatives, Delaware Journal of Corporate Law, 1987, p. 442.

境。恰恰相反，提高保险费立即增加了公司、董事、高级职员获得保险的难度，最终引发了董事责任保险危机。

董事责任保险的危机同时对再保险市场也产生了深刻的影响。在20世纪70年代末期，由于监管乏力以及过度的投机，原保险人的风险大幅度增加，这就使原保险人承保的责任险超过了其实际承保能力。而再保险业并没有及时察觉这种状况，许多再保险人"慢慢掉入了一个黑洞而无法摆脱危机"[1]。再保险人不得不努力去分散和消化这些他们还没有足够思想准备的损失，为了补偿自身所遭受的损失，恢复承保能力，规模较大的再保险公司不得不提高保费，同时减少其业务量，而规模较小的再保险公司只能宣布破产。对原保险市场而言，失去再保险的支持，保险公司承保董事责任保险后，就意味着其风险很难通过再保机制分散出去，这在很大程度上也使得董事责任保险更加难以获得。

第二节 限制责任立法的发展

为了降低Smithv V. Van Gorkom等判决所导致的保险费剧增以及董事、高级职员难以获得董事责任保险的消极影响，美国特拉华州率先在公司立法中规定了免除或限制董事责任的条款，即"限制责任立法"（Limiting Liability Statute）。该类立法允许公司在章程或成立证书中规定对董事和高级职员的限制或免除责任条款，从而限制或免除董事和高级职员因违反注意义务对公司或股东应当承担的个人赔偿责任。该种立法的目的是为董事和高级职员提供新的保护机制，从而作为责任保险难以获得的一种替代措施。

一、概述

从20世纪60年代开始，特拉华州就在公司控制问题上支持董事和

---

[1] Ronald J Daniels and Susan M. Hutton, the Capricious Cushion: the Implication of the Directors'and Officers'Insurance Liability Insurance Crisis on Canadian Corporate Governance, Canadian Business Law Journal (1993), Vol. 22, p. 207.

高级职员，使该州云集了众多的上市公司。特拉华州从这种偏向中获得了巨大的税收等利益。1985年，以Smith v. Van Gorkom 一案为诱因，在美国爆发了董事责任保险危机。危机开始后，特拉华州即开始考虑制定某些立法以降低该判决所产生的负面影响。经过一年多的研究和讨论，1986年6月，该州通过了限制责任的立法，鼓励公司股东在一定范围内限制、免除董事和高级职员对股东和公司的责任。该法一方面反映了商事公司对经营人员的激励要求，另一方面也注重对公共秩序的维护。该法通过后，即成为其他各州争相模仿的样本。例如，俄亥俄州议会研究了限制责任立法的制度价值，认为在董事责任保险难以获得的情况下，限制董事的某些责任"对于保障公共和平、健康和安全是重要的"，有利于保证"吸引合格的人士担任公司董事"。此后，俄亥俄州议会修正了其公司法，对公司董事提供了更加有利的保护。[1] 同时，许多州的律师协会、商业委员会和国家董事协会（National Association of Corporate Directors，NACD）以及其他相关机构都提倡以州立法的形式增加对公司董事限制责任的条款，从而减轻董事对股东和公司的责任，避免法官对董事的行为进行二次判断，而不考虑董事的决定是否正确或者程序的质量以及工作的效率等。这样，以特拉华州公司立法的修改为代表，在美国公司法中出现了限制董事和高级职员责任的法律制度。到1988年1月，美国35个州已经采纳了限制董事责任的立法。[2] 以后，该立法扩展到加拿大等国。

从目前美国州立法的情况看，大部分立法与特拉华州的立法相似，允许股东投票决定是否在章程或公司成立证书中规定限制董事责任的条款。其中，限制或免除董事和高级职员某些民事责任的方法主要包括：（1）授权适用：立法授权公司股东以公司章程或成立证书的方式授权免除或限制个人的经济赔偿责任；（2）采取法定的自我执行：即通过立法措施免除或者限制董事和高级职员的个人责任，除非章程或规章具体、

---

[1] William Knepper & Dan A. Bailey, Liability of Corporate Officers and Directors, sixth Edition, LEXIS LAW PUBLISHING, 1998. pp. 16 – 1.

[2] John A. Cottingham, the D&O Insurance Crisis: Darkness at the End of Tunnel, South Carolina L. Rev, 1988, p. 667.

明确地予以排除，此类条款应当得以适用，如俄亥俄州；① （3）提高对个人课以责任所需要证据的质量，强化举证责任。例如，在俄亥俄州修订的法律中，只有当原告提供了明确且具有说服力的证据证明董事故意损害公司利益或疏忽、无视公司的最佳利益时，董事才会承担个人责任；② （4）制订或修正法定的行为准则，在控制权转移或其他事项上，当董事需要作出决定时，允许董事考虑公司对雇员、消费者、供应商、债权人、社区、国民经济等的社会责任。

免责立法（Exculpotory）在 20 世纪 80 年代董事责任及责任保险中一项重要的变化，它表明政府以及社会公众都希望保证一种环境，使合格的人士特别是外部董事能够服务于公司。③ 在难以得到董事责任保险的情况下，该种立法反映了一种应急之需。从一定程度上，该类立法降低了个人财产风险，但它并不能完全排除董事和高级职员的个人责任。个人责任的不确定性和危险性仍然长期存在。因此，限制责任立法"对于董事而言，过去和现在都不是一剂灵丹妙药"④。

二、基本立法情况

（一）赋权型立法模式

所谓赋权型立法模式，就是指立法机关制定相关的免除或限制个人的经济赔偿责任的条款，但是该条款并不当然地适用于公司的董事和高级职员，公司股东需要以投票表决的方式在公司章程或成立证书中加以记载方可适用于本公司董事和高级职员。从某种程度上说，该立法具有任意法性质。该立法模式最早由特拉华州所采纳，后美国大部分州都以该法为样本制定了各自的限制责任立法。

---

① William Knepper & Dan A. Bailey, Liability of Corporate Officers and Directors, sixth Edition, LEXIS LAW PUBLISHING, 1998. pp. 16 – 3.

② Ohio Rev. Code Ann. § 1701.59（c）（1）.

③ William Knepper & Dan A. Bailey, Liability of Corporate Officers and Directors, sixth Edition, LEXIS LAW PUBLISHING, 1998. pp. 16 – 1.

④ John A. Cottingham, the D&O Insurance Crisis: Darkness at the End of Tunnel, South Carolina L. Rev, 1988, p. 664.

第七章　董事责任保险危机及替代性措施

　　1986 年，新修改的《特拉华州公司法》第 102（b）（7）规定：消除或限制某个董事对公司或对公司全体股东因为该董事违背诚信责任而引起经济损失时的个人责任，其前提是：这一规定不应消除或限制董事（1）违背其对公司或股东的法律责任时的，（2）其作为或不作为并非善意时的，或该作为或不作为是有意的错误作为时的，或有意违背法律时的，（3）根据本篇第 174 节规定应承担的，或（4）在任何一宗交易中提取了不正当的利益时的个人责任……学者们认为，该项立法的主要目的是免除或限制董事因重大过失所导致的责任，是对 Smithv V. Van Gorkom 一案的直接反应。① 因为在 Smithv V. Van Gorkom 案中，法院认为：经营判断准则不能免除董事因为重大过失所应承担的责任。②

　　与特拉华州立法相似，《美国示范公司法》第 2.02（4）条规定："限制或消除董事对公司或对公司股东责任的条款，这种责任是作为董事采取了某一行动或作为董事没有采取某一种行动而引起的对公司股东的金钱赔偿的责任，但不限制或消除（A）董事对其无权得到却收受的财务收益而承担的责任；（B）有意对公司或股东造成损害的责任；（C）因违反第 8.33 节规定而引起的责任；或者（D）有意违反刑法的责任。"其阐明的制度宗旨与特拉华州立法基本相同。

　　从有关立法规定看，此类限制责任立法的主要特点如下。

1. 股东民主决定

　　该立法属于选择性的任意性规范，股东有权通过投票的方式决定是否将责任限制条款纳入公司的成立证书或章程。在此模式之下，股东有权选择免除或限制董事责任的方式，也可以选择规定责任限制的数额。由于对董事责任的限制或免除是由股东而不是由立法机关所决定的，因此立法特别强调这样的保护只能针对那些由股东、公司或代表公司所提起的诉讼，而不能限制第三方的权利。《美国示范公司法》官方评论也认为："是否采纳责任限制条款是由股东决定的，股东有很大的自由决

---

① John A. Cottingham, the D&O Insurance Crisis: Darkness at the End of Tunnel, South Carolina L. Rev, 1988, p. 665.
② William Knepper & Dan A. Bailey, Liability of Corporate Officers and Directors, sixth Edition, LEXIS LAW PUBLISHING, 1998. pp. 16 – 1.

定在多大程度上限制董事的责任。"①。因此，"只要这样的限制责任条款不扩展到对董事和高级职员对第三方的责任问题以及其他社会利益攸关的场合，股东有权决定公司和董事之间就董事行为所产生的经济风险的分配"②。

2. 若干限制

考虑到限制责任立法对现行立法可能产生的冲击，有关立法对限制责任条款的适用范围加以了严格限制，从而防止该类立法成为董事和高级职员恶意逃脱责任的一种工具。通常而言，该类立法的适用存在以下三方面的限制。

（1）行为的限制。如果董事的行为违反了忠实义务，或是非善意的作为或不作为，故意的不正当行为，公然违法或者获取不正当的个人利益，则不能受到该立法的保护。

（2）损失范围的限制。该项立法只针对金钱损失，不能扩展至禁令或者撤销行为，也不能包括律师费或其他诉讼费用。

（3）强调对董事提供保护。在有的立法中，限制或免除责任的立法只能运用于董事，而不能扩展至高级职员。如果有关人员的身份为高级职员，但其实际行使董事的职权时，仍不能受到该立法的保护。这样规定的初衷是保护公司的独立董事，然而这一做法无疑实质性地限制了对内部董事和高级职员的保护。因为，在公司结构中，公司董事通常是政策的制定者，而高级管理人员则负责执行政策，与独立董事相比较，内部董事和高级职员承担着更加繁重的职责，更容易遭致他人的追索而承担赔偿责任。此外，这类立法也限制了封闭公司的董事获得保护。在封闭公司中，董事、高级职员兼任的情况是比较普遍的，内部董事往往同时兼任董事和高级职员（而外部董事通常不再担任职务），而法律并不对董事之外的人员提供保护，实际上使内部董事很难受到限制责任条款的保护。但是在公开公司中，由董事兼任其他高级职员的情况则较少发

---

① Sec. 2.02.
② Model Business Corporation Act: Official Text with Official Comments and Statutory Cross-Reference, adopted by Committee on Corporate Laws, Section of Business Law, American Bar Association, 1998.

生，限制责任的条款对公开公司的董事更为有利。[①]

（二）法定型立法模式

法定型立法模式，就是指除非章程具体、明确地予以排除，立法所规定的免除或者限制董事和高级职员的个人责任的条款应当当然适用。

弗吉尼亚州是典型的法定型立法模式。《弗吉尼亚州公司法》规定了对董事和高级职员责任的限制，[②] 该立法是自动执行的，并不要求股东通过对章程的修改而适用。该法对股东在派生诉讼中要求董事和高级职员支付的金钱赔偿的最高限额作出了规定。同时，该法的效力是法定的，无须股东的投票表决，董事和高级职员即可受到责任限制立法的保护。股东可以减少法律责任的上限，但是不能增加有关人员的赔偿责任。这表明：立法机关希望通过对董事提供一定的保护，从而应对董事责任保险危机。该法规定，限制责任立法保护的例外情形包括：在公司或根据公司的权利，或公司股东，或代表公司的股东提起的任何程序中，由一项交易或事件（Occurrence），或行为过程所产生的对董事和高级职员的预计损害赔偿金不应当超过：（1）章程中所规定的限制责任的金钱赔偿；如果股东批准，则为在章程细则（Bylaw）中所规定的限制或免除董事或高级职员的金钱数额；或（2）高于①10万美元②董事或高级职员在其引发责任的作为或不作为之前12个月从公司获得的现金补偿数额。这一立法的特点在于，立法机关直接出面，规定限制或董事和高级职员的赔偿责任。然而，这样的做法是否合理殊有疑问。作为商事公司，股东应当对公司的重大事务享有决定权，是否应当免除或限制董事和高级职员对公司或股东的赔偿责任，应当完全由公司股东予以决定。国家在这一问题上直接进行干预，未必符合公司和股东的利益。

（三）对公共利益的考虑

董事责任保险危机是在冲突的政策（Conflicting Policies）之间的一种斗争。一方面，公司的董事和高级职员需要更多的自由以发挥其经营

---

① John A. Cottingham, the D&O Insurance Crisis: Darkness at the End of Tunnel, South Carolina L. Rev, 1988, p. 664.

② Virginia Corporations Code, S 13.1 – 692. p. 1

技能，没有足够的自主权，公司的经营人员就不会采取那些带有风险但能够促进公司发展的措施。相比较而言，限制责任立法的作用极其有限，立法机关不可能实质性地改变法律的性质从而使董事免除合理的法律责任。从根本上说，公共政策仍要求公司经营管理人员对其行为负责。因此，限制责任立法应当受到法律的规制，以平衡社会利益和个人利益的冲突。在制定限制责任立法的过程中，立法机关普遍关注的问题是：

1. 行为的界定

学者们认为，限制责任立法的着眼点是董事和高级职员即使审慎经营仍然难以预测的经营风险。作为一项限制责任的措施，限制责任立法并不是要对公司法的基本原则进行变更。因此，该项立法所针对的只能是注意义务的违反，当董事的作为、不作为是故意的或者公然违法，则该立法不得适用于限制或免除责任的目的。[1]

在各州的限制责任立法中，主要分歧在于董事或高级职员的重大过失或放任疏忽能否受到限制责任立法的保护？各州对此的态度各不相同。

重大过失，是指按照一般人预见能力的要求，应当预见自己的行为可能发生不良后果而没有预见，表现为行为极端疏忽或极端轻信的心理状态。特拉华州的立法允许对董事因重大过失所产生的责任予以限制或免除。与特拉华州立法不同，南卡莱纳州公司法允许公司限制董事因违反受托义务的责任，然而，该法禁止限制或免除董事因重大过失所产生的责任。[2]

放任疏忽（Recklessness），是指非常不合理的疏漏，所涉及的不仅仅是简单或不可原谅的过失，而且是对一般注意义务标准的极端忽视。换言之，行为人明知或者确信其行为后果，或者危险后果非常明显。应当说，放任疏忽是介于故意和过失之间对注意义务的违反。在《特拉华

---

[1] 在南卡罗莱纳州和印第安那州的立法中，董事因违反忠实义务的行为不在责任限制之列，只有违反注意义务才可以获得责任限制。此外，在 Zirn V. VLI 621 A. 2d 733（Del. 1992）一案中，法官认为：如果董事违反了忠实义务，则不能受到限制责任立法的保护。

[2] South Carolina Business Corporation Act, Art. p. 444.

州公司法》中，同故意、不法或非善意的作为或不作为一样，放任疏忽并没有明确地被排除在限制责任立法以外。考虑到在司法实践中，多数法院认为放任疏忽比重大过失具有更大的危害性，因此，大部分州的立法规定放任疏忽的行为不能受到限制责任立法的保护。印第安那州公司法明确规定："董事不应当为其职责范围内的行为或不行为承担责任，除非（1）董事违反或没有履行本条所规定的义务；并且（2）违反或没有履行义务的行为是恶意行为（Willful Misconduct）或者放任疏忽（Recklessness）。"[1]

可见，在限制责任立法中，立法者已经预见到该类立法可能出现的弊端，并力图采取相应的措施予以规制，从而趋利避害，保证限制责任制度仅仅用于激励董事和高级职员的目的。

2. 行为准则的扩展——社会责任的强化

前已论及，在现代社会，公司应当承担相应的社会责任。因为，公司治理通过它自身对风险、回报、特权和除股东以外的其他利益相关者的索取权以及对这些其他利益相关者的激励和动力的一系列作用，影响着企业创造新财富的动力。[2] 作为公司的经营管理人员，董事和高级职员应当践行相关社会责任。当董事和高级职员出于践行公司社会责任的目的而从事了导致公司或股东索赔的行为时，应当对其赔偿责任予以免除或限制。

纽约州公司法规定：董事应当不受限制地做出任何行动，包括涉及公司控制权的改变或潜在的改变，董事有权不受限制地考虑：（1）公司和股东的长期和短期利益；并且（2）公司的行为在以下事项中可能产生的长期或短期效果：①公司的潜在发展前景、产能（Productivity）和利益；②公司现在的雇员；③根据与公司的任何计划、协议，有权得到退休、福利或相似利益的退休雇员或其他受益人；④公司的顾客和债权人……[3]缅因州公司立法规定，董事和高级职员在履行职务时，除了考

---

[1] Indiana Business Corporation Law, IC 23 - 1 - 35 - 1 s. 1 (e).
[2] 玛格丽特. M. 布莱尔:《所有权与控制——面向21世纪的公司治理探索》，张荣刚译，中国社会科学出版社1999年版，第235 - 236页。
[3] New York Business Corporation Law, S. 717 (b).

虑公司和股东的最佳利益外，还应当考虑其行为对公司、雇员、供应商、客户以及公司所在的社区的效果和其他相关因素。[①] 这表明，立法机关支持董事和高级职员积极履行社会职责，对社会尽到相应的义务。当公司股东的利益与社会利益相冲突时，国家将更多地考虑对社会利益的保护，并对因践行社会责任而遭致公司、股东索赔的董事和高级职员的责任予以限制或免除。

第三节　自我保险的制度安排

在董事责任保险发生以后，为了避免董事责任保险的高昂费用和难以获保的问题，避免保险公司拒绝承保或续保甚至解除保险合同，许多公司转而倚重自我保险措施去保护董事和高级职员。在董事责任保险危机之前，尽管自我保险安排已经存在了很长时间，但利用这些机制安排对董事和高级职员的风险转移却是一种全新的做法。主要的做法有三种：（1）自我融资的保险安排；（2）设立专属自保公司为母公司提供商业保险公司不愿意提供的董事责任保险；（3）几个公司或集团组成共同体或者联盟提供必要的保险。

一、自我保险

所谓自我保险，即企业单位运用保险原理与经营技术，透过足够数量之同类危险单位，凭本身保险预估其损失频率及损失额度，设立基金以补偿损失之需，使之能以较低成本获得充分之安全保障。[②] 在自我融资保险情况下，公司可以拨付一定的现金流去补偿预计可能发生的损失或索赔。在多数情况下，自我保险不是通过建立任何形式的基金（funding）去补偿未来可能的损失。因此，这种方法不是一种真正的保险。在大多数情况下，一家公司会采取自行创设责任保留金的做法

[①] Maine Business Corporation Act, s.716。同时，该条也运用于股东、公司或第三人提起的诉讼。

[②] ［台湾］袁宗蔚：《保险学——危险与保险》，首都经济贸易大学出版社2000年版，第197页。

去补偿损失。同时，为了增强补偿的效果，自我保险人也可能会购买商业保险去处理那些巨额的索赔案件。自我保险的主要好处是它在保护董事和高级职员方面的费用不高。公司可以将保留金的费用作为董事责任保险费用的替代，从而避免支付保险人某些管理费用和其他行政费用。此外，将本应用于商业董事责任保险的资金用作保留资金，可以实现投资收益。此外，自我保险通常可以避免商业保险在某些情况下的不可获得。

自我保险安排的主要不足是其对公司的内部人只能产生有限的利益。因为，公司所发生的这种保险通常会被认为是补偿（Indemnification），因此，这一措施常常受到公共政策等方面的限制。结果，自我融资的保险并不能达到董事责任保险的效果，也不能在补偿的范围以外对董事和高级职员提供更好的保护。在公司不能清偿或破产时，保留的资金也许会受到债权人的追偿，从而使董事和高级职员在公司陷入财政困境时难以受到保护。而且，自我保险的公司通常要购买商业保险，即便设立自我保险的本意是为了要避免商业保险。

二、自保公司

在董事责任保险危机发生时，另一个比较复杂的自我保险措施是设立"专属"的商业保险子公司，或称为"有限目的保险公司"，其主要目的是承保母公司的董事和高级职员的风险。专属自保公司亦常常被用作责任保险的替代性措施。专属保险者是指若干保险业之大规模企业，为节省费用（主要为租税）及增加承保业务之伸缩性，而投资设立之附属保险机构，通常称为专属自保公司（Captive Insurance Company）。[①] 自1950年以来，专属自保公司之设立，逐渐受人重视。由于近年来跨国公司（Multinational Corporation）之普遍设立，业务规模庞大，资产遍及世界各地，如所有保险均完全在当地购买，颇不经济。于是选择在国外保险税负较轻之地区或国家，设立专属自保公司，借以减免租税之负担，

---

① ［中国台湾］袁宗蔚：《保险学——危险与保险》，首都经济贸易大学出版社2000年版，第199页。

并可承保无法由保险市场所提供之保险。[1]

在专属自保制度之下,专属的保险子公司通常由母公司投资,进行商业化的管理。专属的子公司可以为其母公司的董事和高级职员提供直接或间接的保险。专属保险子公司的直接保险,是指专属的保险子公司在母公司缴纳保险费后签发保险单;专属保险子公司的间接保险,是指由其他保险人签发董事责任保险单,而由专属的子公司就全部或部分风险提供再保险。不管采用哪种方式,专属自保人会尽力提供保险保护。设立专属自保公司有很多好处。一般认为,自保公司的制度优势主要在于:(1)提高母公司风险管理能力;(2)提供更广泛的保险保障;(3)享受与保险公司同样的税收优惠;(4)可利用再保险将主要风险转嫁给再保险公司;(5)便于与保险公司讨价还价;(6)可降低经营成本;(7)稳定公司财务状况获得更多的投资收益。[2] 具体到董事责任保险而言,专属自保公司的优势在于:第一,作为一个子公司的专属保险人(在母公司控制之下)通常会更有成效;第二,专属自保人通常能够以较低的价格提供董事责任保险;第三,专属自保人可以降低或免除佣金等费用,从而使母公司能够以较低的费用获得再保险;第四,同其他保险公司一样,专属自保人可以从其活动中获利。然而,专属自保公司在对董事和高级职员提供保险时也存在很多问题。根据公司法和保险法,组织一个子公司性质的保险人需有很高的成本,即使专属保险人是以"离岸"[3]的方式组成,用来建立独立企业的资金也不能用于母公司其他方面的财政需要,并且,母公司通常不能在短期内实现其在保险费上的收益。

三、互助保险集团

考虑到自保和专属自保公司在自我融资过程中可能产生的问题,在一个集团中形成自我保险是解决董事责任保险难以获得的又一种措施。

---

[1] [中国台湾]袁宗蔚:《保险学——危险与保险》,首都经济贸易大学出版社2000年版,第199-200页。
[2] 齐瑞宗:《国际保险学》,中国经济出版社2001年版,第164-168页。
[3] 通常,由公司仔细挑选的离岸地,在资金要求和监管控制方面比美国要宽松得多。

专属保险公司在发展过程中，往往演变成为多数经济单位附属之保险机构，通常由同业公会或企业集团为解决集团在某些方面之共同困难而设立。① 在互助保险集团的架构下，商业和工业集团共同组织起来形成保险公司从而为集团的成员承保。② 由于集团的专属保险人不是由一家公司所控制，并且能够达到转移风险的目的，集团的专属保险人通常能够避免单一的母公司和专属保险公司在税收和补偿等方面问题。

但是，集团专属自保公司的不足之处在于：由于集团专属保险人倾向于仔细选择其成员，一家有问题的公司可能不会被纳入共同体或者联盟的保险安排。结果，集团专属保险公司成员可能会是那些最大型或投资最好的公司。并且，由于共同体或者联盟的成员是一种长期的承诺，加之许多集团附加了锁定条款，从而使成员在一定时间内难以退出。当风险和损失控制能力在集团中间产生差异时，成员也许不会满意这种自我保险。因此，集团专属保险不是有效或灵活的机制。

第四节　限制责任立法对我国的启示与借鉴

基于英美法国家的法律运行机制，其董事和高级职员的民事赔偿责任风险比大陆法国家和地区更大。因此，依靠市场化的董事责任保险机制来分散民事赔偿责任风险，成为美国公司运行的重要制度支撑。然而，美国法院对董事和高级职员的经营管理行为所实施的过于严苛的民事赔偿机制，使得董事和高级职员面临着比以往更大的责任风险，而作为追求利润最大化的保险公司也不得不以提高保费、拒绝承保等措施来予以应对，从而导致了董事责任保险危机，这已经撼动了美国公司制度运行的重要基础。由此，美国的各类公司纷纷自救，强化了以自我保险为中心的危机应对。同时，作为三权架构之一的立法机关，也不得不采

---

① ［中国台湾］袁宗蔚：《保险学——危险与保险》，首都经济贸易大学出版社 2000 年版，第 200 页。
② 国际上最著名的共同体是 A.C.E，它包括了全美各最大的公司。A.C.E 以及大多数集团的专属保险人的目的是提供成员董事责任保险以及其他的责任保险，同时稳定保险的长期价格。

取限制责任立法的方式来加以应对,其采取的与司法立场所不同的策略,的确有效缓和了董事责任保险危机。但是,限制责任立法产生以后,也遭到人们的批评,很多人认为它不是解决董事责任保险危机的有效手段,反而有损于现行立法的实施。纽约州总检察长认为"限制责任立法是令人不安的,因为它削弱了侵权行为法的效果,使人们忘记了承担责任的法律诉讼的威胁"[1]。也有学者认为"所有权与控制权相分离要求的是一种负责的精神,允许管理层运用别人的金钱而不受制于某些限制是不合理的"[2]。从美国董事责任保险危机及其缓和的历史经验来看,我国在公司和保险制度的发展中,值得关注和借鉴的经验是:[3]

一、构建公司经营管理者的市场化风险转移机制

考察美国限制责任立法的背景,该立法的目的之一是降低董事和高级职员的风险责任,并进而吸引保险公司增加对董事和高级职员的保险。总体上,在我国发生类似于美国那样的大规模责任保险危机的可能性不大。在我国,责任保险制度并没有取代侵权行为法的制裁功能,也没有出现以保险代替责任的趋势。在诉讼体制上,由于我国集团诉讼制度和胜诉酬金制度不彰,出现滥诉的可能性同样不大。因而,因董事和高级职员的索赔而导致董事责任保险危机的可能性不高。实际上,如果公司出于为董事和高级职员提供比较具有吸引力的激励和风险分散机制,而股东愿意以资本多数决的方式通过相应的风险转移条款(如费用补偿、董事责任保险等),或者其他自我保险机制来分散风险,属于股东的权利,也是尊重市场决定性力量以及意思自治原则的基本要求。

我国学者提出的观点,与笔者的观点也颇有较多相通之处。该学者指出:由于我国公司法上的注意义务不发达,加之保险机制的缺陷等原

---

[1] Memorandum from Attorney General Robert Abrams to Governor Mario Cuomo (July 22, 1987) (Opposing Senate Bill 4138 - B).

[2] Schwartz, In Praise of Derivative Suits: A Commentary on the part of Professional Fischel and Bradley, 71, Cornel L. Rev (1986), pp. 324.

[3] 参见王伟:"美国董事责任保险危机及其缓和",载《首都师范大学学报》,2016 年第 5 期。

因，通过（1）用薪酬中的赔偿、补偿等作为替代；（2）购买海外保险公司的 D&O 保险的方式来实现自己的目的等方式，也同样可以实现分散和转移董事过重的民事赔偿责任的激励目标。①

二、构建相应的免除或限制责任立法

公司立法应当引入限制或免除董事和高级职员责任的机制。我国有学者建议，我国公司法欠缺董事责任的限制和免除规定，并建议在公司法中增加此类内容，② 对此，笔者表示赞同。从制度演进的过程来看，对董事和高级管理人员的责任限制和免除机制，是在其法律责任尤其是民事赔偿责任过重的背景下，从美国的法治土壤中内生出来的制度，带有典型的美国基因。基于我国公司发展及资本市场的实际，强化董事和高级职员的责任仍然是未来很长时间的发展主流。但是，如前所述，对于董事和高级职员的风险转移机制，随着其经营风险的不断增大，为尽到足够的勤勉和注意义务的董事和高级职员提供必要的责任限制或免除问题，也同样具有强烈的现实意义。因此，普遍强化对董事和高级职员的法律责任，与限制或免除善意履行职务的董事和高级职员的民事赔偿责任，应当并行不悖。笔者建议，在修改公司法时，增加这样的条款，即"董事、监事和高级职员在执行职务时善意、勤勉，且并无重大过失情形下所产生的对公司、股东或其他第三人的赔偿责任，公司可以在章程中规定相应的免除、限制或经济补偿或措施，但不得违反法律、行政法规的强制性规定以及社会公共利益。公司可以为董事、监事和高级职员对第三人的赔偿责任购买责任保险"。

---

① 邓峰：《普通公司法》，中国人民大学出版社 2009 年版，第 527－529 页。
② 任自力、曹文："论公司董事责任的限制"，载《法学家》，2007 年第 5 期。

第八章 结论与展望

第一节 构建我国董事责任保险的总体思路

本书基于对英美法国家董事责任保险制度的考察，并结合我国公司法、证券法、保险法、破产法等法律制度，分别阐述了董事责任保险的理论逻辑与制度构造。在前述各章的基础上，本节力图概括本书关于构建我国董事责任保险制度的总体思路。

一、董事责任保险是完善公司治理体系的重要内容

我国董事责任保险制度的演进，是一个基于现实需要而逐步构建和完善的过程。回顾历史，董事责任保险最初是为了促进独立董事制度的发展，强化独立董事的监督功能。然而，经过多年的发展，董事责任保险制度早已跨越了专门为独立董事提供风险保障的阶段，而扩展到整个公司治理领域，成为董事和高级职员分散和转移风险的重要机制。

（一）职业经理人是推动现代企业发展的重要动力

党的十八届三中全会强调，经济体制改革是全面深化改革的重点，核心问题是处理好政府和市场的关系，要使市场在资源配置中起决定性作用和更好发挥政府作用。市场在资源配置中起决定性作用的论断，是今后中国改革的基本方向和指导原则。

在市场经济的发展过程中，企业是经济活动的微观主体，是经济社会发展的重要力量。在现代社会，公司制已经成为市场经济国家和地区

典型的企业制度。在中国市场经济蓬勃发展的背景之下，企业和公司制度成为发展市场经济的基础。现代社会的企业运行，有赖于经营管理的市场化、契约化。其中，以所有权与经营权分离为特征的职业经理人的出现，成为推动现代企业发展的重要推动力。

经过38年的改革开放，中国企业逐步朝着投资主体多元化、利益主体多元化的方向发展，市场优胜劣汰的机制正在逐步形成，企业家的身份开始朝着职业化方向发展。在我国职业经理人阶层逐步形成的过程中，建立企业经营者激励和约束机制的意义非常重大。其中，约束的目的是防范董事和高级职员在手握重权的同时，滥用其对公司事务的管理和控制权，损害公司、股东和社会利益。而激励的目的是保证职业经理人专业才能的发挥，有效促进公司的经营管理。在我国现代企业制度的建设过程中，激励机制和约束机制都不可缺少。当企业经营者承担了过重的责任时，无疑需要一定的激励机制。我国对董事责任保险的制度需要，就建于在这样一种社会背景。

（二）经营管理者面临的外部法律约束不断加强

在我国的法律传统上，企业对外承担责任的观念根深蒂固，由董事和高级职员经营管理者承担个人责任则并不为人们所普遍接受。然而，随着经济社会的不断发展和进步，我国正在从不同的角度强化董事和高级职员的义务和职责，以促使其经营管理活动符合公司、股东、债权人等群体的利益。在我国，追究董事和高级职员个人责任的法律根据日益充分，追诉机制不断完善。公司董事和高级职员的位置授人以权利，同时也带来了义务和责任。我国立法中已经制定了一些关于董事和高级职员民事赔偿责任的规定，主要集中于《公司法》，其次分布于《证券法》《破产法》等法律制度之中。经营管理者面临的外部法律约束不断加强。

（三）经营管理者面临的职业责任风险不断增加

随着公司法、证券法、破产法等法律制度的完善，股东、债权人、公司以及其他利害相关方可以基于法律的相关规定，向董事和高级职员提出相应的赔偿责任主张。董事和高级职员所面临的职业责任风险正在不断加大。由于大陆法国家的法治运行特征所决定，与发达国家特别是英美法国家相比,针对董事和高级职员提出索赔的案件数量并不算多,金额也不算高,也未发生类似于英美法国家的"诉讼爆炸"或者严重的责任保险危机。作为一个发展中国家,董事和高级职员所面临的职业责任风险仍然相对较低。但是,如果考虑到法治环境的不断完善及社会公众权利意识的不断增强,董事和高管人员的职业责任风险仍将呈现不断加大的趋势,尤其是在我国的证券市场上,董事和高级职员在经营活动中的各种责任风险日益显著。当前,针对董事和高级职员的法律诉讼不断增多的事实表明,董事和高级职员的经营风险是全方位现实存在的,这是一个无法回避的事实。这就意味着,董事和高级职员正面临着更大的个人责任风险,这为构建相应的风险转移机制提供了现实依据,也为董事责任保险机制的发展提供了更大的空间。

(四) 对经营管理者进行激励的现实需要

激励,尤其是对企业经营者的激励一直是世界性的难题,以往的激励理论和实践中存在的种种问题就是最好的证明。立法上逐步加强对经营者的制度约束,强化其在法律上的责任和义务,这无疑是正确的。然而,对于那些清白、诚实的董事和高级职员而言,过重的法律责任也会对他们产生一定的负面影响。如果没有一定的风险转移法律机制,法律的调整会陷入失衡状态。立法者在以重点强化董事和高级职员责任的同时,倘使作为市场经济重要组成部分的职业经理人阶层远离市场,则法律的调整将是失败的。

作为职业经理人,董事和高级职员需要具备相当能力和素质,不断创新是企业经营者能力和素质的主要特征。法律的重要目的之一就是要创立相应的机制,鼓励企业家不断地创新,形成企业家勇于开拓、大胆决策的创新机制和环境对董事和高级职员的安全和利益需要的满足,是董事责任保险存在的重要根据。

当前,我国已经建立了董事责任保险制度。证监会《指导意见》第8条规定"上市公司应当建立必要的独立董事责任保险制度,以降低独立董事正常履行职责可能引致的风险"。近十余年来,保险业积极开展董事责任保险业务,为企业的经营管理者提供了较好的风险转移机制。因此,立法或监管部门通过一定的方式进行制度创新,允许董事和高级职员通过市场化的方式转移其民事赔偿责任，从而对即将面对的高风险、重责任予以再次平衡，是董事责任保险得以发展的内在根据。

二、董事责任保险规则体系的构建

基于本书的研究目的，笔者对董事责任保险合同的规则体系进行了法律逻辑分析，并结合我国的实际提出了相应的建议。

（一）关于被保险人

董事责任保险合同应基于投保人与保险所签订的保险合同而产生，并为保障被保险中的利益而存在。在保险合同中，投保人是指与保险人签订保险合同并交纳保险人的人，而被保险人（Insureds）是指保险事故发生时遭受损害并享有赔偿请求权的人。在董事责任保险中，被保险人就是那些受责任保险合同保障的董事、外部董事、监事、高级职员（经理、董事会秘书、财务负责人等）以及公司外派到其他公司的董事、监事和高级职员等。尽管不同的经营管理人员在职权、职责、责任风险来源等方面都存在较大的不同，但不同的经营管理人员在履行职务的过程中可能被第三人提出索赔并承担个人赔偿责任这一风险却是共同的，故他们对转移风险机制有着同样的需求。

（二）关于保险责任与除外责任

在董事责任保险中，不当行为、第三人索赔和经济损失，是董事责任保险中的三个基础概念。其中，不当行为更是界定保险责任的核心规则。在我国董事责任保险的制度构建中，不当行为的认定需要考察被保险人的职责和企业法人的目的范围。

董事责任险要求被第三人指控或索赔的行为属于被保险人履行职务的行为。然而，对于职务行为而言，除非有法律明文规定应由个人承担责任，其有关的权利和义务均由董事和高级职员所在的公司承受。从法律传统上看，大陆法国家民法上极其强调所谓的"职务行为"，即董事、监事和高级职员在职责范围以内的行为原则上由企业承担相应的责任。随着市场经济的不断发展，个人从事职务行为的赔偿责任均归属于法人的观念正在受到挑战。在某些特定情况下，法律要求董事和高级职员在特定情形下对第三人承担个人赔偿责任。

董事责任保险合同项下的保险责任，还需要考察法人的目的范围。在公司法发展的早期，对公司从事经营活动的范围以及经营管理人员超越业务范围的行为的效力给予了高度的重视。越权行为无效是早期公司法的一项重要原则。随着市场经济的发展，出于保护交易安全的需要，公司立法逐渐废弃了该项原则。在责任保险中，规范公司目的的公司章程等，应当成为判断董事和高级职员是否是履行职务的重要根据。然而，章程不可能穷尽公司的一切经营范围，这需要公司采取一种灵活的机制，使用弹性经营目的条款应当是一种比较可行的办法。一般而言，法定代表人及其授权的董事和高级职员应在经营目的性条款以内从事交易活动。否则，其行为就不能认定是董事责任保险合同下的职务行为。

我国董事责任保险中不当行为之认定必须以董事和高级职员所从事的职务行为为前提，至于具体的行为种类，则可由保险单约定。在具体的制度设计上，笔者建议：（1）对于董事责任保险上的"不当行为"概念加以界定。保险单对"不当行为"界定的要点是：不当行为是指董事和高级职员因为注意义务的违反而导致第三人提起赔偿；董事和高级职员超越章程规定的职责范围或违反公司上的忠实义务，或存在其他故意或犯罪行为，保险公司不承担保险责任。（2）加强对董事责任保险除外责任的规定。笔者认为，在概括性地界定了不当行为外，对董事责任保险的除外责任的规定更加重要，对确定保险事故的性质具有实质判断的效果。

保险人的赔偿范围，应以法律的规定或合同的约定为限。若被保险人致人损害的赔偿，依照法律的规定或保险单的约定不属于保险责任范围而保险人不承担赔偿责任的，则为董事责任保险的除外责任。在除外责任问题上，董事责任保险与其他类型的责任保险有相同之处，然而，由于董事责任保险的目的所决定，董事责任保险的除外责任与公司的运作密切相关，同董事和高级职员履行职务的行为密切相关。典型的董事责任保险除外责任大体包括：（1）道德风险除外责任；（2）被保险人互诉除外责任；（3）应由其他类型保险单赔偿的事项；（4）因期内索赔式保险性质的除外责任；（5）保险人不愿承保的其他事项等。

（三）关于保险赔偿责任的分摊

董事责任保险的分摊问题目前在美国、加拿大等国仍然是一个尚待解决的难题。尽管通过司法判决，确立了在分摊问题上的某些具有可操作性的规则，然而，摊问题并没有一致性的做法。为解决分摊的问题，保险公司对传统的保险单进行了改造，从而将公司自身也纳入董事责任保险单的保险责任。从一定程度上讲，这有利于协调和解决保险人与投保人、被保险人在分摊问题上的矛盾和冲突。

目前，由于我国证券诉讼制度的发展，实践中已经出现了很多以经营者个人和公司、其他责任人同时作为被告的案件。研究分摊问题，对于促进董事责任保险的发展有着重要的意义。我国的保险业实际上已经注意到了董事责任保险在分摊上的问题，并力图采取相应的解决措施。例如平安财产保险公司《董事及高级职员责任保险条款》。

笔者认为，我国应当借鉴发达国家成熟的保险实践，妥当地考虑董事责任保险的分摊问题。在有关制度建设中，需要重点考虑的问题主要有：

（1）在保险单中确定分摊的原则。在保险合同的制度设计中引入实体保险责任，原则上承认公司的直接责任也属于保险责任，但在分摊问题上，采纳风险相对应规则。

（2）规定分摊争议的解决方式。如分摊问题没有完美的解决方案，已有的做法只能相对合理地解决分摊问题。因此，当分摊问题发生争议时，当事人应当通过一种有效的机制解决分歧。其中，事关被保险人利益的主要问题是：保险人能否先行支付部分费用，待赔偿责任确定后再由保险人和投保人、被保险人对相关费用予以解决。我国的董事责任保险制度也同样地面临着分摊的问题，倘不设计相应的机制暂时搁置争议，则保险人和被保险人将为分摊问题发生无休止的争执。借鉴成熟的董事责任保险制度的做法，在当事人签订保险单之前就对分摊的争议解决程序进行约定，无疑可以更加有效地发挥董事责任保险的制度功能。

（四）公司破产对董事责任保险的影响

在董事责任保险制度中，如果投保公司破产，如何处置保险金，保险金是否可以视为破产财产的一部分适用破产法的分配程序,成为了债权人所关注的重大问题。在公司破产时,法官将不得不同时考虑破产法和保险法的规定,并适用不同的法律规范。鉴于破产的目的之一是使债权人在破产程序中得以公平受偿,因而,限制债务人、债权人的个别清偿变共同执行为共同执行、确立公平清偿的原则和顺序就成为破产法的原则。因此,分析投保公司破产后,董事责任保险单上之财产利益是否视为破产财产就成为了一个需要明确的重要前提。

1. 破产对保险单上的财产利益的影响

传统上,董事责任保险合同并不对公司自身的责任进行保险,只有因董事、高级职员的行为导致的公司损失才能够保险。保险责任A保险董事和高级职员个人对第三人的损失赔偿责任,保险责任B对公司补偿董事和高级职员的损失予以保险。在董事责任保险单中,公司并不能享受保险公司的保险保护。然而,由于实体保险责任的引入,改变了这种状况。实体保险责任使保险公司可以承保公司本身所引发的损失。但是,当公司破产时,实体保险责任也给董事和高级职员带来了难题。因为,在存在实体保险责任的情况下,保险同时也是为投保公司的利益而存在,投保公司也对保险人享有保险单中的有关利益,因此,当公司破产时,部分或全部保险收益将被视为是破产财产,董事和高级职员可能得不到保险。

2. 破产程序的中止

根据破产法的规则,进入破产程序后,所有对债务人的其他形式的诉讼或非诉讼追债行为都必须自动中止。公司破产时,自动中止的效力对债务人以外的董事和高级职员正在进行的诉讼不能产生约束力。我国现行法律、法规、司法解释对程序中止问题进行了明确的规定。然而,我国现行法律对程序中止的规定并不完善。特别是当公司破产时在保险收益的处理问题上,我国立法尚没有规定一定的条款授权司法机关在一定的情形下,将中止的效力扩展至破产人以外的第三方(如公司的董事和高级职员)。在董事责任保险中,考虑到董事和高级职员在很多情形下都是共同被告,司法机关在中止针对公司的诉讼和执行程序时,亦可以视情况中止对董事和高级职员的诉讼或执行程序。这样做的好处在于可以更加妥当地考虑责任的分摊问题，防止保险金不当减少。

3. 破产对公司补偿范围的影响

在存在公司补偿制度的情况下，董事和高级职员在由公司作出补偿或是寻求责任保险保护之间有选择的自由。由于在英美国家破产法上存在"劣后债权"制度，在公司破产时，董事和高级职员可以从公司获得的补偿通常属于"劣后债权"。所谓劣后债权，是指在破产清偿顺序上排列于普通破产债权之后的债权。我国现行破产法律制度并没有对劣后债权制度进行规定。考虑到董事责任保险制度具有强烈的社会公益性，笔者主张：在公司破产的情形下，董事和高级职员在行使其补偿权利时，其权利应当劣后于其他债权人。

三、董事责任保险配套规则体系的构建

（一）关于公司补偿制度

公司补偿制度是董事责任保险中的一项重要制度。从各国公司关于董事责任保险的法律和实践看，公司对董事、高级职员的补偿通常是纳入保险责任的，这就使补偿和责任保险具有了内在的密切联系。因此，我国在引入董事责任保险的同时应当考虑引入公司补偿制度。鉴于公司补偿可能产生某些负面影响，笔者认为，我国在制定补偿立法时，应当强化国家职能，对公司补偿加以严格规制，同时也应当注意股东对公司补偿问题的积极制约作用，从而控制公司补偿制度的负面影响，充分发挥其积极功能。

笔者认为，公司补偿制度的建立应当是一个渐进的过程。在未来公司法修订后，如果允许公司建立对公司高管人员的费用或损失补偿制度，则保险公司当然可以提供公司补偿保险。

1. 界定行为标准

原则上，笔者同意在我国公司法中确立对董事和高级职员的补偿制度。在法定补偿制度的问题上，我国立法应重点规定董事和高级职员在抗辩索赔时的胜诉标准问题。笔者认为，实质胜诉标准比较符合公司补偿之设立目的，即激励企业经营者，全部胜诉标准对董事的行为提出了太高的

要求，不适合我国采用。但在赋权型补偿立法的问题上，则必须采取慎重的态度。在建立我国的补偿立法时，强调受补偿人满足受补偿的条件，对于促进公司的经营管理，完善公司的治理结构具有重要的意义。

2. 确立相应的补偿模式

从国外的公司补偿立法来看，可以分为排他型和非排他型立法两种立法模式，前者以《美国示范公司法》为代表，后者以《特拉华州公司法》为代表。我国的情况与英美国家的情况不尽相同。考虑到我国的公司治理结构不完善，诚信观念尚未完全建立。如果过多地赋予公司对董事和高级职员补偿的自由裁量，有可能会得不偿失，损害公司补偿制度的积极作用。因此，笔者主张建立排他型的立法模式，只有在法定的框架内与立法相一致的额外补偿才是合法有效的。这样，补偿制度对社会秩序可能带来的负面影响以及对社会公共政策可能带来的冲击将得以充分考虑。此种立法模式的优点在于，在实体法上可以约束受补偿的董事和高级职员，但是在程序设计上留下了一定的空间，使当事人可以通过快捷的程序提高补偿效率。

3. 强化股东的制约

考察国外立法所采纳的额外补偿的方式，无非是通过章程、细则或合同。笔者认为，我国公司立法中应当规定：公司只能以章程的形式规定公司补偿制度。

笔者认为，在公司扩展对董事和高级职员补偿范围时，应当尽可能地采纳章程的方式加以规定，这样做的好处在于：（1）保证全体股东在采纳公司补偿制度上的决定权。股东对自己的利益更为关心，在需要对董事和高级职员进行激励的情形下，其可以选择采纳公司补偿制度；否则，股东可以排除补偿制度在本公司的适用；（2）与合同的约定相比较，公司章程更加透明，防止个人任意授予补偿；（3）章程具有明确性和可预见性，有助于对公司补偿问题的监督。由于公司章程严格的制定程序和相当的公示力，采纳章程的方式有助于包括保险公司在内的权利人了解公司在补偿问题上的状况。

4. 完善相应的补偿授予程序

在公司对董事和高级职员补偿的制度中，应当建立相应的审查程序，对董事和高级职员行为的正当性和补偿的合理性进行审查。笔者建议，在我国的赋权补偿制度中，对受补偿人行为的审查不宜由董事或其他任何经营管理者做出。因为，经营者出于其自身利益考虑，会极力地提高补偿标准，以便在自己需由公司补偿时，亦可适用高标准。而且，经营者之间往往长期共事，在考虑补偿时，往往容易放弃原则，无端提高补偿标准，因而，由一个经营者决定另一个经营者补偿问题实非妙策。

考虑到独立董事的制度价值以及我国引入独立董事制度的初衷，我国补偿立法应当关注独立董事的重要作用。在董事和高级职员是否符合补偿条件的问题上，可以由独立董事作出独立的判断，从而确保补偿问题的公正性。由于独立董事代表的是全体股东的利益，对董事、高级职员是否应当给予补偿有着独立的判断，可以较好地确定补偿人的资格，从而达到制约效果，防止补偿制度的滥用。当然，由无利害关系的股东、独立于公司以外的律师以及独立董事共同对是否授予补偿进行判断时，也是可以考虑的一种模式。

（二）关于限制赔偿责任制度

从美国董事责任保险危机及其缓和的历史经验来看，我国在公司和保险制度的发展中，值得关注和借鉴的经验是：

首先，尊重市场力量以及意思自治原则，由公司通过章程进行相应的创新，分散董事和高级职员的民事赔偿责任，是值得考虑现实的路径。笔者认为如果公司股东愿意以"资本多数"决的方式通过相应的风险转移条款（如费用补偿、董事责任保险等），或者其他自我保险机制来为董事和高级职员分散风险，属于股东的权利，这是尊重市场决定性力量以及意思自治原则的基本要求。

其次，公司立法应当引入限制或免除董事和高级职员责任的机制。基于我国公司发展及资本市场的实际，强化董事和高级职员的责任仍然是未来很长时间的发展主流。但是，普遍强化对董事和高级职员的法律责任，与限制或免除善意履行职务的董事和高级职员的民事赔偿责任，应当并行不悖。笔者建议，在修改公司法时，增加这样的条款，即"董事、监事和高级职员在执行职务时善意、勤勉，且并无重大过失情形下所产生的对公司、股东或其他第三人的赔偿责任，公司可以在章程中规定相应的免除、限制或经济补偿或措施，但不得违反法律、行政法规的强制性规定以及社会公共利益。公司可以为董事、监事和高级职员对第三人的赔偿责任购买责任保险"。

四、关于构建董事责任保险制度的立法建议

根据以上分析，笔者建议，我国《公司法》应增加关于董事责任保险的规定，并就其基本架构进行原则规定。综合本书的研究和分析，笔者建议规定如下具体条文：

（1）根据章程规定或股东大会决定，公司可以为其董事、监事和高级管理人员购买责任保险。董事、监事和高级管理人员在履行经营管理职责时，因其过失行为导致被公司股东、债权人或其他第三人提出索赔时，其损失由保险人根据责任保险合同的约定承担赔偿责任。

（2）根据章程规定或股东大会决定，董事、监事和高级管理人员在履行经营管理职责时，因其过失行为导致被公司股东、债权人或其他第三人提出索赔时，公司可以就其损失或抗辩费用予以补偿。公司对董事、监事和高级管理人员提供损失和费用补偿的，其补偿金可以根据责任保险合同的约定，由保险人承担赔偿责任。

（3）董事、监事和高级管理人员在执行职务时善意、勤勉，且并无重大过失情形下所产生的对公司、股东或其他第三人的赔偿责任，公司可以在章程中规定相应的免除、限制或经济补偿或措施，但不得违反法律、行政法规的强制性规定以及社会公共利益。

（4）公司为其董事、监事和高级管理人员购买责任保险或者提供损失和费用补偿的，不得违反法律、法规的强制性规定以及公序良俗原则。

第二节 董事责任保险的制度移植与本土化改造

当前中国的社会经济变革正处在一个从传统社会向现代社会的转型过程中，法治现代化发展得如火如荼。在全球经济一体化以及公司法律

制度日益趋同的背景下，法律移植抑或法律本土化等重大问题不断地发生着观念和体制上的撞击。在这种背景之下，本书试图就董事责任保险的移植和本土化问题阐明自己的认识。

一、董事责任保险与制度移植

法律移植是一个国家法律制度的某些因素从另一个国家法律制度或许多国家的"法律集团"中输入的一种行为。各国的法律制度是相对独立的，世界上不可能存在两种完全相同的法律制度。由于经济生活一体化所导致的法律规则的趋同化决定了国与国之间必须在法律原则、规则上相互学习与借鉴，从而促进和完善本国法制。随着我国市场经济的深入发展，作为经济活动重要组成部分的公司也必须构建与市场经济相适应的治理体系。市场化运作的必然后果是股东对公司的控制加强，而投资者和社会公众对公司的制约手段也不断得以加强。现代公司承载着股东和社会的期望，也承载着对股东和社会的责任。因此，强化公司的社会责任是必然趋势。作为公司事务的具体管理人员，董事和高级职员对各种利害关系人的义务和责任也相应加强。在复杂的市场经济中，任何精明的董事或高级职员都不能保证作出风险最小的决策，其行为可能随时面临被诉而遭致损失的风险。基于激励和保护职业经营管理人员的需要，客观上需要某种机制分散或消化董事和高级职员在过失甚至仅仅基于其职位等情况下而承担的对他人的赔偿责任。作为一种社会化的产物，董事责任保险担负了保护受害人利益和激励公司专业经营管理人员的双重作用，这就不难理解董事责任保险在市场经济条件下的重要意义。可以说，董事责任保险是针对市场经济的特点以及公司运作的实际而发展起来的。这项制度力图寻求经营管理人员义务体系构造与利益保护机制间的平衡，并在严格监督董事和高级职员忠实谨慎行事、促进股东和社会利益共同发展的同时，为董事和高级职员提供合理的利益保护机制。这种机制对于激发董事和高级职员的积极性和创造力，提高企业竞争力具有重要的意义。

二、董事责任保险需要适应中国的本土化环境

法律规则是社会生活的写照，任何法律移植都不仅仅是外国法的直译或再现。一项法律制度在形成及发展的过程中，必然需要与本地的政治、经济、文化等因素相结合，使其更加适合社会的需要和本国的环境。人类社会法律现实的多样化决定了任何一种模式的法律制度不可能具有"普适性"。目前，我们正在进行着一场全方位、深层次的社会改革，改革的目标是建立社会主义市场经济、民主政治和先进文化这就需要建立与之相适应的法律体系。这场社会改革的独特性及由此所带来的法律体制的独特性决定了我们在法律移植的过程中，必须进行法律创新。因此，法律移植应与法律的创新与发展同步进行。

在市场经济的发展过程中，我国有自己的国情：市场规则和法律制度尚不健全，对董事和高级职员追究责任的机制还没有完全建立，现行的立法没有给投资者相应的权利救济机制；在公司的发展中，我们缺乏面向市场的职业经理人；与市场相应的诚信观念尚未完全建立，公司及其经营管理人员无视股东和社会利益，尔虞我诈，任意作假，侵犯他人利益的现象还大量存在，因此，强化董事和高级职员的责任的任务较为迫切。这就决定了我们在引进董事责任保险制度的同时，必须进行相应的创新，使之适合于我国的"土壤"。从制度变迁的角度看，在理解董事责任保险制度基础上，结合我国现行法制和社会、经济环境对该制度进行创新将是必经之路。

单纯地从董事责任保险对董事和高级职员的激励功能看，现实生活中董事和高级职员缺乏诚信观都或多或少地使人们对董事责任保险制度的迫切性产生了动摇。然而，当董事责任保险被赋予了社会化的含义，而对受害第三人具有了特别重要的意义时，董事责任保险的研究价值就得以凸显。

当然，本文远未达成笔者当初所设想的将董事责任保险进行本土化的制度设计这一目标，文中的论述多少带有务虚的色彩。然而，笔者有理由相信，市场经济的发达内在地需要董事责任保险这样分散风险的机制。基于这样的制度，社会上不特定受害人的利益将受到责任保险的保

护，这对于补偿受害人的损失，安定社会秩序无疑有着积极意义。同时，建立对经营者的激励和约束机制是建立我国现代企业制度的基本要求。如果我们把对公司的经营管理人员责任的加重看作对经营者的约束，董事责任保险制度则可以看作对经营者的激励。因此，适应市场经济的需要借鉴、吸收、移植国外的立法成就和实践经验，构建符合中国国情的董事责任保险制度，是平衡经营管理者权利、义务、责任，实现公司治理现代化的重要环节。

参考文献

个人著作

[1] 王伟. 职业责任保险制度研究［M］. 北京：法律出版社，2015.

[2] 王伟. 董事责任保险制度研究［M］. 北京：知识产权出版社，2006.

[3] 王伟. 保险法［M］. 上海：格致出版社，上海人民出版社，2010.

[4] 王伟. 市场监管的法治逻辑与制度机理——以商事制度改革为背景的分析［M］. 北京：法律出版社，2016..

中文著作

[1] 安蓉泉. 国企经营者激励约束机制研究［M］. 北京：经济科学出版社，1999.

[2] 卞耀武. 当代外国公司法［M］. 北京：法律出版社，1995.

[3] 卞耀武. 特拉华州公司法［M］. 左羽，译. 北京：法律出版社，2001.

[4] 卞耀武. 法国公司法规范［M］. 李萍，译. 北京：法律出版社，1999.

[5] 卞耀武. 美国证券交易法律［M］. 王宏，译. 北京：法律出版社，1999.

[6] 卞耀武. 日本证券法律［M］. 徐庆，译. 北京：法律出版社，1999.

[7] 蔡元庆. 董事的经营责任研究［M］. 北京：法律出版社，2006.

[8] 陈惠湘. 中国企业批判［M］. 北京：北京大学出版社，1998.

[9] 邓峰. 普通公司法论［M］. 北京：中国人民大学出版社，2009.

[10] 邓辉. 公司法政治学研究初论［M］. 上海：复旦大学出版社，2015.

[11] 杜万华. 最高人民法院关于保险法司法解释（三）理解与适用［M］. 北京：人民法院出版社，2015.

[12] 董安生. 英国商法［M］. 北京：法律出版社，1991.

[13] 段毅才，岳公侠，汪异明. 现代公司董事会［M］. 北京：中国社会科学出版社，1995.

[14] 樊启荣. 保险法诸问题与新展望［M］. 北京：北京大学出版社，2015.

[15] 高宇. 中国保险法 [M]. 北京：高等教育出版社，2015.

[16] 郭琳广，区沛达. 香港公司证券法 [M]. 北京：法律出版社，1999.

[17] 韩长印. 企业破产立法的公共政策构成 [D]. 北京：中国人民大学博士学位论文，2001.

[18] 韩志红，阮大强. 新型诉讼——经济公益诉讼的理论与实践 [M]. 北京：法律出版社，1999.

[19] 何美欢. 公众公司及其股权证券 [M]. 北京：北京大学出版社，1999.

[20] 胡文富. 保险法通论 [M]. 北京：中国检察出版社，1998.

[21] 黄华明. 风险与保险 [M]. 北京：中国法制出版社，2002.

[22] 金锡华. 中日韩监事制度比较研究 [M]. 北京：中央民族大学出版社，2015.

[23] 江朝国. 保险法基础理论 [M]. 北京：中国政法大学出版社，2002.

[24] 江平. 法人制度论 [M]. 北京：中国政法大学出版社，1994.

[25] 江平. 新编公司法教程 [M]. 北京：法律出版社，1994.

[26] 李宝明，鞠维红. 保险索赔理赔规则 [M]. 北京：人民法院出版社，2001.

[27] 李东方. 公司法教程（第2版）[M]. 北京：中国政法大学出版社，2015.

[28] 李华. 董事责任保险制度研究 [M]. 北京：法律出版社，2008.

[29] 李晓龙，王伟. 商法：条文·说理·案例 [M]. 北京：中国法制出版社，2009.

[30] 李玉泉. 保险法 [M]. 北京：法律出版社，2003.

[31] 黎建飞. 保险法新论（第2版）[M]. 北京：北京大学出版社，2014.

[32] 梁慧星. 民法总论 [M]. 北京：法律出版社，1996.

[33] 梁宇贤. 公司法论（第7版），修订本 [M]//刘俊海. 公司的社会责任 [M]. 北京：法律出版社，1999.

[34] 刘俊海. 股东诸权利如何行使与保护. 股东权法律保护概论 [M]. 北京：人民法院出版社，1995.

[35] 刘俊海. 现代公司法（第3版）[M]. 北京：法律出版社，2015.

[36] 刘文华. 经济法（第4版）[M]. 北京：中国人民大学出版社，2012.

[37] 吕群蓉. 医疗责任保险制度法理基础与制度构建 [M]. 北京：中国政法大学出版社，2014.

[38] 马宁. 董事责任保险研究 [M]. 北京：法律出版社，2012.

[39] 马太广. 董事责任制度研究 [M]. 北京：法律出版社，2009.

[40] 梅慎实. 现代公司机关权力构造论——公司治理结构的法律分析 [M]. 北

京：中国政法大学出版社，1996.

[41] 米也天. 澳门民商法［M］. 北京：中国政法大学出版社，1996.

[42] 漆多俊. 经济法基础理论［M］. 北京：武汉大学出版社，1996.

[43] 青木昌彦，钱颖一. 转轨经济中的公司治理结构——内部人控制和银行的作用［M］. 北京：中国经济出版社，1995.

[43] 沈达明，郑淑君. 比较破产法初论［M］. 北京：对外贸易教育出版社，1993.

[44] 沈达明. 比较破产法初论［M］. 北京：对外经济贸易大学出版社，015.

[45] 施文森. 保险法论文. 第三集［M］. 台北：元照出版有限公司，2013.

[46] 孙莉婷. 德国董事责任保险制度设计及运行研究［D］. 长春：吉林大学博士学位论文，2013.

[47] 孙宏涛. 董事责任保险合同研究［M］. 北京：中国法制出版社，2011.

[48] 宋一欣，孙宏涛. 董事责任保险与投资者权益保护［M］. 北京：法律出版社，2016.

[49] 史际春. 探究经济和法互动的真谛［M］. 北京：法律出版社，2002.

[50] 史际春. 经济法学评论［M］. 北京：中国法制出版社.

[51] 史际春. 国有企业法论［M］. 北京：中国法制出版社，1997.

[52] 史际春. 公司法教程［M］. 北京：中国政法大学出版社，1995.

[53] 宋彪. 保险监管的经济法分析［D］. 北京：中国人民大学博士学位论文，2001.

[54] 孙积禄. 保险法论［M］. 北京：中国法制出版社，1997.

[55] 孙祁祥. 保险学［M］. 北京：北京大学出版社，1996.

[56] 汤欣著. 公司治理与上市公司收购［M］. 北京：中国人民大学出版社，2001.

[57] 王保树. 商事法论集［M］. 北京：法律出版社.

[58] 王欢. 医师责任保险基本法律问题研究. 武汉：武汉大学出版社，2015.

[59] 王利明. 民法·侵权行为法［M］. 北京：中国人民大学出版社，1993.

[60] 王卫国. 过错责任原则·第三次勃兴［M］. 北京：中国法制出版社，2000.

[61] 王欣新. 破产法专题研究［M］. 北京：法律出版社，2002.

[62] 王欣新. 公司法（第3版）［M］. 北京：中国人民大学出版社，2016.

[63] 王欣新. 破产法原理与案例教程（第2版）［M］. 北京：中国人民大学出版社，2015.

[64] 王欣新、郑志斌. 破产法论坛（第十辑）［M］. 北京：法律出版社，2015.

[65] 王影丽. 董事责任制度［M］. 北京：中国财政经济出版社，2002.

[66] 王玉玲. 责任保险 [M] //王友, 王元京, 谢卫东. 中国保险实务全书. 北京: 中国物价出版社, 1993.

[67] 吴日焕. 韩国公司法 [M]. 北京: 中国政法大学出版社, 2000.

[68] 吴传颐. 比较破产法 [M]. 北京: 商务印书馆, 2013.

[69] 徐传谌. 论企业家行为激励与约束机制 [M]. 北京: 经济科学出版社, 1997.

[70] 徐根才. 破产法实践指南 [M]. 北京: 法律出版社, 2016.

[71] 许海峰, 孟祥刚. 证券诉讼指南 [M]. 北京: 经济日报出版社, 2002.

[72] 徐海燕. 英美代理法研究 [M]. 北京: 法律出版社, 2000.

[73] 徐学鹿. 商法研究 [M]. 北京: 人民法院出版社.

[74] 杨帆. 风险社会视域中侵权损害赔偿与责任保险的互动机制 [M]. 北京: 中国社会科学出版社, 2016.

[75] 杨瑞龙. 现代企业产权制度 [M]. 北京: 中国人民大学出版社, 1996.

[76] 叶林. 中国公司法 [M]. 北京: 中国审计出版社, 1997.

[77] 叶林. 中国证券法 [M]. 北京: 中国审计出版社, 1999.

[78] 尹田. 中国保险市场的法律调控 [M]. 北京: 社会科学文献出版社, 2000.

[79] 殷召良. 公司控制权法律问题研究 [M]. 北京: 法律出版社, 2001.

[80] 袁宗蔚. 保险学——危险与保险 (增订34版) [M]. 首都经济贸易大学出版社, 2000.

[81] 张舫. 公司收购法律制度研究 [M]. 北京: 法律出版社, 1998.

[82] 张明远. 证券投资损害诉讼救济论——从起诉董事和高级职员的角度进行的研究 [M]. 北京: 法律出版社, 2002.

[83] 张开平. 英美公司董事法律制度研究 [M]. 北京: 法律出版社, 1998.

[84] 张民安. 现代英美董事法律地位研究 [M]. 北京: 法律出版社, 2000.

[85] 张新宝. 中国侵权行为法 (第二版) [M]. 北京: 中国社会科学出版社, 1998.

[86] 赵秉志. 澳门商法典 [M]. 北京: 中国人民大学出版社, 1999.

[87] 周小明. 信托制度比较法研究 [M]. 北京: 法律出版社, 1996.

[88] 朱慈蕴. 公司法人格否认法理研究 [M]. 北京: 法律出版社, 1998.

[89] 邹海林. 责任保险论 [M]. 北京: 法律出版社, 1999.

[90] 赵旭东. 上市公司董事责任与处罚 [M]. 北京: 中国法制出版社, 2004.

[91] 赵万一. 判例视野下的公司法 [M]. 北京: 法律出版社, 2016.

[92] 张忠军: 金融业务融合与监管制度创新 [M]. 北京: 北京大学出版

社，2007.

[93] 张维迎. 市场的逻辑（增订版）[M]. 上海：上海人民出版社，2012.

[94] 郑云瑞. 公司法学 [M]. 北京：北京大学出版社，2016.

[95] 郑玉波. 保险法论 [M]. 台北：三民书局股份有限公司，2015.

[96] 竺效. 环境责任保险的立法研究 [M]. 北京：法律出版社，2014..

中文译著

[1] ［德］卡尔·拉伦茨. 德国民法通论（上）[M]. 王晓晔，谢怀栻，等，译. 北京：法律出版社，2003.

[2] ［德］罗伯特·霍恩，海因·科茨、汉斯·莱塞. 德国民商法导论 [M]. 楚建，译. 北京：中国大百科全书出版社，1996.

[3] ［德］马克斯·韦伯. 论经济与社会中的法律 [M]. 张乃根，译. 北京：中国大百科全书出版社，1998.

[4] ［德］马克斯·韦伯. 新教伦理与资本主义精神 [M]. 马奇炎，陈婧，译. 北京：北京大学出版社，2012.

[5] ［德］路德·克里格尔. 监事会的权利与义务 [M]. 北京：法律出版社，2011.

[6] ［德］德国股份法、德国有限责任公司法、德国公司改组法、德国参与决定法 [M]. 杜景林，译. 北京：中国政法大学出版社，2000.

[7] ［法］孟德斯鸠. 论法的精神 [M]. 张雁深，译. 北京：商务印书馆，1982.

[8] 国际咨询工程师联合会，中国工程咨询协会. 职业责任保险入门 [M]. 北京：中国计划出版社，2001.

[9] ［加］布莱恩·R. 柴劳斯. 公司法：理论、结构和运作 [M]. 林华伟，等，译. 北京：法律出版社，2001.

[10] ［美］弗兰克·H. 伊斯特布鲁克. 公司法的逻辑 [M]. 黄辉编，译. 北京：法律出版社，2016.

[11] ［美］保罗·萨缪尔森，威廉·诺德豪斯. 经济学 [M]. 萧琛，等，译. 北京：华夏出版社，1999.

[12] ［美］博登海默. 法理学：法律哲学与法律方法 [M]. 邓正来，译. 北京：中国政法大学出版社，1999.

[13] ［美］哈罗德·J. 伯尔曼著. 法律与革命（第1卷）：西方法律传统的形成 [M]. 贺卫方，等，译. 北京：法律出版社，2008.

［14］［美］罗斯科·庞德. 通过法律的社会控制［M］. 沈宗灵, 译. 北京: 商务印书馆, 1984.

［15］［美］詹姆斯·布坎南. 自由、市场与国家——80年代的政治经济学［M］. 北京: 上海三联出版社, 1998.

［16］［美］理查德·A·波斯纳. 法律的经济分析［M］. 蒋兆康, 译. 北京: 中国大百科全书出版社, 2003.

［17］［美］罗伯特·C. 埃里克森. 无需法律的秩序——邻人如何解决纠纷［M］. 苏力, 译. 北京: 中国政法大学出版社, 2003.

［18］［美］乔治·斯蒂纳, 约翰·斯蒂纳. 企业、政府与社会［M］. 张志强, 王春香, 译. 北京: 华夏出版社, 2002.

［19］［美］斯蒂格里茨. 政府为什么干预经济——政府在市场经济中的定位［M］. 北京: 中国物资出版社, 1998.

［20］［美］约翰·S. 戈登. 伟大的博弈——华尔街金融帝国的崛起（1653—2011）［M］. 祁斌, 译. 北京: 中信出版社, 2005.

［21］［美］理查德·A. 波斯纳. 法律的经济分析［M］. 北京: 中国大百科全书出版社, 1997.

［22］［美］罗尔斯. 正义论［M］. 何怀宏, 译. 北京: 中国社会科学出版社, 1988.

［23］［日］谷口安平. 程序的正义与诉讼［M］. 王亚新, 刘荣军, 译. 北京: 中国政法大学出版社, 1996.

［24］［日］近藤光男. 最新日本公司法［M］. 梁爽, 译. 北京: 法律出版社, 2016.

［25］［日］金泽良雄. 经济法概论［M］. 满达人, 译. 北京: 中国法制出版社, 2005.

［26］［日］美浓部达吉. 公法与私法［M］. 北京: 中国政法大学出版社, 2003.

［27］［日］日本商法典［M］. 王书江, 殷建平, 译. 北京: 中国法制出版社, 2000.

［28］［日］室井力. 日本现代行政法［M］. 吴微, 译. 北京: 中国政法大学出版社, 1995.

［29］［英］弗里德利希·冯·哈耶克. 自由秩序原理［M］. 北京: 三联书店, 1997.

［30］［英］哈耶克. 自由秩序原理［M］. 邓正来, 译. 北京: 三联书店, 1997.

［31］［英］亚当·斯密. 国民财富的性质和原因的研究［M］. 郭大力, 王亚南, 译. 北京: 商务印书馆, 1972.

［32］［英］保罗·戴维斯（Paul Davies），沙拉·沃辛顿（Sarah Worthington）. 现代公司法原理［M］. 罗培新，等，译. 北京：法律出版社，2016.

［33］［英］苏格兰学历管理委员会（SQA）. 公司法概论［M］. 北京：中国时代经济出版社，2016.

［34］［英］弗里德利希·冯·哈耶克. 自由秩序原理［M］. 邓正来，译. 北京：生活·读书·新知三联书店，1997.

［35］［英］科林·史密斯. 责任保险［M］. 陈彩芬，译. 北京：中国金融出版社，1991.

［36］［英］克拉克. 保险合同法（第3版）［M］. 何美欢，吴志攀，等，译. 北京：北京大学出版社，2002.

英文著作

［1］Alan Dignam, John Lowry, Company law, Oxford University Law, 2016.

［2］American Bar Association, Directors and Officers Liability Insurance (deskbook), 1998.

［3］American Bar Association, Model Business Corporations Act: Official Text with Official Comments and Statutory Cross-reference, 1998.

［4］Anne Spencer, On the Edge of the Organization, The Role of the Outside Director, JOHN WILEY & SONS, 1983.

［5］Avery S. Cohen & Ronald M. Lobe, Duties and Responsibilities of Outside Directors, Practicing Law Institute, 1978.

［6］Bruce Welling, Corporate Law in Canada, The Governing Principles, BUTTERWORTHS, 1991.

［7］Craig Brown & Julio Menezes, Insurance Law in Canada, Second Edition, 1999.

［8］Delaware Corporation Laws Annotated (1995—96 Edition), MICHIE, 1996.

［9］Edward Smerdon, Directors Liability and Indemnification : a Global Guide, Globe Law and Business, 2015.

［10］Jason Harris,, Company law : Theories, Principles and Applications, Lexis Nexis Butterworths, 2015.

［11］Joan Loughrey, Directors' duties and Shareholder Litigation in the Wake of the Financial Crisis, UK: Edward Elgar Publishing Limited, 2013.

［12］Judith Sihombing, Sihombing's Hong Kong Company Law : Commentary on Caps 622 & 32, Hong Kong: Wolters Kluwer Hong Kong Limited, 2014.

[13] J. M. Wainberg & Mark I. Wainberg, Duties and Responsibilities of Directors in Canada (sixth Edition), CCH CANADIAN LIMITED, 1987.

[14] Ramharter, Martin. D&O Liability and Insurance: a Comparison of Directors' and Officers' Liability and Insurance in the U. S. A. and Austria, Saarbrücken: VDM Verlag Dr. Müller, 2010.

[15] L. C. B. Gower, Principles of Modern Company Law, Sweet & Maxwell, 1992.

[16] Martha Bruce, Rights and Duties of directors 2016, Bloomsbury Professional, 2016.

[17] McCarthy Tetrault, Directors' and Officers' Duties and Liabilities in Canada, Butterworths, 1997.

[18] Michael A Schaeftler, The Liabilities of Office: Indemnification and Insurance of Corporate Officers and Directors, Little Brown and Company, 1976.

[19] Michael Forde, Hugh Kennedy, and Daniel Simms, The law of company insolvency, Dublin: Round Hall, Thomson Reuters, 2015.

[20] Model Business Corporation Act: Official Text with Official Comments and Statutory Cross-Reference, adopted by Committee on Corporate Laws, Section of Business Law, American Bar Association, 1998.

[21] Officers and Directors Under Federal Securities Laws, CCH INCORPORATED, 1997.

[22] Pamela Hanrahan, Commercial applications of company law, Oxford University Press, 2016.

[23] QC Malcolm Davis-White, Adrian Walters, Directors' disqualification and Insolvency restrictions, Sweet & Maxwell, 2016.

[24] Robert W. Hamilton, the Law of Corporations, WEST GROUP, 1996.

[25] Stickman, Elliott, Executives and Managers: Their Rights and Duties, Butterworths, 1997.

[26] Ty. R. Sagalow, Esq., Directors and Officers Liability Insurance, NACD (National Associations of Corporate Directors), 2000.

[27] William Knepper & Dan A. Bailey, Liability of Corporate Officers and Directors, sixth Edition, LEXIS LAW PUBLISHING, 1998.

[28] William Meade Fletcher, Fletcher Cyclopedia of the Law of Private Corporations, vol. 3A, CBC, 1994.

修订版后记

2006年，我以博士论文为基础出版了《董事责任保险制度研究》一书，这是国内第一部关于董事责任保险制度的专著。2015年，我在博士后研究报告的基础上出版了《职业责任保险比较研究》一书，成为职业责任保险领域的第一本专著，作为系统性的研究，董事责任保险也成为其中的重要内容。

近年来，学术界和实务界关注董事责任保险制度的专家、学者越来越多。在我出版《董事责任保险制度研究》（2006年）后，又陆续有多部类似主题的著作和博士论文问世。从本书首次出版至今，中国的市场经济已经步入了新的高度、新的境界，中国的公司法和保险法的理念和实践也在不断创新。与此同时，域外法律研究资料的获取途径也更加畅通，让我们有了更多的机会去认识和对比不同法域的法律与法治逻辑。这为本书的修订提供了良好的条件。同时，社会也对这项制度给予了更多的关注。从事公司法和保险法研究的多位专家和同仁多次建议我对《董事责任保险制度研究》一书进行修订。朋友们的热情鼓励和各项研究条件的成熟，最终促使我将本书的修订工作列入工作计划。通过这本修订，力图反映近年来我对董事责任保险制度的进一步思考。

在本书修订出版之际，感谢我学术道路上的各位恩师对我的指导和栽培，以及一直以来给予我的精心细致的指导，帮助我不断探求和认识学术研究规律。感谢我在中国人民大学读书期间的博士生导师刘文华教授、硕士生导师王欣新教授以及蒙特利尔大学 Pierre Paul Cote 教授给予我的最慷慨无私的帮助和支持。感谢我的博士后合作导师，中国人民财产保险股份有限公司王和副总裁、中国人民大学财政金融学院张洪涛教授。感谢各位师友在我人生道路上所给予的关心、鼓励和扶持。感谢我的夫人李艳、女儿宣懿给我带来的家庭温暖，也感谢我的岳父母为我们这个家庭所作出的巨大付出。我所指导的硕士研究生侯江山，在我修订本书期间承担了部分辅助工作，在此一并致谢。

在本书即将修订出版之际，回首过往，不禁感叹流年逝水，人生促促。幸运的是，世界如此美丽，它绝不会辜负我们，它总是在不经意间激发我们的憧憬和想象，让我们体会那种"在夜晚仰望星空，就会觉得漫天的繁星就像一朵朵盛开的花"的意境和欣喜。

是为记。

2016年9月27日